COMING BACK TO EARTH
From gods, to God, to Gaia

가이아와 기독교의 녹색화: 다신론에서 유일신론으로, 다시 가이아로

지은이/ 로이드 기링
옮긴이/ 박 만
펴낸이/ 홍인식
초판 1쇄 펴낸날/ 2019년 10월 31일
펴낸곳/ 한국기독교연구소
등록번호/ 제8-195호(1996년 9월 3일)
경기도 고양시 일산동구 고봉로 32-9, 양우 331호 (우 10364)
전화 031-929-5731, 5732(Fax)
E-mail: honestjesus@hanmail.net
Homepage: http://www.historicaljesus.co.kr.
표지 디자인/ 디자인 명작 (전화 031-774-7537)
인쇄처/ 조명문화사 (전화 02-498-3017)

Coming Back to Earth: From gods, to God, to Gaia
Copyright ⓒ 2009 by Lloyd Geering.
All rights reserved. Korean Translation copyright ⓒ 2019 by Korean Institute of the Christian Studies. The Korean translation right arranged with the author c/o Polebridge. Printed in Seoul, Korea.

이 책의 한국어판 저작권은 Polebridge 사와의 독점계약으로 한국어 판권을 한국기독교연구소가 소유합니다. 저작권법에 따라 국내에서 보호받는 저작물이므로 무단전재와 무단복제를 금합니다.

ISBN 978-89-97339-47-1 94230
ISBN 978-89-87427-87-4 94230(세트)

값 14,000원

가이아와 기독교의 녹색화

다신론에서 유일신론으로, 다시 가이아로

COMING BACK TO EARTH

로이드 기링 지음 박 만 옮김

한국기독교연구소

COMING BACK TO EARTH

From gods, to God, to Gaia

by

Lloyd Geering

Salem, Oregon: Polebridge Press, 2009.

Korean Translation by Mann Park, Ph.D.

이 책은 한인철 교수(연세대학교 연합신학대학원/교목실)가 은퇴를 기념하여 출판비를 후원하여 간행하였습니다.

Korean Institute of Christian Studies

목 차

서문 __ 7

편집자 서문 __ 11

1. "이 세상적" 삼위일체 __ 19

제1부 기독교는 어디로 가고 있는가?

2. 갈림길에 선 기독교 __ 47

3. 예수에 대한 탐구 __ 69

4. 예수의 가르침의 회복 __ 89

5. 기독교의 다양한 미래들 __ 107

제2부 기독교의 녹색화

6. 전 지구적 위기 __ 129

7. "하늘에 계신 우리 아버지"를 넘어서 __ 149

8. 생태적 명령, 새로운 윤리적 차원 __ 171

9. 예전과 축제들의 녹색화 __ 191

제3부 세속성에 대한 찬양

10. "세속적"이란 말의 의미 __ 215

11. 세속시대의 등장 __ 233

12. 세속사회의 가치 __ 253

13. 세속세계에서의 영성 __ 273

14. 새로운 형태의 신비주의를 향하여 __ 293

옮긴이의 비평 __ 317

서문

2001년부터 2008년 사이에 나는 캘리포니아주 산타 로사의 "웨스타르 연구소"(Westar Institute), 뉴질랜드 웰링턴의 "성 앤드류 종교와 사회 연구 기금," 그리고 뉴질랜드의 "신앙의 바다 방송국"(Sea of Faith Network)의 요청으로 몇 차례 대중 강의를 했다. 당시 나는 이 강의들(혹은 몇 번에 걸친 연속 강의들)을 모두 독립적인 것으로 준비했고, 그러다 보니 이 강의들을 묶은 이 책에서는 반복되는 표현이나 인용이 나타나게 되었다. 하지만 나의 친구이자 탁월한 편집자인 팀 홀(Tim Hall)이 지적한 것처럼, 이 강의들을 연대순으로 보면 분명한 통일성이 나타난다. 실상 몇 년 전에 나는 내가 이미 출판한 세 권의 책들이 자연스러운 삼부작이 되어 있음을 우연히 발견하기도 했다.

강의들 사이에 발견되는 이런 연속성은 여러 해 동안 내 마음을 지배하고 있던 동일한 주제들이 글을 쓰거나 강의를 통해 조금씩 변화된 형태로 모습을 드러냈기 때문이다. 얼마 전 출판된 나의 자서전인 『하나님과 씨름하기』(*Wrestling with God*, 2006)에서 밝혔듯이 (처음 13년은 교구 목사로, 다음 16년은 신학교 교수로, 그 이후 12년은 세속 대학교의 종교학 교수로 지냈던) 40년 이상의 세월 동안 나의 지속적인 관심은 기독교 전통을 가장 설득력 있는 모습으로 근대의 세속세계(secular world)와 연관시키는 데 있었다.

신학생일 때 나는 나치 독일의 피난민이었던 헬무트 렉스(Helmut Rex)의 교회사 강의를 듣는 행운을 가졌다. 역사철학에 대한 강의를 시작으로 그는 이 주제에 대해 내가 이전에 갖지 못했던 사랑을 심어주었고 이로 인해 나는 기독교를 진화해왔고 지금도 변화되고 있는, 살아있는 전통으로 이해하게 되었다. 오늘날 나는 어떤 종교전통이라도 일단 고정되면 이미 죽음의 고통이 시작된 것으로 본다. 물론 이런 가치 있는 통찰의 중요성을 완전히 이해하기에는 많은 시간이 흘러야 했고, 상당 기간 동안 나는 기독교 전통주의의 교리 구조를 불변의 본질인 양 옹호하기도 했었다.

1940년대와 50년대에 이르러 나는 1880-1950년 사이의 개신교 자유주의 신학이, 우리가 살고 있는 세계에 대한 새롭고 더 세속적인 이해에 더 부합되는 모습으로 이미 빠르게 변화되어감에 따라, 이와 같은 일을 좀 더 쉽게 할 수 있게 되었다. 1960년대에 이르러 나는 진행 중에 있는 이런 과정에 조그만 공헌이라도 하고자 했고, 그 중의 하나가 1967년의 소위 이단재판으로 정점에 이른 뉴질랜드의 신학적 논쟁이었다. 안타깝게도 나의 모든 노력은 —비록 내가 잘못된 교리를 가르치고 교회의 평화를 훼손한다는 혐의에서는 벗어났으나— 즉각적인 결실을 얻지 못했다. 주류 교회들은 나를 고발했던 사람들이 옹호하는 방향으로 계속 가고 있었고 교회 안의 많은 사람들은 나를 그저 기독교적인 길에서 이탈한 독불장군 정도로 보았다.

내가 볼 때 시대는 다른 방향으로 가고 있는데 대부분의 교회 사람들은 여전히 급격히 쇠잔해지고 있는 과거에 닻을 내리고 있다. 그 가운데 나는 기독교적인 길이 급진적으로 변화되어 가는 미래를 향해 나아감에 따라 그 흐름에 충실하고자 했다. 물론 나의 이런 주장은 행진하는 대열에서 자신의 아들을 발견하고는 "맙소사. 내 아들 조니 빼고는 모두 발을 제대로 맞추지 못하고 있어요!"라고 자랑스럽게 말하는 어머니의 주장과 비슷하게 들릴 것임을 알고 있다.

그럼에도 불구하고 나는 오늘날 서구 주류교회들이 급속하게 쇠퇴하게 된 이유의 상당부분은 그들이 근대 세속사회와 "발을 맞추지 못하는" 데 있다는 결론에 도달하게 되었다. 이렇게 된 이유는 세속사회의 소위 변절적 행동 때문이라기보다 교회가 4000년이 된 신앙의 길의 도전적인 다음 발걸음들을 제대로 내딛지 못하고 있기 때문이다. 아브라함이 믿음 하나만으로 그의 우상들을 뒤에 버려 둔 채 믿음의 길로 나아갔다고 말해지는 데 비해, 교회들은 (역설적으로) 신앙의 부족을 노출하면서 "오류 없는 성경"이란 주장과 이제는 낡아버린 세계관 속에서 만들어진 일련의 소위 불변의 교리들을 계속 고수해야 한다고 주장하고 있다.

예수는 서기관들을 비판하는 가운데 그의 제자들에게 "눈먼 인도자"가 되지 말라고 경고했다고 전해진다. 하지만 오늘날의 교회들은 바로 이런 큰 위험 앞에 서 있다. 아브라함부터 시작되어 끊임없이 변화되는 신앙의 길을 걷기보다, 교회들은 그 길을 따라 걷는 동안 쌓아올린 우상들을 신뢰하고 있다 보니 자신들이 이제 막 들어서고 있는 문화적 상황을 제대로 볼 안목을 갖지 못하고 있다. 그러다 보니 그들은 근대 세속사회가 기독교의 적이 아니라 오히려 유대-기독교적인 신앙의 길의 근대적 연속임을 보지 못한다. 근대의 전 지구적인 세속적 세계는 서구의 기독교왕국(Christendom)에서 발생했으며, 그 가운데 그 세속적 세계는 아직 완전하게는 드러나지 않은 기독교의 중심 교리 곧 "하나님"이 인간 조건 안에 성육(화육, 수육)했다는 성육신(Incarnation) 교리를 점진적으로 보여 주고 있었음에도 말이다. 하나님이 정녕 지구로 내려오신 것이다!

이 점이 일련의 강좌들을 모은 이 책의 지속적이며 계속 발전되고 있는 주제이다. 이 강좌들을 한 권의 책으로 출판하라고 제언한 톰 홀(Tom Hall)과 이런 제언에 응답해 준 폴브릿지 출판사(Polebridge Press)에 감사를 드린다.

로이드 기링

편집자 서문

얼마 전에 나는 로드아일랜드 주에 있는 "프로비던스 제일 유니테리언 교회"(First Unitarian Church of Providence)의 성인 대상 성경공부반에서, 로이드 기링이 2001년의 웨스타르 연구소 춘계학회에서 행한 강연인 "이 세상적 삼위일체"(The Secular Trinity) DVD를 같이 본 적이 있다. 그것이 가져온 강력하고 극적인 영향력은 오랫동안 교회의 핵심 구성원이었던 94세 된 경건한 할머니 알마(Alma)가 터트린 다음과 같은 놀람과 분노에서 잘 표현된다. 이 강연이 이미 8년 전에 행해진 것임을 알게 되자 그녀는 "도대체 왜 이제야 비로소 이런 것을 배우는 것인가요?"라고 크게 소리쳤다.

그녀의 도전으로 인해 나는 브랜든 스캇(Brandon Scott)의 비유에 대한 강의(『예수의 비유 새로 듣기』, 김기석 역, 2013)나 밥 포트나(Bob Fortna)의 마태복음 강의, 나이젤 리브스(Nigel Leaves)의 『하나님 문제』(The God Problem), 그리고 리처드 홀로웨이(Richard Holloway)의 『종교의 상처?』(The Wound of Religion?)를 공부하기 전에 이 강연을 먼저 보아야 했던 것이 아니었을까 하고 다소 후회했다. 분명코 "말씀이 적용되지 못하게 한" 것은 주로 목사와 그들의 회중들 때문이었다. 그들은 앞으로 나아가기보다는 더 넓은 문화에 대한 새로운 지식과 성경적이며 종교적 연구 결과들을 직면하기를 회피하는 침묵의 담합을 계속해서 해왔다. 한마디로 말해 교회는 전통적인 가르침들에 도전하는 지적인 경향들과 구체적인 발견들에 대해 담을 쌓아왔던 것이다.

앞에서 말한 내 친구 알마(그녀는 모임 이후 수표를 주면서 딸과 손녀딸에게 보내도록 DVD를 주문해 달라고 했다)가 여러 해 동안 신실한 유니테리언 신자였음을 지적해야 하겠다. 나의 제한된 경험으로, 유니테리안-보편주의 회중들(Unitarian-Universalist Congregations)[1]은 표준적인 기독교회가 근대세계가 제기하는 문제들에 답해야 할 때, 특히 기독교적인 것으로 보는 교리들과 실천들을 그저 가볍게 무시해버리는 관행들을 보여 왔던 것과 달리 이 문제를 비교적 잘 해결해 왔다. 성경을 어떻게 사용해야 하는가 하는 문제 역시 이 그룹 안에서는 다른 문제들과 비슷하게 처리되어 왔음에도 불구하고 젊은이다운 정신으로 충만한 이 90대 할머니는 유대인의 정경과 기독교인의 정경들에서 발견되는 놀라운 이야기들과 깊은 지혜에 대해 계속해서 놀라움을 표현하고 있다.

자유주의적이고 진보적인 기독교인들—그 중 은퇴한 성공회 주교 존 쉘비 스퐁(John Shelby Spong)과 마커스 보그(Marcus Borg)가 가장 널리 알려져 있다—은 중도적 입장을 취한다. 로이드 기링과 마찬가지로 그들은 고대의 하늘에 거주하는 성경의 하나님은 새롭게 구성되어야 할 뿐 아니라 전통적인 믿음 체계는 절망적일 정도로 근대 서구

---

[1] 역자주: 그리스도의 인성만을 인정하고 신성은 인정하지 않는 기독교의 종파. 삼위일체론 역시 받아들이지 않으며 성부 하나님만 참된 하나님이라고 보기 때문에 유니테리아니즘(unitarianism)이라 불린다.

문화와 어울리지 않음을 알고 있다. 하지만 동시에 그들은 저 유명한 갈릴리의 선생인 예수의 가르침과 그가 근거해 있는 예언자들과 현자들의 글에서 깊은 영감을 발견한다.

한탄스러운 것은 많은 기독교회들이 현존하는 문제들을 거부함으로 인해 부끄러운 시간 지체에 사로잡혀 있다는 점이다. 우리 모두는 갈릴레오, 다윈, 프로이트의 세계로부터 배웠고 또한 현대 신학자들과 성서학자들로부터 종교에 대해 배웠다. 하지만 여전히 교회들은 고대인들의 삼층적 우주 이해와 그것이 말하는 사랑의 아버지이면서도 이따금 대량학살을 옹호하기도 하는, 저 세상적이며 부재하는 창조자(otherworldly absentee Creator), 그리고 이처럼 분열 가운데 있는 하나님의 유일한 참된 아들인 부활한 구세주를 믿어야 한다고 주장하고 있다.

하지만 실상 그들은 물결을 거슬러 헤엄치고 있는 것이다. 진화생물학자이지만 아주 영적인 인물인 스튜어트 카우프만(Stuart Kauffman)은 "초자연적인 신"(supernatural god)이란 사상은 구닥다리가 되어버렸다고 정당하게 선언하고 있으며, 신학자 돈 큐핏(Don Cupitt)은 로이드 기링이 그의 세상적 삼위일체에 대해 말했던 바로 그 모임에서 "기독교의 개혁"에 대해 말하는 중에 "지적인 혼란"과 "기독교의 중심인 예수에 대한 파괴적인... 오독"을 지적한다. 그런가 하면 쉘비 스퐁 주교의 많은 훌륭한 책들 중의 하나의 제목은 『기독교 변하지 않으면 죽는다』(*Why Christianity Must Change or Die*, 김준우 역, 2001)이다. 기링 역시 그의 도전적인 책인 『하나님 없는 기독교』(*Christianity Without God*)의 출판 이후 얼마 지나지 않아 성 안드류 기금(St. Andrew's Trust) 강좌에서 "기독교는 어디로 가고 있는가"란 제목의 일련의 강의들에서 비슷한 주장을 하고 있다. 이 자극적인 질문에 대한 그의 탁월한 답변은 곧 소책자로 나왔고 이 책의 두 번째 부분에 실렸다.

내가 기링의 이 강연들을 모아 책으로 내야겠다는 생각을 언제 하게 되었는지는 정확히 기억나지 않는다. 내가 기억하는 것은 내가 그 날 오후에 들었던 내용은 세계의 가장 창조적인 신학자 한 명이 수십 년에 걸쳐 숙고하고 글로 써온 내용의 정점이라는 모호하지만 흔들릴 수 없는 확신 속에 내가 그날 밤늦게까지 깨어 있었다는 점이다. 뉴질랜드의 "신앙의 바다 방송국"에서 일하는 내 친구인 노엘 치어(Noel Cheer)가 로이드 기링이 2008년 가을의 그 그룹의 연례모임에서 행한 주제 강의 CD를 나에게 보내주었다. 놀라운 해명과 강력한 영향력으로 무장한 그 철저한 메시지는 한 사람의 세계관을 영속적으로 바꾸는 "우와!" 하는 순간들을 만들어내는 놀라운 힘을 갖고 있었다.

사실을 말하자면 나는 그다지 많이 놀라지는 않았다. 나는 이미 몇 년 전에 기링이 그의 삼부작인 『기로에 선 그리스도교 신앙』(*Christian Faith at Crossroads*, 2001, 이세형 역, 2005)―이 책은 1980년에 쓴 『신앙의 새 시대』(*Faith's New Age*)를 새로 펴낸 것이다―, 『도래하는 세계』(*The World to Come*, 1999), 『내일의 하나님』(*Tomorrow's God*, 2000)에서 보여준 탁월성과 통전적 비전에 압도되었기 때문이다. 그 책들 역시 많은 변혁적인 통찰력들을 보여주었다. 따라서 폴브릿지 출판사의 차르 마테요브스키(Char Matejovsky)가 기링의 다음 나올 책인 『하나님 없는 기독교』(*Christianity Without God*, 2002)의 편집을 의뢰했을 때 나는 이처럼 대단한 학자의 글을 편집한다는 생각에 불편함을 느끼면서도 그의 논증이 함의하는 내용들에 매력을 느끼면서 이를 행운으로 여겼던 것이다.

이 책을 편집하면서 나는 두 가지 경험을 했음을 기억한다. 첫째, 나는 이 편집된 원고들에 기초하여 당시 내가 평신도 설교자로 섬기고 있던 조그만 시골 교회의 회중들에게 여섯 번의 설교를 했고 그 설교들은 아주 호평을 받았다는 점이다. 둘째, 현재의 맥락에서 보면 더 중요한 것으로서, 이 획기적인 책은 새로운 통찰력으로 가득 차 있는 그의 삼부작의 주요 주제들을 총망라하고 있다는 점이다.

기링은 그 책을 집필 중이었음에도 불구하고 웨스타르 모임 참석자들에게 "세상적 삼위일체"를 가지고 도전했다. 따라서 이 강의가 그 책에 포함되었던 강의를 다시 한 번 더 반복함과 더불어 그 이후의 일련의 강의들—"기독교는 어디로 가고 있는가"(2004)—역시 거기에서 흘러나오며 그 뒤에 또한 무엇이 올 것인지를 암시하고 있음은 이상한 일이 아니다. 왜냐하면 기링은 점점 커지고 있는 생태위기에 대해 깊은 관심을 갖는 가운데 "녹색 의식"(green consciousness)을 촉진하기를 원하고 있음이 분명하게 드러나기 때문이다. 그래서 그는 "기독교의 녹색화"(2005)에서, 기독교적인 신앙의 길이 본래 어떤 식으로 자연세계에 뿌리박고 있으며, 또한 기독교가 "녹색" 영성의 형태들을 만듦으로 인해 어떻게 그 미래의 전망들을 견고하게 만들 수 있는지를 말하고자 했다.

그의 다음 강의 시리즈인 "세상성의 찬양"(In praise of the Secular, 2007)은 그의 이전의 강의들 중 다소 부차적이지만 반복되는, "점차로 하나가 되어 가는 우리의 세계의 증가되어 가는 세상성"이라는 주제와 연관된 글들이다. 여기에서 그는 초자연주의를 섬세하게 논박하며 현실을 철저하게 "이 세상적으로"(this-worldly) 이해할 것을 탁월하게 논증하고 있다.

기링이 의식하고 있었는지 여부와 상관없이 그의 작업의 궤적은 그가 "뉴질랜드 신앙의 바다 학회"에서 행한 강의인 "하나님, 가이아, 우리"(God, Gaia, and Us)로 자연스럽게 끝이 난다. 여기에는 그가 "새로운 형태의 신비주의"라고 부르면서 수십 년 동안 숙고하고 발전시킨 통찰들과 동기들이 나타나고 있다. 그것은 물론 철저한 형태의 실재론(a radical form of realism)으로서 여기에서 그는 첫 번째 차축시대 때 유대-기독교 전통이 상상하여 만든 천상의 영역으로 던져버린 성스러움의 영역을 종교인들이 힘을 합쳐 다시 지구로 가져옴으로써, 두 번째 차축시대의 과업을 성취하자고 제언한다.

만일 오늘날의 기독교인들이 그의 이런 제언이 적절하지 않다고 여긴다면, 나는 예수세미나의 학자들이 예수의 가장 진정한 목소리의 흔적의 하나로 보고 있는 누룩의 비유(마태 13:33/누가 13:20-21)를 생각해 볼 것을 제언한다. 이 말씀은 하나님 나라의 약속이 성스러운 것과 속된 것이 하나가 될 때만, 즉 신성이 나타나는 세 말의 밀가루가 예식적으로는 불결하고 세상적인 인간의 삶을 뜻하는 누룩과 함께 철저히 섞여질 때만, 성취된다고 말한다.

그뿐 아니라 (때로 우리가 살고 있는 세계 현실에 대한 모든 상식을 포기하면서까지) 교회 예식과 정통 교리를 견고히 유지하는 데 관심이 있는 사람들은 예수의 첫째가는 계명이 다름 아닌 사랑의 계명, 곧 자신을 기꺼이 이웃을 위해 주는 것임을 기억해야 할 것이다. 그는 신앙의 길을 걸어가는 동안 한 사람의 궁극적인 의무는 지금 이곳 지상에서 성취되어야 한다고 주장했다. 물론 이루기 어렵지만 그 정의는 극히 단순하고 극히 세상적이다. 곧 "네가 대접을 받고 싶은 대로 남을 대접하라"는 것이다.

혹시 당신을 향한 도덕적 명령을 시의 형태로 보는 것이 더 좋아한다면 다음과 같은 표현은 어떠한가?

당신이 주는 것보다 더 많이 가진다면
당신은 짧은 한 평생만을 살 것이다.
하지만 당신이 갖는 것보다 더 많이 준다면
오늘 영원을 맛볼 것이다.

그래도 아직 세상적인 느낌이 제대로 나타나지 않는 것 같으면, 내가 언젠가 본 웰링턴의 한 트럭 뒤쪽에 쓰인, 다음과 같은 철저히 현세적인 형태의 신앙고백서를 한 번 생각해 보라. "서로에게 친절한 것은 우리가 이 사랑스러운 행성에서 살면서 진 빚을 갚는 것이다." 우리가 이렇게 할 수 있다면, 가이아는 확실히 흐뭇하게 미소 지을 것이다.

톰 홀(Tom Hall)

1장

"이 세상적" 삼위일체

오늘 우리는 미래의 신앙에 대해 논의하고 또한 그것이 과거의 신앙과 어떻게 연결되어 있는지 보기 위해 이 자리에 모였습니다. 먼저 '종교'와 '기독교'라는 단어가 너무 객체화되어 버렸기 때문에 이것들 대신 "신앙"이란 용어를 쓰는 것이 낫다는 말씀을 드리고자 합니다. 종교학자 윌프레드 캔트웰 스미스(Wilfred Cantwell Smith)가 1962년의 『종교의 의미와 목적』(*The Meaning and End of Religion*, 길희성 역, 1991)에서 잘 보여주었듯이, 종교 일반, 특히 기독교를 객체적인 어떤 것처럼 생각하는 것은 아주 잘못된 근대적 관행입니다. 그는 이런 용어들 대신 신앙이란 개념으로 되돌아갈 것을 촉구하는데 실상 '신앙'이 훨씬 더 보편적인 용어입니다. 신앙은 우리 사람들이 살고 있는 세계를 해석하며 또한 그 여러 요구에 응답할 때 드러내는, 개인적인 신뢰와 희망의 태도를 가리키는 말입니다.

　신앙은 인간 조건의 본래적 구성 요소입니다. 우리는 큰 믿음을 가질 수도 있고 믿음이 거의 없을 수도 있지만, 어떤 종류든 신앙 없이는 인간답게 살 수 없습니다. 사람들과 공동체들은 모두 평생에 걸쳐 신앙의 길을 걸어간다고 할 수 있습니다. 이들이 각자의 길을 가는 동안 신앙의 내적 경험은 신화, 예전, 거룩한 경전, 신학 체계, 도덕률, 사회 조직체 같은 외적 형태들과 구조들을 통해 표현됩니다. 이 길을 둘러싼 사회문화적 환경 역시 이런 객관적인 자료들에 계속해서 영향을 미치고, 그 가운데 그것들은 다양한 모습들로 계속 변화되어 갑니다. 신앙의 길을 따라 발전되는 이런 외적인 것들을 캔트웰 스미스는 "축적되는 전통"(the cumulative tradition)이란 말을 만들어 표현하면서 신앙을 이런 축적되는 전통이나 그 전통의 일부분과 동일시하지 말라고 경고합니다. 교리, 예전, 여타 여러 종교제도들은 신앙의 내용이 아닙니다. 그것들은 신앙의 산물들로서, 신앙을 가진 사람들이 자신들이 걸어갔던 길들을 이렇게 저렇게 표현한 것에 불과합니다. 이런 표지들을 신앙의 대상으로 여기면, 우리는 우상숭배라는 실수에 빠지게 됩니다.

발걸음을 걸어감

기독교는 어떤 특정한 하나의 신앙의 길을 가리키는 일반 용어입니다. 비록 기독교인들은 오랫동안 그것을 유일한 참된 길로 여겨 "유일한 신앙"이라고 말해왔지만, 실상 그것 역시 인간들이 걸어온 주요한 여러 길들 가운데 하나이며 '그리스도'라는 호칭을 얻게 된 예수라는 남자가 있기 오래 전에 이미 시작된 길입니다. 예수 자신은 신앙을 우리를 온전하고 건강하게 하는 것이라고 말했습니다. 우리가 알게 된 바로는 예수는 자신이 아브라함뿐 아니라 아담에게까지 거슬러 올라가는 신앙의 길을 걷고 있음을 아주 잘 알고 있었습니다.

우리가 유대-기독교 신앙의 길이라고 부르는 지난 약 4천 년의 기간 동안 모든 새로운 시대의 사람들은 이전 시대로부터 신앙으로 살아가는 법을 배워왔는데, 시간이 흘러감에 따라 신앙의 표현인 축적되는 전통의 특정한 믿음들과 실천들은 계속 바뀌어 왔습니다. 아브라함, 예레미야, 나사렛 예수, 아우구스티누스, 아퀴나스, 루터는 모두 신앙을 가지고 그 길을 걸었던 사람들이지만, 그들의 신앙을 표현했던 말과 행동은 서로 무척 달랐습니다. 축적된 전통이 진행됨에 따라 어떤 요소들은 시야에서 누락되고 새로운 요소들이 등장하는 등 많은 것들이 바뀐 것입니다.

고대 이스라엘의 예언자들이 그 길의 방향을 잡은 지 얼마 지나지 않아 그것은 바빌론 포로기 기간 동안, 부분적으로는 페르시아로부터 기인한 조로아스터교(Zoroastrianism)라는 신앙의 길의 영향으로 인해 강조점이 상당히 바뀌었습니다. 이즈음에 유대교와 회당 제도가 탄생했습니다. 몇 세기 지나 나사렛 예수의 영향이 내부로부터 그 방향을 철저하게 변화시켰고 그로 인해 유대인의 길은 두 개로 나뉘었습니다. 그리고 좀 더 뒤에 그것은 세 갈래, 곧 유대교, 기독교, 이슬람의 길로 나타났습니다.

기독교 시대의 처음 5세기 동안 바울과 그 이후의 기독교 사상가들은 이 새로운 신앙의 길의 성격을 명확히 하고자 했습니다. 물론 그들이 살았던 그리스-로마 문화의 영향을 많이 받을 수밖에 없었지만, 그들 사고의 중심에는 오늘날 그리스도로 경배되는 예수에 대한 기억들이 계속 영향을 미쳤습니다. 이들은 그 이후 1500년 동안 기독교적 신앙의 길을 형성했던 사고와 실천의 기본 얼개를 만들었고 그 내용을 단순화 하여 위대한 신조들로 표현했습니다. 이런 신조들은 일련의 범세계적인 공의회에서 권위를 인정받았는데 그 중 첫 번째 것이 니케아 신조였습니다.

두 회의의 이야기

오늘 이곳에서의 우리들의 모임과 고대 니케아 공의회 사이에는 주목할 만한 유사점이 있습니다. 물론 주요한 차이점들이 있기도 합니다. 가령 우리들은 제국의 권력을 유지하고 확대하기 위해 통일된 성명서를 얻고자 했던 콘스탄티누스 황제의 압도적인 지배 아래 있지 않습니다. 또한 한때 위대했던 하나의 전 세계적인 교회가 많은 교회들로 분열된 다음, 그 교회들의 공식적인 대표들로 이 자리에 참석한 것도 아닙니다. 우리가 누군가를 대변한다면, 과거의 기독교적 영성을 가치 있게 여기면서도 그런 과거의 신앙이 지금 우리를 어디로 인도하는지 궁금해 하는 익명의 진지한 탐구자들을 대변할 것입니다.

니케아와 우리 모임 사이의 중요한 유사성은 이것입니다. 곧 1세기의 기독교 사상가들이 차축시대의 종교적 유동성의 여파 속에 살았던 것처럼, 우리 역시 두 번째 차축시대의 불확실한 유동성의 시기를 살고 있다는 점입니다. 좀 더 설명을 하겠습니다. 오늘날 "차축시대"(Axial Period)라는 용어는 주로 기원전 800년에서 200년 사이에 있었던 철저한 문화적, 종교적 변화들의 시기를 가리키는 말로 사용되는데, 이는 현재 '세계종교들'이라고 알려져 있는 신앙의 길들이 직접적으로 또 간접적으로 발생한 시기입니다.

이처럼 새로운 길들을 연 것은 자신들의 이전의 문화를 비판적인 검증의 대상으로 삼을 만큼 용감했던 예언자들, 철학자들, 교사들이었습니다. 차축시대 이전의 신앙은 자기 부족의 조상들의 발자취를

답습하는 정도에 그쳤으나, 차축시대 이후의 신앙은 일정 수준 이상의 자기 비판적 성찰과 개인적 헌신을 요구했습니다. 이처럼 새로운 차축시대 이후의 길들은 과거의 문화전통들이 갖고 있던 배타적인 윤리적 제약들을 넘어섰는데, 그 중에서도 불교, 기독교, 이슬람의 길들이 인종적 경계선들을 넘어서는 데 가장 성공했습니다.

두 번째 차축시대는 1400년에서 1900년 사이에 기독교적 서구 사회에서 발생했으며, 계몽주의의 도래와 함께 결코 이전으로 되돌아 갈 수 없는 경계선이 만들어졌습니다. 중세 전성기에 가장 아름답게 꽃 핀 기독교적인 신앙의 길은 근대적, 전 지구적 그리고 세속적 세계(secular world)를 유발시킨 철저한 질문을 던지는 두 번째 시기를 시작했던 것입니다.

이 두 차례 차축시대들에서는 신앙이 경험되고 이해되고 언어로 표현되는 방식에서 철저한 변화들이 있을 수밖에 없었는데, 그 한 예로 기본적인 종교적 개념, 곧 신에 대한 이해에서 일어난 변화를 말할 수 있습니다. 차축시대 이전에는 신이라는 개념은 인간 삶을 압도하는 것으로 인식되는 자연의 신비한 힘들을 설명하기 위해 고안되었습니다. 곧 신들과 (다른 영들은) 모든 가시적인(visible) 현상들과 그 이면에서 작용하며, 인간 운명을 궁극적으로 통제하는 영적인 존재들의 보이지 않는 질서로 여겨졌습니다.

옛 질서의 변화

하지만 차축시대에 이르러 이런 신들의 존재는 의심받게 되었습니다. 이스라엘의 예언자들은 그 신들이 아무런 실재성을 갖지 못하는 우상에 불과하다고 거부했고, 플라톤과 힌두교의 현자들은 각자의 방식으로 신들을 더 깊고 측량할 수 없는 실재의 일시적 그림자들에 불과한 것으로 보았습니다. 붓다는 그것들을 신앙의 길과 무관한 것으로 여겨 그냥 거부했고, 그 이후 불교적인 신앙의 길은 신이라는 개념을 사용하기를 완전히 포기했습니다. 그러나 유대교, 기독교, 이슬람의 길들은 신이라는 용어를 유지하되 철저하게 새로운 방식으로 사용하기 시작했습니다. 유대인들은 "신들"(elohim)이란 복수어를 단수어인 지극히 거룩한 분(the Holy One)으로 바꾸었고, 무함마드는 이를 알-와히드(al-Wahid)라는 단어로 번역했습니다. 이 신은 그것이 대체했던 이전의 신들과 아주 달랐습니다. 신의 상(images)을 새기지 말라는 명령에서 분명히 나타나듯이, 이 신은 볼 수도 없고 객체화시킬 수도 없는 초월적 존재로 여겨졌습니다.

사람들이 자주 간과하는 점은 이전의 신들이 모두 특정한 이름과 기능을 가지고 있었던 반면에, 단수로 새롭게 사용된 신이라는 단어는 특정한 의미나 내용을 지니고 있지 않다는 점입니다. 바로 이 때문에 성경에서 우리들은 "아브라함의 하나님," "이스라엘의 하나님," "예수 그리스도의 아버지 하나님," "나의 하나님," "너의 하나님"처럼 "...의 하나님"이란 표현들을 자주 보게 됩니다. 이 말은 만일 여러분들이 "아브라함의 하나님"에 대해 알고 싶으면 아브라함이 걸었던 신앙의 길과 그의 가치관과 목적들이 무엇이었는지를 탐구해야 함을 뜻합니다. 이 길 외에 "아브라함의 하나님"의 성격을 알 수 있는 길은 없습니다. 다른 말로 바꾸면, 아브라함의 하나님은 아브라함이 그의 신앙의 여정을 걸어가도록 동기를 부여했던 모든 것들로 구성되어 있는 것입니다.

이 말은 왜 '하나님'이란 단어가 사람에 따라 서로 다른 의미를 가지는지 설명해줍니다. 유대인들, 기독교인들, 무슬림들은 모두 유일신론자들(monotheists), 곧 한 분의 하나님만 있다고 믿는 사람들입니다. 하지만 그들이 섬기는 하나님은 동일한 하나님이 아닙니다. 유대인들의 경우 하나님은 그들의 조상들을 이집트에서 구원하여 율법을 수여하고 약속의 땅으로 인도한 분이고, 무슬림들에게 알라는 그의 뜻을 쿠란을 통해 모하메드에게 계시한 분이며, 기독교인들에게 하나님은 나사렛 예수 안에서 성육하신 분을 뜻합니다.

신조의 필요성

유대교의 하나님과 기독교의 하나님의 차이는 기독교의 초기 몇 세기에 만들어진 신조들에서 분명하게 나타납니다. 기독교가 형성되던 이 시기에 기독교 신앙의 길을 따랐던 사람들은 유대교의 순수 유일신론(이를 이슬람교가 뒤에 재구성합니다)을 버렸고 많은 토론과 적지 않은 논쟁을 거쳐 성육신(Incarnation)과 성 삼위일체(Holy Trinity)라는 두 가지 교리로 그것을 대체했습니다. 이렇게 되는 데는 조로아스터와 플라톤의 사상을 비롯한 몇 가지 요인들이 영향을 미쳤습니다. 하지만 이러한 두 개의 쌍둥이 교리들의 주된 재료들은 그들이 필수적이라고 믿었던 자신들의 세 가지 경험 영역들에서 나왔습니다.

첫째는 그들이 유대교로부터 물려받은 한 분 하나님이란 유산입니다. 이것은 순수 유일신론으로서 "나는 전능하사 하늘과 땅, 그 안에 있는 보이는 것과 보이지 않는 모든 것을 만드신 한 분 하나님 전능하신 아버지를 믿습니다"라는 공식으로 표현되었습니다. 그러나 신조는 여기에서 멈추지 않습니다. 신조는 두 번째 단계로 그들이 사도들로부터 물려받은 것, 곧 나사렛 사람 예수의 영향력의 빛 가운데 이런 형태의 유신론을 철저히 수정했습니다. 지금도 느껴지는 그분의 임재와 행위와 가르침은 신성의 빛을 그처럼 온전히 비추어주기 때문에 사람들은 그분을 자신들의 하나님 이해에 포함시키지 않을 수 없었고 이 일을 성육신 교리라는 모습으로 표현했는데, 이는 "육신이 되사"라는 단어들을 통해 구체화되었고 사도신경에서 가장 긴 부분을 차지합니다. 그뿐 아니라 여기에 세 번째 요소가 첨가되었습니다. 그들은 교회의 친교 가운데 역사하고 있는 내적인 활력을 경험했고 이것을 성령 혹은 인간의 마음속에 역사하는 하나님의 능력이라고 불렀습니다.

성 삼위일체 교리는 하나님의 통일성을 보존함과 동시에 이런 세 가지 경험들을 포착하기 위한 시도로서 다신론과 순수 유신론 모두 안에 존재하던 신성(divinity)과 인성(humanity) 사이의 간극을 연결했습니다. 나사렛 예수의 신성과 인성을 모두 인정함으로써, 고대 기독교 사상가들은 인간성 자체를 하나님 상징의 내용 안에 건립하는 용감한 길을 발견했던 것입니다.

성육신과 성 삼위일체론이라는 쌍둥이 교리들은 5세기에 최종 결정되었고, 그 이후 1000년 동안 기독교적 신앙의 길을 걸어가는 데 많은 도움이 되었습니다. 그것들은 인간이 만든 정식이었으나 성 패트릭의 흉패(Breastplate)로 알려진 "오늘 저 자신을 삼위일체의 강력한 이름에 매나이다" 하는 찬송가에서 보듯이 성스러운 주문처럼 사용되었습니다. 그것들은 하나님이 계시해주신 진리들로 여겨졌고, 시간이 지날수록 문자적으로 이해되었습니다. 보이지 않고 객체화할 수 없는 신성의 한 외양이나 가면 같은 것으로 시작되었던 것이 인격적이며 객체적인 것으로 인식되게 된 것입니다. 이제 아버지 하나님은 초월적 존재, 곧 한 인격적 존재로 거론되고 마침내 하나님의 고유한 이름이 되었습니다. 그런 다음 시각적인 표상들이 예수와 성처녀 마리아에 대한 이콘(icon)과 성상들을 통해 나타나기 시작했고, 마침내 미켈란젤로가 하나님을 시각화하지 말라는 저 고대의 금지를 어기고 아버지 하나님의 초상을 시스티나 대성당의 천장에 그리게 되면서 그 절정에 이르렀습니다.

헝클어진 실타래 풀기

이런 일이 두 번째 차축시대 전야에 있었던 일들입니다. 기독교 정통주의는 중세 전성기에 정점에 도달했습니다. 그러나 이미 기원후 처음 5세기에 걸쳐 형성된 기독교 사상의 전체 프레임은 해체되기 시작했고 르네상스, 개신교 종교개혁, 계몽주의가 그 뒤를 이었으며 성육신과 삼위일체 교리에 대한 전통적인 이해가 강한 비판을 받게 되었습니다. 결과적으로 다양성과 혼란이 나타났고, 사람들이 기독교적 신앙의 길에 제공해왔던 통일성은 점차 퇴조했습니다.

거룩한 삼위일체 교리 대신 한쪽에서는 비삼위일체론적인 유신론(a non-Trinitarian theism)이 나타났고 반대쪽에서는 무신론이 나타났으며, 그 중간에 이신론(deism), 범신론(pantheism), 범재신론(panentheism) 등이 자리 잡았습니다. 실상 오늘날 기독교적 정통주의의 가장 활동적인 옹호자들은 진정한 삼위일체론자들 아닌 유신론자들이고, 오늘날 대중적 기독교 경건의 많은 부분은 예수는 신적 존재로서 단지 인간처럼 보였을 뿐이라고 주장했던 고대 영지주의적인 이단인 가현설(Docetism)의 지배를 받고 있습니다. 이제 예수의 인간성은 대부분 상실되었고, 아버지 하나님의 오른 편에 앉아 있는 영광스러운 하나님의 아들로서의 그리스도의 모습이 짧은 인생을 살고 간 인간 예수의 삶을 대체했습니다. 간단히 말해서, 성육신과 삼위일체의 대담하면서도 역설적인 특성은 전통 기독교에서 상당 부분 상실된 것입니다.

이런 형편이니 만큼 우리 역시 다른 사람들처럼 성육신과 삼위일체 교리는 이제 낡아서 버려야 한다는 결론을 내리고 싶은 유혹이 들 수 있습니다. 하지만 나는 정말 버려야 하는 것은 두 번째 차축시대 이전에 이 교리들이 이해되었던 방식, 곧 이러한 실패들을 가져온 사건이라고 말하고 싶습니다. 또한 나는 역설적으로 보이지만, 결국 두 번째 차축시대를 가능하게 한 것은 대담하고 혁신적인 성육신과 거룩한 삼위일체 교리였음을 말하고자 하며, 한 걸음 더 나아가 그것들이 이 근대 세속사회가 다른 지역이 아닌 기독교적 유럽에서 일어난 이유였다고 주장합니다. 구식이고 무의미하다는 판단과는 정반대로 이 교리들은 그들이 이끌어온 전 지구적이며 세속적 세계와 예상치 못한 방식으로 새롭게 연결될 수 있습니다.

오래된 틀을 회복하기

예수가 온전한 인간이었다는 사실은 스트라우스(Strauss)부터 예수 세미나(Jesus Seminar)에 이르는 성서학자들의 노력으로 오늘날 다시 인정되고 있습니다. 이렇게 해서 다시 발견된 역사적 예수의 발자국과 목소리는 그가 모든 면에서 진짜 인간이었을 뿐 아니라 그 시대의 사람이었음을 보여주며, 이로 인해 우리는 성육신 교리를 완전히 새로운 빛으로 보게 되고 또한 왜 기독교적 신앙의 길의 선구자들이 용감하게 인류를 하나님 개념 안에 포함시키고자 했는가 하는 질문을 다시 던지게 됩니다. 하나님의 성육신이 오직 한 인간 곧 나사렛 사람 예수에게서만 일어났다는 생각은 그것이 가진 온전한 중요성을 놓치게 만듭니다. 하나님이 어떤 특정한 사람 안에 성육할 수 있다는 사상은 당시의 대부분의 유대인들이 받아들일 수 있는 것 이상이었고, 동일한 이유 때문에 오늘날도 유대인이나 무슬림처럼 모든 순수한 유일신론자들은 이를 거부하고 있습니다.

하나님이 인류 전체 안에 성육할 수 있다는 생각은 대부분의 기독교인들 역시 받아들이기 어려운 것이기는 하지만, 성육신에 대해 이렇게 더 확장된 해석의 단초는 이미 신약성경 안에 들어 있습니다. 영광스럽게 된 그리스도가 나중에 그렇게 되었던 것과 달리, 예수는 처음에는 그의 동료 인간들과 그렇게 큰 거리를 두고 분리되어 있지 않았습니다. 오히려 그는 하나님을 땅으로 가져온 분으로 여겨졌습니다. 그의 가르침과 삶의 방식은 사람들로 하여금 매일의 일상 속에 계신 하나님의 현존을 느낄 수 있게 했던 것입니다.

심지어 바울조차 예수님을 전체 인류의 대표(representation) 내지 구현(embodiment)으로 말했습니다. 첫 사람 아담(히브리어로 "인간")이 전체 인류를 구현한 것처럼, 예수로부터 나오는 그리스도라는 인물은 새로운 아담(곧 새로운 인류의 구현)이라고 말해졌습니다. "아담 안에서 모든 사람이 죽은 것 같이 그리스도 안에서 모든 사람이 삶을 얻으리라." 이 점이 바울이 모든 기독교인들은 "그리스도 안에 있는" 존재라고 말한 이유입니다. 그들은 계속되는 성육신에 참여하고 있는 것으로 인식되었습니다.

따라서 기독교는 처음부터, 또한 이후의 암시들에서 계속되듯이, 인류 자체가 신적 존재의 성육 혹은 화육이라는 씨앗 같은 사상을 오랫동안 품어왔다고 할 수 있습니다. 이 때문에 이후 기독교인의 삶을 "성화"(sanctification)의 삶으로 말하는 것이 일반적인 것이 되었고 동방정교회가 기독교인의 삶을 "신성화"(deification)의 과정으로 본 것입니다. 토마스 아퀴나스 역시 이렇게 말하고 있습니다. "성육신은 인간 본성의 높아짐(exaltation)이며 우주의 완성(consummation)이다."

따라서 성육신 교리는 전체 인류에게 해당될 수 있습니다. 데이비드 스트라우스는 예수 그리스도 안의 하나님의 성육을 하나의 고유한 역사적 사건이 아니라 영원부터 작동하고 있고 하나님의 인간화(humanization of God)와 인류의 신성화(divinization of humankind)로 구성되어 있는 우주의 영적 과정의 상징적 표상으로 보았습니다.

성육신을 이렇게 이해하면서 길게 서술한 최초의 근대 신학자는 포이에르바하(Ludwig Feuerbach)였습니다. 그는 『기독교의 본질』(*The Essence of Christianity*)에서 이 문제를 다루면서 "성육신에 대한 잘못된 또는 신학적 의미"와 "성육신의 참된 또는 인본주의적 의미"를 대비시켰습니다. 기독교 정통주의의 경우, 예수 그리스도의 인간성은 하늘로 들어 올려져 거룩한 삼위일체 안에서 상실됩니다. 하지만 포이에르바하에게 성육신은 신성이 영원히 인류와 함께 거하기 위해 지상으로 내려옴을 뜻합니다. "하나님은 사랑이다"는 신약의 선언을 예로 삼아 포이에르바하는 하나님의 존재를 다름 아닌 사랑, 정의, 공감 같은 도덕적 가치들—그 이후 인류 안에 드러났던 특성들—과 다르지 않은 것으로 여기는데, 이 점에서 성육신 교리는 유신론의 종언(the end of theism)이라고 할 수 있습니다. 유신론자들이 신화적으로 천상의 보좌에 안락하게 거하게 만들었던 하나님이 이제는 인간의 육신 곧 **모든** 인간의 육신 안에 거하기 위해 내려왔기 때문입니다.

새로운 외투를 만들어 입기

이것은 다음의 사실을 뜻합니다. 첫째, 우리 인간들은 과거에 존재한다고 생각했던 하늘에 있는 신적 지지자 없이 살아가야 합니다. 곧 예수가 말한 것으로 알려지고 있는 말씀처럼 "우리들은 하나님이 성숙한 것처럼 성숙하게 살아야 합니다." 둘째로 유신론이 객체적이고 초자연적인 신에게 부여했던 역할을 이제는 우리 인간들이 이 땅에서 맡아 해야 한다는 점입니다. 천상의 보좌는 비어 있을 뿐 아니라 하늘 자체가 텅 빈 공간이 되었습니다. 포이에르바하가 보았듯이, 제대로 이해된 성육신은 인간 역사의 전환점이 됩니다. 하지만 이런 이해가 두 번째 차축시대로 이어지기 전에는 우리가 이 사실을 인식하지 못했습니다. 이런 점에서 근대 세속사회의 발생은 성육신 교리의 논리적 결과이자 유대-기독교적 신앙의 길의 합법적 연장으로 볼 수 있습니다.

포이에르바하는 시대를 너무 앞서 있었기 때문에 완전히 거부당했으며 그의 통찰은 거의 100년 이상 잊혀졌습니다. 하지만 오직 그만이 성육신 교리와 근대 세속사회의 도래 사이의 연속성을 본 것은 아닙니다. 1889년에 찰스 고어(Charles Gore)—그는 나중에 옥스퍼드의 감독이 됩니다—는 "성-육신의 종교"(The Religion of In-carnation)라는 심포지엄에서 발표된 여러 논문들을 묶어서 *Lux Mundi*(세상의 빛)란 이름으로 출판했습니다. 그는 그 자신과 이 논문의 기고자들이 사는 시대가 "지적, 사회적으로 새로운 필요와 새로운 관점, 새로운 질문들로 가득 차 있는 엄청난 변화의 시대"로서 "신학이 새로운 길을 택해야만 하는" 시대라는 확신으로 이 글들을 썼다고 말했습니다. 기고자 중의 한 명인 일링워스(J. R. Illingworth)는 기독교인들이 세속적 사상을 기독교의 대적이 아니라 그 잘못을 교정하는 것으로 여겨야 한다는 점을 다음과 같이 말합니다. "세속 문명은 기독교와 협력하여 근대세계를 낳았다. 그것은 다름 아닌 섭리와 연관되어 있으며 성육신에 상응하는 것이다."

두 번째 차축시대 이후 세속사회 속의 우리는 첫 번째 차축시대의 사람들과 달리, 각자의 신앙의 길의 축척되는 전통은 인간이 만든 것임을 인지할 수 있는 자리에 있습니다. 실상 인간의 모든 언어들, 모든 철학과 교리들, 신들이나 하나님 같은 모든 종교 개념들은 인간의 고안물입니다. 천상의 세계는 전적으로 인간 상상력의 산물입니다.

새로운 언어 배우기

신앙을 갖고 미래를 향해 걸어갈 때, 이제 우리들은 과거의 신앙의 길 중 어떤 부분이 여전히 유용할지 또한 어떤 부분을 버려두고 가야 할지 결정해야 합니다. 가령 "하나님" 개념은 어떻게 해야 할까요? 이 용어를 유신론적으로 사용하는 것은 이제 무의미해졌지만, 그렇다고 해서 첫 번째 차축시대에 "하나님" 개념을 내버려야 하지 않았던 것처럼 우리도 반드시 내버려야 하는 것은 아닙니다. 이제 우리가 이 단어와 여타 단어들 및 개념들이 상징적 특성을 가지고 있고 하나님이 아니라 인간에게서 나왔음을 인정한다고 해도 우리는 여전히 영적인 성숙을 향한 우리의 탐구를 표현하는 종교적 상징들을 필요로 합니다.

하지만 우리들이 여전히 첫 번째 차축시대 사람들과 똑같은 방식으로 신에 대해 말하고 있다면, 우리들은 이 용어를 완전히 새로운 방식으로 사용하는 법을 배워야 할 것입니다. 하나님은 고대 신화론에서 기원한 상징적 단어입니다. 폴 틸리히(Paul Tillich)의 잘 알려진 표현을 따른다면, 우리는 이 단어를 우리와 궁극적으로 연관되는 어떤 것을 가리킬 때 사용합니다. 종교개혁자 마르틴 루터(Martin Luther) 역시 이 사실을 인지하면서 다음과 같이 말합니다. "신앙과 하나님은 필연적인 연관성을 가진다. 당신의 마음이 가고 신뢰하는 것이 바로 당신의 하나님이다." 돈 큐핏(Don Cupitt)은 이를 "하나님은 한 사람이 영적인 삶과 연관하여 관심 갖는 모든 것의 신비적 구체화(the mythical embodiment)이다"라고 표현하며, 고든 카우프만(Gordon Kaufman)은 "하나님 상징은 인간의 삶에 참된 성취와 의미를 가져올 수 있는 방향의 초점을 우리들에게 표상한다고 주장한다. 그것은 가장 높고 반드시 있어야 하는 인간의 이상과 가치로 여겨지는 것을 인격화의 모습으로 요약하고 통일하고 표상한다"고 말합니다. 따라서 우리는 '하나님'을 신앙의 길을 따라가도록 동기를 부여하는 가치와 목적과 영감을 가리키는 것으로 말할 수 있습니다.

처음 5세기의 기독교 사상가들은 하나님이 거룩한 삼위일체—성부, 성자, 성령—로 계신다고 말함으로써 그들의 가치와 염원을 표현했습니다. 그럼 우리의 신앙의 길에 동기를 부여하는 것은 무엇이며 신앙으로 응답해야 하는 최고의 가치와 염원은 무엇입니까?

이런 질문에 답하려면, 우리가 사는 세계는 고대 기독교 사상가들이 보았던 방식과 아주 다른 관점을 가지고 있음을 인정해야 합니다. 첫 번째 차축시대 이전과 이후에 살았던 사람들은 자신들이 영적인 세계에 둘러싸여 있고 그것과 긴밀히 연관되어 있음을 느꼈습니다. 물론 오늘날에도 우리들은 "영"(spirit)이란 말을 쓰기는 하지만 그저 은유적으로 쓸 뿐입니다. 그들이 영을 실제적 내용을 가진 것으로 말했다면, 우리는 물리적 에너지에 대해 말합니다. 그들이 자연 현상을 신들과 영들의 작동으로 설명했다면, 우리는 전자, 쿼크,[1] 원자력 같은 용어로 설명하며, 그들이 생명체들을 영이나 생명원리가 육체로 구체화된 것으로 이해했다면, 우리는 DNA와 염색체, 면역체계, 핵산 등으로 파악되는 유기체에 대해 말합니다. 우리들은 스스로를 신체들로서 느끼고 뇌와 신경 시스템으로 생각하는 인간 유기체로 봅니다.

오, 멋진 신세계여!

우리는 우리의 선조들보다 물리 세계에 더 많이 집중하기 때문에 우리에게 실재는 우리의 감각으로 확언할 수 있고 공개적으로 탐구 가능한 것이 되었습니다. 종교, 철학, 과학을 포함하여 (실재 이외의) 나머지 모든 것들은 인간의 해석이며 계속해서 개정되어 가야 하는 것입니다. 우리의 실재는 물리적 우주로 구성되어 있으며, 지금부터 겨우 200년 전에 살았던 사람들이 인식했던 것과 비교해 보아도 이 실재는 우리의 정신이 포착하는 정도를 한참 넘어 시간과 공간으로

---

[1] 역자주: 양성자, 중성자 같은 소립자를 구성하고 있다고 여겨지는 기본 입자.

끊임없이 확장되어 왔습니다.

우주는 하나의 거대한 에너지 꾸러미로서, 이것이 실재의 기본적 모습입니다. 우리는 에너지가 무엇인지 잘 모르나 그 작동 방식은 알고 있습니다. 우주는 그 차원들에서 뿐 아니라 더 복잡하고 아름다운 에너지의 패턴들을 스스로 만들어내는 능력으로 인해 우리의 감탄을 자아냅니다. 맨 처음에 "빅뱅"이 있었고 그런 다음 가스들이 천천히 뭉쳐져 별들이 되었으며, 그 다음 초신성들(supernovas)의 폭발로 별의 먼지가 나타나 그것으로부터 행성들이 형성되었고, 마침내 최소 하나 이상의 행성에서 생명의 진화가 이루어졌습니다. 우주는 이처럼 계속되는 변화과정을 거치면서 약 150억 년 동안 성장하고 소멸해왔습니다. 언젠가는 우주가 더 이상 아무런 변화 없는 정적인 것이 되겠지만 우주 전체의 시간으로 보면 그것은 여전히 역동적이고 살아있습니다.

비록 우리는 우주가 시작이 있다고 말하지만, 그것이 존재하지 않는 시간은 결코 없었습니다. 이는 시간과 공간 자체가 우주와 더불어 시작되었기 때문입니다. 따라서 우주는 거기 있는 모든 것입니다. 우주 밖에는 아무것도 없고 우주 이전에도 아무것도 없습니다. 따라서 이제는 창조주가 우주 이전부터 있었음을 요청하는 것은 비논리적입니다. 우주는 그 자체의 존재 이유를 스스로 설명하기 때문에 우리는 그것이 우리에게 무엇을 말할 수 있는지, 또한 그것이 어떻게 작동하는지를 우주 자체로부터 배워야 합니다.

더 나아가 우주에는 우리 인간만 있는 것이 아닙니다. 우리는 우주의 필수적인 한 부분일 뿐입니다. 우리 자신의 존재와 우리의 계속되는 삶은 우주에 의존해 있습니다. 이런 이유 때문에 차축시대 이전의 우리의 선조들은 자신들의 운명이 신들의 무릎 아래, 특히 그 중의 하나인 어머니 지구(Mother Earth) 위에 놓여 있다고 믿었던 것입니다. 심지어 오늘날에도 우리는 우리가 자연의 과정들에 의존해 있음을 인식하는 가운데 비록 은유적 표현인 줄 알면서도 여전히 어머니 자연(Mother Nature)에 대해 말하고 싶은 마음이 있는 것입니다. 더 나아가 기독교적인 신앙의 길은 오랫동안 고대 신플라톤주의자들로부터 시작하여 야콥 뵈메(Jacob Boehme), 브루노(Bruno), 스피노자(Spinoza)에 이르는 신비적 전통을 유지해 왔으며 이들은 모두 자연과 하나님을 동일시했습니다. 쉘링(1775-1854)은 자연을 무한한 물질 안에서 자신을 실현해 오다가 인간 의식에 이르러 의식에 이르게 된, 무한하고 스스로 발전시켜가는 초-유기체(super-organism)로 보았습니다.

우리는 고대인들이 경외감을 가지고 보았던 자연 과정들 중 많은 부분을 아주 상식적인 방식으로 쉽게 설명합니다. 그러나 이런 현상들은, 경외감을 불러일으키는 다른 신비들로 인해, 새로운 우주관으로 대체되었습니다. 우리는 우주의 다른 곳에서 발생하고 있는 일들에 대해서는 거의 아무것도 모르고 있습니다. 우리는 지구 외의 다른 곳에 생명체들이 있는지 모르며 아마 영원히 모를 것입니다. 하지만 우리는 지구 위의 생명체들이 약 30억 년 이상 진화해 온 것처럼 보이며, 인간이란 종 역시 진화하는 무수히 많은 생명 종들에서 나왔음을 알고 있습니다. 인간의 발생은 지구 이야기와 연관해서 보면 아주 최근에야 일어났으며, 분명한 설계(design)보다는 우발성(accident)에 더 가깝게 일어났습니다. 우리가 왜 현재의 모습으로 진화했는지, 왜 지구 위에 생명이 있어야 하는지에 대해서는 분명한 이유가 없습니다. 인간 존재의 기원과 목적은 (설혹 목적 같은 것이 있다 해도) 여전히 신비로 남아 있습니다.

기본으로 돌아가기

우리는 물리적 우주 전체와 특히 지구라는 이 행성에 철저히 의존해 있기 때문에 자연세계 자체가 우리 신앙의 첫 번째 초점이 되어야 합니다. 『기독교의 본질』보다 나중에 썼고 그보다 덜 알려진 『종교의 본질』(*The Essence of Religion*, 1848)에서 포이에르바하는 이 점을 다음과 같이 확언합니다. "인간이 처음부터 완전히 의존하고 있는 것은 다름 아닌 자연이다. 자연이 처음이고 종교의 본래적 대상이다." 실제로 우리는 우리의 가장 기본적인 필요를 자연에 의존합니다. 우리는 공기, 물, 음식, 쉼터, 생존, 자손 번식 등에서 자연에 의존하며 이 점에서 다른 동물과 다르지 않습니다. 인간을 비롯한 모든 종들 안에 이미 들어 있는 것은 생존하고 번식하려는 본능들입니다. 이런 기본적 필요들과 동물적 본능들에서 시작하여 우리의 원시적 선조들은 신앙의 길을 출발했고 천천히 그리고 무의식적으로 인간 문화를 만들어 갔습니다. 우리 역시 그렇게 아득한 옛날로 돌아가야 합니다. 오늘날 우리 역시 기본적 필요들—깨끗한 공기, 맑은 물, 건강한 음식, 적절한 쉼터, 자손의 번식, 인간 생존을 위협하는 모든 것들의 극복—이 다시 한 번 궁극적(ultimate)이며 따라서 우리가 우리 자신을 '헌신해야 할' 종교적인(religious) 이슈가 되어 있음을 다시 배우고 있습니다.

그러나 우리가 자연세계에 의존하고 있음을 인정하는 정도로는 충분하지 않습니다. 우리는 우리의 기독교 선조들이 그들의 신앙을 소위 창조주에게 두었던 것과 동일한 방식으로 세계를 신뢰하는 법—그것에 우리의 신앙을 두는 법—을 배워야 합니다. 세계에는 우리가 신앙으로 위탁할 만한 많은 것들이 있습니다. 거기에는 혼란에서 질서와 설계를 만들어내고, 아름다움을 창조하며, 생명이 태어나게 하는, 경외심을 불러일으키는 능력이 있습니다. 우리는 지진, 폭풍우, 질병—우리가 자연재해라고 부르는 것—에 의해 상처를 입지만 계절의 바뀌게 되면 새로움은 여전히 계속 진행됩니다. 진화 이야기 자체는 우리 마음을 깊이 사로잡으며 현미경을 통해 보는 세계는 숨이 막힐 만큼 아름답습니다. 세계에는 경외감을 불러일으키고 신앙을 길러내며 희망을 새롭게 하는 많은 것들이 들어 있습니다.

이 사실을 누구보다 극적으로 표현한 사람은 경건한 예수회 신부이자 과학자인 떼이야르 드 샤르댕(Teilhard de Chardin)일 것입니다. 그는 이렇게 쓰고 있습니다. "어떤 내적 혁명의 결과로 내가 그리스도에 대한 신앙, 한 분 인격적인 하나님에 대한 신앙, 성령에 대한 신앙을 잃어버린다고 해도 나는 결코 꺾임 없이 세상(world)에 대한 믿음을 계속 유지할 것이라고 느낀다. 모든 것이 말해지고 행해진다 해도 세상(그 가치, 그 무오류성, 그 선함)이 내가 믿는 처음이자 마지막이며 유일한 것이다. 나는 이런 신앙에 의해 살고 있다. 그리고 죽음의 순간 나는 모든 의심을 떨치고 일어나 이런 신앙에 나 자신을 다시 복종시킬 것이다."

떼이야르가 세상에 대한 자신의 신앙을 말했을 때 그는 단지 바위나 강, 원자나 전자에 대해 말한 것은 아닙니다. 그의 말을 이해하려면 그의 주저인 『인간 현상』(*The Phenomenon of Man*)을, 그것도 한자리에 앉아 단번에 읽을 필요가 있습니다. 이 책은 현대의 가장 위대한 고전적 영성 저작의 하나입니다. 거기에는 진화하는 우주가 숨을 멈추게 만드는 장대함과 경외심을 불러일으키는 신비 가운데 자신을 펼쳐가는 비전이 있습니다. 그것은 유신론의 시대에 하나님의 영광에 대해 서술한 어떤 서술보다 더 탁월한, 가장 장대한 규모의 우주적 창조성의 비전입니다.

가장 인상적인 것은 떼이야르가 두 가지 위대한 변화의 임계점을 진화하는 우주에 대한 그의 관점에 포함시킨 점입니다. 첫 번째 것은 지구 위에서 무생명에서 생명으로의 이행과 그 결과로 인해 암석권, 대기권, 성층권과 유사하면서도 다른 생명권(biosphere)이 발생한 순간입니다. 그 다음 두 번째로 생명권 안에서도 호모사피엔스 종에서만 생명이 성찰적 사고로 이행되었고 그로 인해 정신권(noosphere)이 나타난 것입니다. 떼이야르는 비유기적인 암석권과 그것을 덮고 있던 이전에 있었던 생명층 전체를 망라하는 자기 비판적 사고의 층을 가리키기 위해 1925년에 "정신권"이란 용어를 만들어 내었습니다.

생각하는 우주?

스스로 진화해 가는 우주 안에 이런 창조성이 현존하고 있기 때문에 우주는 생명력이 있을 뿐 아니라 사고를 할 수 있는 잠재능력도 가지고 있습니다. 떼이야르는 이런 잠재성은 우주의 기본적인 재료를 구성했던 에너지 안에 틀림없이 처음부터 현존했을 것이라고 주장했습니다. 에너지가 그 자체를 더 복잡한 형태들로 형성해 가는 동안 그것이 가진 의식에의 잠재성 역시 점점 더 높은 단계에 이르렀습니다. 인류의 자기의식이 증가함에 따라 우주 역시 자신을 더 알아가게 되었습니다. 우리의 정신은 우주가 그 자신을 보고 이해하는 거울이 되어간 것입니다.

실재에 대한 이런 완전히 새로운 이해 방식은 성육신이라는 전통적 교리에 대한 현대적 이해에 해당합니다. 이전에는 창조주 아버지이신 하나님(the divine Creator Father)이 인간 육신 안에 성육했다고 말해지곤 했습니다. 하지만 이제 우리들은 훨씬 더 스케일 크게 우주적 창조성(cosmic creativity)이 우리가 인류라고 부르는 지상의 생명종 안에 친히 스스로를 성육시켰다고 말할 수 있습니다. 여기에 더하여 말한다면, 이전에는 우주적 창조성이 어떤 명확한 목적 없이 수많은 세월 동안 맹목적인 실수들을 해왔다면, 이제는 인간 의식을 매개체로 삼아 목적 있는 행위들을 통해 그 자신을 현시하고 있다고 할 수 있습니다.

전통적인 성육신 교리에서는 인간 예수가 새로운 인류의 원형, 혹은 폴 틸리히의 용어를 사용하자면 "새로운 존재"의 표현으로 여겨졌습니다. 그 이후에 고대 기독교 사상에서 인간 예수가 신의 자리까지 격상한 사실은 이제는 앞으로 올 일들에 대한 상징적 전조로 간주될 수 있습니다. 하나님의 능력으로 하나님의 오른 편에 궁극적 심판자로 계신 예수에 대한 언어적 표상은 이제 인류의 어깨 위에 놓여있는 무거운 책임성들에 대한 엄중한 비유로 이해할 수 있는 것입니다. 예수께서 한때 하나님의 정신으로 사고할 수 있었다고 전제되었듯이, 이 특별한 행성 위에서는 이제 집단적인 인간 정신이 우주가 그것을 통해 지구의 미래의 진화 과정을 인도해 가는 사고의 기관입니다. 이제 인류가 지구의 생명체를 유지하는 데서 하나님의 역할을 수행하도록 점차로 압력을 받고 있다면, 이렇게 이해되는 성육신 교리는 오늘날의 범지구적, 세속적, 생태적 세계와 놀랄 정도로 새로운 연관성을 가지게 됩니다.

끝날 때까지 끝난 것이 아니다

진화 과정은 결코 끝나지 않았습니다. 니체가 말한 것처럼 인류는 아직 끝나지 않은 동물입니다. 하지만 많은 징조들이 진화 과정이 갈수록 가속화되고 있음을 보여 주고 있기 때문에 우리는 진보가 계속되리라고 결코 보장할 수 없습니다.

"빅뱅"에서부터 현재에 이르기까지 매 순간 이루어진 것은 이미 있던 잠재성으로부터 나왔습니다. 하지만 이 말이 모든 것이 이미 결정되어 있다거나 잠재적 가능성들이 반드시 실현될 것이라고 보장되어 있다는 것은 아닙니다. 사실상 많은 가능성들이 실현되지 않거나 막다른 골목에서 그냥 소멸됩니다. 하지만 진화 과정이 진행됨에 따라 떼이야르가 "우주적 기류"(cosmic drift)라고 부른 것이 발생했습니다. 의식의 수준이 주로 인간 종에서 올라감에 따라 진화 과정은 개인적 선택에 더 의존하게 되었습니다. 이로써 한편으로는 미래를 예측하기 어렵게 되었지만 다른 한편으로는 더 목적 있는 미래가 가능하게 되었습니다.

현상태의 자의식에까지 진화하는 과정 속에서 우리 인간들은 우리가 스스로 진화하는(self-evolving) 종들로 살고 있는, 스스로 진화하는(self-evolving) 우주의 아주 작은 부분임을 깨닫게 되었습니다. 왜냐하면 우리 인류를 인간답게 만드는 것은 우리가 여러 고등동물들과 아주 많이 공유하고 있는 우리의 DNA가 아니라 우리가 집단적으로 창조했던 언어, 사상, 문화, 지식, 종교, 그리고 과학이기 때문입니다. 이 모든 것은 이미 우리 존재와 삶의 일부분이 되었기 때문에 우리는 그것에 대한 특정한 이름을 가지고 있지 않습니다. 그것은 우리가 실재를 보는 방식을 형성했을 뿐 아니라 상당 부분 우리가 살고 있는 세계가 되었습니다. 철학자 칼 포퍼(Karl Popper)는 이를 (물리적 세계인) 세계 1과 (의식의 세계인) 세계 2와 구별하여 세계 3이라고 불렀습니다. 세계 3은 인간의 성찰과 창조성의 결과인 인간적 산물로서 주로 정신계의 도래 이후에 이루어진 것입니다.

성육신이라는 전통적 교리와 여기에서 제가 서술하고 있는 것 사이의 흥미 있는 비교의 특징들을 조금 더 생각해 봅시다. 성육신이라는 전통 교리가 1세기에 나타나기 시작했을 때 예수의 계속되고 있던 영향력과 성령의 역사 그리고 교회의 정신 사이에는 분명한 구별이 없었습니다. 마찬가지로 인간 종들과 인간 종들이 집단적으로 창조한 것 사이를 구별하기는 어렵습니다. 하지만 세계 3이 없다면 우리는 인간일 수 없습니다. 이 점은 또 하나의 이상야릇함으로 인도 합니다. 세계 3의 내용은 지역에 따라 서로 다르게 발전됨으로 인해 사람들은 ―마오리족의 방식, 중국인의 방식, 기독교인의 방식, 무슬림의 방식 등으로― 인간이 되는 서로 다른 여러 양식들을 창조했습니다.

지구 전체를 감싸 안는 용광로

인간이 되는 이 모든 서로 다른 길들은 두 번째 차축시대 이후의 지구화 과정의 결과로 인해 각자의 독특한 모습들을 잃어버렸고, 인간이 되는 공통의 방식이 서서히 나타나기 시작했습니다. 이 일은 전지구적 의식(global consciousness)이라고 부를 수 있는 인간 의식의 확장과 성숙을 통해 이루어지고 있습니다. 이 과정은 현재 신뢰할 만한 지식의 상호교환이나 의사전달의 전통적인 대중매체, 특히 인터넷에 의해 갈수록 가속도로 진행되고 있습니다. 전 지구적 의식은 신약성경에 나오는 성령에 비견할 만한 근대적 현상입니다. 어쩌면 지금 우리가 살고 있는 시기는 우주 진화 과정에서 경탄을 불러일으키는 새로운 도약, 곧 변이(a mutation)의 바로 전야일 수 있습니다. 하지만 불행하게도 반드시 그럴 것이라고 확신할 수 없음도 사실입니다. 어쩌면 우리는 인간 종들이 스스로를 파괴하는 마지막 남은 며칠을 살고 있을 수도 있기 때문입니다.

원시 기독교인들이 자신들의 당시의 경험에 근거하여 신앙을 가지고 미래를 바라보았을 때 그들은 자신들의 신앙의 내용을 아버지, 아들, 성령의 성삼위일체라는 용어로 표현했습니다. 우리 역시 미래를 위한 우리의 신앙을 표현하기 위하여 우리 자신의 기본적인 경험들에서 그 내용을 이끌어 와야 합니다.

새 세계를 위한 새 삼위일체

실재에 대한 우리의 경험들은 서로 상당히 다릅니다. 하지만 이상스럽게도 그것들 역시 우리를 삼위일체로 이끌어 가는데, 우리는 그것을 세속적 혹은 이 세상적 삼위일체(this-worldly trinity)라고 부를 수 있습니다. 첫 번째 요소는 이처럼 스스로 진화하는 물리적 우주가 우리가 이해하기로는 실재 전체를 포괄하고 있다는 점입니다. 두 번째 요소는 이런 창조적인 우주에서 진화해 왔고 우리를 존재케 했던 인간 종들입니다. 세 번째 '존재'는 인류의 집단의식이 순서대로 낳았고 그것 없이는 우리가 인간이 될 수 없는 문화적 지식 체계(앞에서 말한 세계 3)입니다. 이 세 가지가 "우리가 살고 움직이고 우리 존재를 갖게 하는" 하나님을 구성합니다.

　전통적인 삼위일체 교리에서 고대의 사상가들은 아버지, 아들, 성령을 분명히 구별하면서도 동시에 그들의 본래적 일체성을 확언하기 위해 엄청난 노력을 기울였습니다. 우리도 마찬가지입니다. 우리는 물리적 우주와 그 안에 살고 있는 인간 종들을 분명히 구별합니다. 또한 우리 자신들과 우리가 조상들로부터 물려받았고 이제는 우리가 만들어 가는 문화적 지식 체계를 구별합니다. 하지만 이 셋은 본래적으로 서로 분리되어 존재할 수 없는 단일한 실재입니다.

　아버지, 아들, 성령이 성육신으로 인해 "셋이 하나"라고 선포되었던 것처럼, 스스로 진화하는 인간 종들과 발생 중인 전 지구적 의식은 이 셋 모두 안에 자신들을 나타내는 우주적 창조성으로 인해 하나의 "실체"(substance)입니다. 분명히 이러한 세속적 삼위일체 이해는 이전의 성육신과 성삼위일체에 많은 것을 빚지고 있습니다. 우리 인간들이 조화로운 전 지구적 공동체가 되면 될수록 우리는 미래에 대해 더 많이 확신하게 될 것입니다. 이런 희망은 우리가 세계, 인류, 전 지구적 의식이라는 세속적 삼위일체를 얼마나 믿고 신뢰하느냐에 달려 있을 것입니다.

제1부

기독교는 어디로 가고 있는가?

2장

갈림길에 선 기독교

기독교는 지금 그 길고 복잡한 역사에서도 결정적인 지점에 와 있습니다. 오늘날 인류는 조금씩 전 지구적이며 세속적인 미래로 진입해가고 있지만, 기독교인들 중에 이를 인식하는 사람들은 얼마 되지 않습니다. 기독교를 비롯한 모든 종교는 이런 새로운 전 지구적 상황과 보조를 맞추어가야 합니다. 우리는 모두 전 지구적 경제에 의존해 있을 뿐 아니라 과거로부터 내려온 많은 다양한 문명들 역시 전 지구적인 문화적 소용돌이 속으로 휩쓸려 들어가고 있습니다. 지난 400년 사이 우주를 보는 관점은 우리가 알아차리지 못할 정도로 급격히 바뀌었고 문화, 종교, 그리고 인간 조건 자체에 대한 이해 역시 급격하게 바뀌었습니다.

지난 4세기 혹은 5세기 동안 지속되어온 근대적 세속세계의 도래로 인해 기독교, 적어도 고전적인 형태의 기독교는 침식되어 왔습니다. 시간이 지나 되돌아볼 수 있게 됨으로써 이제 우리는 개신교 종교개혁이 이런 현상의 첫 번째 표시였음을 깨닫습니다. 종교개혁은 기독교 전통이 항상 살아왔던 교회 구조를 여러 조각들로 해체해버렸습니다. 교회는 "나는 하나의 거룩하고 보편적이며 사도적 교회를 믿습니다"라는 사도신경의 신앙 항목을 고수하면서 스스로를 예수 그리스도에 의해 설립된 신적 기관으로 보았고, 개신교 종교개혁자들의 도전 이전에는 모든 본래적인 진리 문제들에 대해 최종적인 권위를 가진다고 주장했습니다. 하지만 종교개혁은 이런 "하나의 거룩하고 보편적이며 사도적인 교회"를 서로 경합하는 복수의 여러 교회들로 나누어버렸고, 그 가운데 17세기의 구교와 신교 사이의 종교전쟁들이 분명히 보여주듯이, 기독교인들은 서로에 대해 격렬한 적개심을 갖기에 이르렀습니다. 교회 구조들이 점차 분리되어 감에 따라 그것들 역시 한갓 인간적인 제도에 불과했음이 드러난 것입니다.

한때 교회에 현존한다고 생각되었던 신적 권위의 통로를 대체할 것을 찾는 가운데 개신교 교회들은 성경의 말씀들로 되돌아가서 성경이 아무런 오류 없이 세상의 기원과 역사의 의미와 모든 사람이 마땅히 따라야 하는 도덕 법칙들과 구원을 향한 유일한 길을 계시한다고 선언했습니다. 하지만 성경에 대한 이런 널리 퍼진 확신은 19세기에 성서학자들이 근대의 문헌학적이고 역사 비평적인 방법들을 사용하게 되면서 심하게 흔들리게 되었습니다. 성경 역시 교회와 마찬가지로 하나님의 계시된 진리에 대한 오류 없는 원천이 결코 아니라, 너무나 인간적인 기원을 갖고 있음이 드러난 것입니다.

16세기에 교회의 하나 됨이 흔들려 버린 것처럼, 20세기 들어서는 전통적 기독교 교리가 점차적으로 해체되기에 이르렀습니다. 성경이 인간적 기원을 가지고 있음을 알게 되면서 예수 그리스도의 신성과 하나님의 실재라는 기독교의 가장 기본적인 두 가지 개념들 역시 심각한 변화를 겪게 되었고, 그에 대한 전통적 이미지들은 이제 역사, 신화, 그리고 경건한 상상의 혼합물임이 드러났습니다. 기독교 전통에서 경배되어온 예수 그리스도가 역사 속의 인물인 예수에 대한 기억에 근거해 있지만 동시에 기독교 공동체의 집단적인 상상력과 경건한 헌신에 의해 형성되어 왔음을 사람들이 알게 된 것입니다.

이와 함께 유대교로부터 물려받았고 처음부터 기독교 정통주의에 기본적인 것이었던 초월적인 인격적 존재로서의 하나님에 대한 유신론적인 믿음 역시 힘을 잃어갔습니다. 20세기 초만 해도 자신들이 무신론자들이라고 말하는 사람들은 극소수였지만, 20세기 말에는 하나님에 대한 전통적인 믿음은 급속하게 사라지고 있습니다. 하나님에 대한 이해도 바뀌어서 돈 큐핏(Don Cupitt)은 그의 용어인 "하나님에 대한 비실재론적인 관점"(non-realistic view)을 말하는 중에 '하나님'을 우리의 최고의 가치와 영감을 가리키는 상징적 용어로 이해합니다. 고든 카우프만(Gordon Kaufman) 역시 다음과 같이 쓰고 있습니다. "'신'이란 상징은 인격화의 형태로 최고, 최선의 필수적인 인간의 이상과 가치를 요약하고 통일하고 표상한다."

아무튼 기독교 정통주의가 항상 의존해왔던 하나님의 실재에 대한 믿음은 오늘날 심각하게 약해졌습니다. 로마 카톨릭 신학자인 요한 뱁티스트 메츠(Johan-Baptist Metz)와 개혁주의 신학자인 위르겐 몰트만(Jurgen Moltmann)은 이 점에서 "신학에 대한 영속적인 구성적 위기"를 선언하는데, 나는 이런 현상을 나의 책 『도래하는 세계』(*The World to Come*)의 3장인 "정통주의의 해체"(The Disintegration of Orthodoxy)에서 자세히 다루었습니다.

실상 이미 20세기의 시작 무렵에 일부 분별력 있는 기독교인들은 기독교가 위기에 직면하게 되었음을 감지하게 되었는데 영국의 주도적인 로마 카톨릭 근대주의자인 조지 티렐(George Tyrrell, 1861-1909)이 그 중의 한 명입니다. 그는 그의 책 『갈림길에 선 기독교』
(*Christianity at the Cross-roads*, 1910)에서 근대주의자(modernist)를 "그의
종교의 본래적 진리와 근대성의 본래적 진리의 통합이 가능하다고 믿
는, 교회 다니는 사람"이라고 정의했습니다. 그러나 바티칸은 이런
생각에 전혀 동의하지 않음으로써 근대주의는 정죄되었고, 티렐과 여
타 카톨릭 근대주의자들은 파문당했습니다. 하지만 티렐의 책과 비슷
한 책들이 20세기에 계속 나타났는데 그 예로 스탠리 호퍼(Stanley
Hopper)의 『신앙의 위기』(*The Crisis of Faith*, 1947), 네덜란드의 카톨릭
신학자인 반 데 폴(W. H. van de Pol)의 『통상적인 기독교의 종언』
(*The End of Conventional Christianity*, 1967), 잭 스퐁 주교(Bishop Jack
Spong)의 『기독교 변하지 않으면 죽는다』(*Christianity Must Change or
Die*, 1980, 김준우 역) 등을 들 수 있습니다. 이런 흐름 속에서 나는 나의
책 『신앙의 새 시대』(*Faith's New Age*, 1980)가 2001년 미국에서 다시
출판되었을 때 그 제목을 『기로에 선 그리스도교 신앙』(*Christian
Faith at the Crossroads*, 이세형 역)이라고 붙였던 것입니다.

코페르니쿠스와 다윈

기독교는 왜 이런 위기에 처하게 되었을까요? 그 답의 첫 부분은
코페르니쿠스와 갈릴레오가 오늘날 우리가 보는 것처럼 세계를 시-
공간적 우주로 보도록 만들었다는 데서 찾을 수 있습니다. 코페르니
쿠스의 새로운 우주론은 갈릴레오를 정죄한 당시의 교회 지도자들이
인식할 수 있었던 것들보다 더 미묘하고 철저한 변화들을 가져왔으니
곧 그는 해와 달과 별들을 지구와 동일한 물리적 우주 안에 있는 것

으로 만들었던 것입니다. 다른 말로 바꾸면, 하늘들(하나님의 거주 장소)과 지구(혹은 인간들의 거주 장소)가 이제 동일한 물리적 실재의 부분들이 되었고, 이로 인해 천상적/지상적, 초자연적/자연적, 영적/물질적이라는 전통적인 이분법이 흔들리게 되었습니다. 코페르니쿠스적인 혁명은 근대 세속사회가 등장하는 첫 번째 발걸음이었고, 이제 사람들은 우주를 그 자체의 내적 법칙에 따라 작동하는 것으로 보게 되었습니다. 이런 법칙들은 단순한 세포에서 복잡한 인간 유기체에 이르기까지 살아있는 모든 유기체들에게서도 똑같이 작동하는 것으로 여겨지게 되었으며, 그 가운데 사람들은 우리 선조들이 초자연적인 힘들이 나타난 표징들로 본 많은 것들이 실상 원시적인 해석과 인간 상상력의 산물들임을 깨닫게 되었습니다. 실상 오늘날은 지구 전체의 모든 교육 받은 사람들은 근본주의적인 기독교인들까지도 모두 우주를 이런 시공간적 관점으로 보고 있습니다.

하지만 기독교의 위기가 단지 이런 이유만으로 온 것은 아닙니다. 두 번째 이유가 있는데 그것은 찰스 다윈(Charles Darwin)과 지구 위의 모든 생명체들의 기원에 대한 진화론적인 설명의 파급력 때문입니다. 코페르니쿠스적인 혁명이 지구를 물리적 우주의 중심에서 이탈시켰듯이, 다윈의 혁명은 인간이 신의 형상으로 만들어졌으며 모든 종들 가운데 고유한 자리를 차지하고 있다는 생각을 더 이상 할 수 없게 만들었으며, 바로 이런 이유 때문에 근본주의적 기독교인들은 오늘날에도 다윈주의를 강하게 거부합니다. 하지만 생각이 있는 대부분의 기독교인들은 지난 20세기 동안 생물학적 진화라는 생각을 받아들였습니다.

인간 문화에 대한 새로운 인식

하지만 기독교에 대한 진정한 위협은 다원주의보다 더 미묘하고 더 파괴적인 어떤 것, 곧 근대의 지식 폭발에서 왔습니다. 코페르니쿠스에 의해 도입된 우주론에서의 혁명은 그저 첫 번째 표징이었고 다윈이 가져온 생물학적 혁명 역시 두 번째 표징에 불과했습니다. 그 뒤를 이어, 인간 문화 자체가 진화해왔다는 인식이 점차 사람들의 마음을 사로잡았습니다. 여기에서 나는 '문화'를 "공통의 언어에 근거를 둔 복잡한 전체로서 그것으로 세계에 응답하며 특정한 세계관을 형성하는 지식과 신념들, 일련의 관습들, 도덕들, 기술들"로 이해합니다. 문화는 우리 인간 삶에 본래적인 것이어서 문화 안에 태어나고 문화에 의해 형성될 때만 우리는 인간이 됩니다. 우리를 인간으로 만드는 것은 우리의 DNA만이 아닙니다. 실상 인간 유전자의 98%는 고릴라와 동일합니다. 우리를 만드는 것은 문화입니다. 우리 인간들이 (창세기가 말하듯이) 6일째에 현재의 모습으로 만들어진 것이 아니라 인간 조건이 진화하기 위해 수억 년의 시간이 있어야 했고, 이와 더불어 인간 문화 역시 진화되어 온 것입니다. DNA와 달리 문화는 인간종들이 집단적으로 함께 만들어 온 것입니다.

이미 선사시대부터 우리 조상들은 인간이 문화를 가지고 있음을 당연하게 생각했고, 지금도 대부분의 사람들은 그렇게 생각합니다. 사람은 출생 때부터 비록 원시적인 형태라고 해도 문화에 둘러싸여 생을 시작하지만, 자신들이 이처럼 깊이 문화에 의존해 있음을 인식하지 못했습니다. 가령 우리는 문화의 가장 근본적인 토대인 언어를 숨 쉬는 공기처럼 당연하게 여겨왔습니다. 사람들은 언어가 인간에 의해 창조된 것이라고 결코 생각하지 않았고, 시간의 시작 이전에 이미 존재했던 것처럼 여겼습니다. 실제로 성경이 말하는 기원의 신화에서 언어는 세계를 만들어내는 바로 그 도구였습니다. 하나님이 그저 "빛이 있으라"고 말씀하시니 곧 빛이 있게 된 것처럼 말입니다.

인간 문화를 가능하게 했던 것은 인간 언어의 진화였고 이런 인간 언어를 가능하게 했던 것은 상징들을 만들 수 있는 인간의 자연적 능력이었습니다. 보다 구체적으로 말하면, 언어는 인간들이 소리들을 상징화할 수 있게 됨으로써 가능하게 되었습니다. 아무튼 언어들과 문화들이 우리의 인간 이전의 선조들의 원시적인 사회적 삶으로부터 천천히 진화되어 왔음을 알아차리면서 우리는 우리 인간들이 집단적으로 언어와 문화를 만들어 왔음을 깨닫게 되었습니다. 이런 깨달음은 우리의 이전의 전제들을 완전히 전복시켜 버립니다. 인간 문화는 인간이 만든 사고와 의미의 환경으로서, 그 안에서 우리는 살고 움직이며 자신의 존재 의미를 확보합니다. 우리들은 각자 태어난 문화에 의해 형성되는 가운데 인간이 되어 갈 뿐 아니라 우리도 문화를 만들고 그것을 다음 세대에 전달합니다.

우리는 원초적 언어(proto-language)와 원초적 문화(proto-culture)가 존재한 적이 있었는지는 알지 못합니다. 우리가 아는 것은 인간 종들이 지구에 확산되면서 수천 개의 언어들, 문화들, 하위문화들을 만들었다는 것뿐입니다. 실상 각각의 문화는 끊임없이 진화되어 가고 발전하는 세계들, 이야기들, 사상들, 행동 규범들, 사회적 실천들의 연속체입니다. 그것들은 보이지 않지만 언제나 변화되어 가는 강물처럼 시간 속에 흘러갑니다. 과거에는 많은 문화적 강물들이 비교적 서로 독립된 모습으로 흘러갔지만, 오늘날 그것들은 함께 모여 하나의 전 지구적 문화의 바다를 형성하고 있으며, 이 때문에 원주민들뿐 아니라 모든 사람들이 자신들의 문화적 정체성을 상실할 위기에 처해 있습니다. 오늘날 모든 문화들은 서로 경합하고 있을 뿐 아니라 이제 막 시작된 전 지구적 문화를 형성하는 데 일조하고 있습니다. 하지만 지금 도래하고 있는 전 지구적 문화 역시 과거와 현재의 모든 문화들과 마찬가지로 인간에 의해 만들어진 문화일 것입니다.

축적되어 가는 전통

우리는 각각의 문화에 동기, 응집력, 그리고 나아갈 방향을 제시하는 것을 그것의 종교라고 부를 수 있습니다. 곧 종교는 "삶을 해석하고 살아가게 하는 전체 양태"로 정의될 수 있습니다. 다시 말해서 종교적이라 함은 인생에서 우리에게 가장 중요한 것과 깊이 연관되며 우리의 최고의 목표들과 가치들을 포함합니다. 신학자 폴 틸리히(Paul Tillich)가 말했듯이 종교는 개인적 경험과 문화에서의 깊이의 차원(the depth dimension)입니다. 따라서 도래하는 전 지구적 문화 역시 나름의 종교적 차원을 가지게 되겠지만 그것은 세속적 용어들로 경험될 것입니다. 나는 "세속적"(secular)이라는 말을 무종교적(non-religious)이 아닌 것, 곧 "저 세상적이며 초자연적인"(other-worldly and supernatural) 것이 아닌 "이 세상적이며 자연적인"(this-worldly and natural) 것이란 의미로 사용합니다.

안타깝게도 "종교"라는 단어는 일반적으로 우주를 지상적/천상적, 자연적/초자연적, 물질적/영적으로 이분법적으로 나누는 것과 같은 것으로 여겨져 왔습니다. 그러나 오늘날 이런 분리는 낡아서 아무

소용이 없습니다. 코페르니쿠스는 천상에 있는 것들을 지구라는 행성과 동일한 물리적 실재로 보게 했고, 다윈은 인간 종들을 끊임없이 진화하는 지구 위의 다른 종들과 똑같은 것으로 보게 만들었습니다. 또한 인간 문화가 진화해 왔다는 새로운 깨달음 가운데 우리는 인간 문화의 종교적 차원 역시 문화 자체와 마찬가지로 인간이 만들어낸 것임을 알게 되었습니다. 물론 우리는 우리 자신의 종교 외의 다른 종교들은 인간들이 만들어낸 것임을 인정할 준비가 되어 있었습니다. 하지만 기독교 역시 인간에 의해 만들어진 것임을 받아들이기는 정말 어려웠습니다.

세계적인 종교학자인 캔트웰 스미스(W. Cantwell Smith)는 그의 기념비적인 저서 『종교의 의미와 목적』(*The Meaning and End of Religion*, 1963)에서 "종교"란 말이 모호하고 오해를 자아내기 때문에 그것을 "축적되는 전통"(the cumulative tradition)과 "신앙"(faith)이란 말로 대체하자고 제안했습니다.

여기서 "신앙"이란 삶과 연관되어 있는 내적인 신뢰의 태도를 가리키는 말입니다. 그리고 이렇게 볼 때 신앙은 물론 기독교의 근본 용어의 하나이지만, 기독교인들만 독점적으로 소유하고 있는 것은 아닙니다. 어떤 종류의 것이든 신앙은 인간 실존에 본래적인 것입니다. 우리 인간들은 신앙 없이 잘 살거나 오래 살 수 없습니다. 신앙이 없으면 우울증, 동기 상실, 절망에 빠집니다. 예수가 수로보니게 여인에게 "너의 믿음이 너를 온전케 했다"고 했을 때 그는 그녀의 신념이 아니라 삶에 대한 신뢰의 태도를 가리킨 것입니다. 스미스의 통찰의 결과로 오늘날은 많고 다양한 종교 전통들은 곧잘 "신앙의 길들"(paths of faith)이라 불리고 있습니다.

이에 비해 "축적되는 전통"은 각자의 신앙의 길을 구별하고 특징 짓는, 신앙에 의해 이루어진 모든 객관적인 산물들을 가리키는 말입니다. 여기에는 신화들, 이야기들, 거룩한 경전들, 신조들, 교리들, 성전들, 사회조직체들, 그리고 성스러운 실천들이 포함됩니다. 축적되는 전통은 특정한 문화에서 사람들이 걸어간 신앙의 길을 보여주며 계속 성장하고 있기 때문에 축적된다고 말합니다. 하지만 그것은 신앙의 산물일 뿐 신앙 자체는 아닙니다. 축적되는 전통에 대한 지식이 뒤에 오는 세대들의 신앙을 기르는 데 도움을 주지만, 그것은 결코 신앙의 대상이 되어서 안 되며, 그렇게 될 때 그것은 우상숭배가 됩니다. 신앙의 내적 경험은 살아있는 문화 속에서 각 시대의 상황들에 응답하는 가운데 새로운 형태로 계속해서 자신을 드러냅니다. 스미스는 이 점을 다음과 같이 말합니다. "한 사람의 신념들은 그가 살아온 세기에 속하지만, 한 세대에서 다음 세대로 계속 살아남는 것은 신앙의 내적 경험이다."

신앙의 새로운 컨텍스트

기독교적 신앙의 길이 현재 처해 있는 위기는 인간 문화의 진화라는 맥락에서 이해해야 합니다. 우리가 살고 있는 세계를 보는 새로운 방식이 생겨남으로써 신앙의 표현에도 근본적인 변화가 일어나고 있습니다. 그것은 마치 지구를 더 이상 우주의 중심이자 핵심적 부분으로 보지 않고 별들과 초신성으로 이루어진 거의 무한한 시공간적 우주 속의 아주 작은 행성으로 보게 된 것과 비슷합니다. 마찬가지로 기독교적인 신앙의 길은 이제 인류가 걸어왔던 수없이 다양한 길들의 복잡한 역사 속의 한 길에 불과한 것으로 여겨지게 되었습니다. 기독교의 축적된 전통 안에서 그것은 하나님이 계시하신 고정되고 변치 않는 진리들로 구성되어 있는 것처럼 보이지만, 그것을 연구해야 하는 훨씬 더 넓은 컨텍스트 안에서 보면 그것은 사람들이 기독교적인 신앙의 길을 걸어가면서 만들어낸 여러 가지 결과물들로 이루어져 있는 것으로 보게 됩니다.

실상 기독교의 축적되는 전통은 약 4000년 전 족장들의 시대 이후 계속 진화되어 왔고, 시대마다 서로 다른 이름으로 알려져 왔습니다. 오늘날 그것을 대변하는 가장 널리 알려진 용어인 "기독교"라는 이름은 16세기 이전에는 나타나지 않았습니다. 이전에는 그것이 단순히 "그 신앙", "기독교 신앙" 혹은 "기독교 종교"였고, 그 모두는 기독교적인 경건의 양태를 의미했습니다. 그 가장 초기 이름은 단순히 "그 길"(The Way)이었는데 아마도 이것이 "신앙의 길"과 마찬가지로 가장 좋은 이름의 하나일 것입니다.

지나온 4000년의 역사 동안 유대-기독교라는 축적되는 전통 안에서는 수많은 첨가와 누락이 일어났습니다. 하지만 연속성도 있습니다. 모세, 예레미야, 예수, 바울, 아우구스티누스, 아퀴나스, 루터, 또한 디트리히 본회퍼(Dietrich Bonhoeffer), 마르틴 루터 킹(Martin Luther King) 등은 모두 이런 진화하는 전통의 부분들이었고 이들 모두는 이런 신앙의 길 안에서 걸었습니다. 하지만 그들의 신념체계는 그들이 살아간 서로 다른 시대들을 반영하는 가운데 무척 다양하게 표현되었습니다.

두 차례의 차축시대

하지만 이런 기나긴 문화적 진화 과정 동안 아주 철저한 두 가지 주된 변화의 기간이 있었는데 오늘날 우리는 그 첫 번째를 차축시대 (the Axial Period)라고 부릅니다. 이런 새로운 인식으로 인하여 우리는 지구의 시간을 나누는 방식을 다시 생각해볼 필요가 있습니다. 기독교인들은 오랫동안 예수가 출생한 해라고 생각했던 시점을 중심으로 달력을 배열했습니다. 곧 역사는 그 사건을 기점으로 두 시대, 곧 주전(BC)과 주후(AD)로 나누어졌습니다. (오늘날은 학자들의 표시법 따라 기원전(BCE)과 기원후(CE)로 나눕니다). 하지만 이런 관행은 실상 기독교인들이 달력에다가 국수주의적인 태도로 자신들의 도장을 찍었음에 불과합니다.

인류 문화들을 전체적으로 보면 기원전 500년이 오늘날 차축시대라고 명명되는 철저한 문화적 변용의 시기의 중심임을 보게 됩니다. 이 기간은 뒷날의 한 시기와 구별하기 위해 흔히 첫 번째 차축시대 (the First Axial Period)라고 부릅니다. "차축"이란 용어를 사용하는 이유는 인류 문화들의 진화가 이것을 중심으로 해서 크게 한 번 변한 다음 곧 그 방향으로 움직여 간 것처럼 보이기 때문입니다. 이런 변화는 —적어도 그런 변화에 앞서 진화해 왔던 수백 혹은 수천 년 동안의 문화와 연관해 볼 때— 아시아의 여러 지역에서 거의 동시다발적으로 발생했습니다. 이스라엘의 예언자들, 이란의 예언자인 조로아스터, 인도의 붓다, 마하비라(Mahavira), 힌두교의 현자들, 중국의 스승들인 공자와 노자, 그리스의 철학자들이 여기에 속합니다. 그들의 비판적이고 창조적인 성찰들 덕분에 이전의 부족주의적이거나 민족주의적 전통들과 다른 새로운 질서의 문화 전통들이 일어났습니다. 극동의 경우 불교, 자이나교(Jainism), 힌두교, 유교, 도교가 나타났고 중동과 유럽에서는 조로아스터교(Zoroastrianism), 유대교, 플라톤주의, 스토아주의가 일어났습니다. 몇 세기 지나지 않아 유대교로부터 기독교와 이슬람이 발생했는데, 이 세 가지 유일신론적 전통들은 모두 그리스 철학자들의 영향을 크게 받았습니다. 이런 새로운 차축 이후 전통들은 인종적 연대감이나 자연의 힘들에 대한 경외심에 근거해 있던 이전 시기의 전통들을 대체하거나 흡수했습니다. 물론 이런 초기의 문화들 중 일부는 근대까지 차축 기간의 영향을 받지 아니하고 존속되어 온 토착 원주민 문화들처럼 존속하기도 했습니다. 아무튼 유대-기독교 전통은 첫 번째 차축 기간에 발생했습니다.

"두 번째 차축시대"(Second Axial Age)는 기독교화 된 서구사회에서 형성되어 오늘날 전 세계로 확산된 근대의 전 지구적, 세속적, 인간중심적 문화에서 보이는 문화 종교적 변화를 가리키는 말입니다. 이런 세속적 문화는 첫 번째 차축시대가 그 이전의 인종적이며 자연 중심 문화들로부터 나왔듯이 유대-기독교 전통에서 발생했습니다. 그것은 기독교왕국(Christendom)에서와 같은 의미로 기독교적이지는 않지만 그렇다고 해서 반 기독교적(anti-Christian)이지도 않습니다. 그것은 그것을 산출한 전통의 가치들과 관습들을 여전히 반영하고 있다는 점에서 기독교 이후(post-Christian)라는 말로 가장 잘 서술될 수 있습니다. 이런 가치들이 무엇인지에 대해서는 이 책의 뒷부분에서 논의하겠습니다.

연속성과 불연속성

여기에서 나는 이 두 차례 차축시대 사이에 연속성과 불연속성이 있음을 보여주고자 합니다. 옛 차축시대와 새로운 차축시대 사이에는 상당 기간 긴장이 있었고 때로 격렬한 적개심이 나타나기도 했습니다. 전환기 동안에는 불연속성이 아주 날카롭게 느껴졌고, 연속성은 거리를 두고 볼 때만 분명하게 보였습니다. 바로 이런 이유 때문에 두 번째 차축시대를 살고 있는 우리들은 전통적인 기독교왕국과 세속 세계 사이에는 갈등만 있다고 여기기 쉽고, 따라서 그 둘 사이의 연속성은 보기 어렵습니다. 반면에 우리는 성경이 창조에 대한 이야기와 함께 시작함으로써 연속성을 확언하고 있는 것 같아서 곧잘 첫 번째 차축시대에 발생했던 불연속성을 보지 못합니다.

첫 번째 차축시대 이전에는 모든 인간 사회가 자연 현상들을 모두 신들과 영들의 활동에 의해 이루어진 것으로 설명했습니다. 이런 문화들의 초기 진화 단계에서는 신들이 인간 상상력의 상징을 만드는 능력에 의해 창조되었고, 각각의 신은 그/그녀로서의 고유한 이름을 가졌고 특정한 기능을 행사하도록 할당되었습니다. "신"이란 단어는 영적 존재들의 한 계층을 모두 포괄하는 일반 용어였습니다.

그런 가운데 첫 번째 차축시대가 도래 했습니다. 기원전 6세기에 그리스 철학자 크세노파네스(Xenophanes)는 신들을 비판적으로 검토합니다. 그는 신들의 비도덕성을 정죄했고 그들의 인간중심주의적인 특성을 비웃었습니다. 반면 인도의 붓다는 다른 접근방법을 택하여 신들이 인간 성취에 대한 종교적 탐구와 아무런 연관성이 없다고 판단했습니다. 그는 신들을 중요하게 여기지 않았고, 결국 신은 불교의 용어에서 희미해졌습니다. 반면 유대-기독교 전통을 선도했던 이스라엘 예언자들은 다른 나라의 신들을 공개적으로 공격했으며 그들의 백성들이 "다른 신들을 따라가면 피해를 본다"고 경고했습니다. 기원전 6세기에 예언자들은 한 걸음 더 나아가 크세노파네스처럼 신들을 조롱할 뿐 아니라 사실상 실재하지 않는 것으로 해체해 버립니다. 그들에게 있어서 신들은 인간 상상력의 창조물에 불과했습니다. 여기에서 우리는 과거와의 철저한 불연속성을 보게 됩니다.

하지만 불교인들과 달리 이스라엘 사람들은 "신들"(gods)에 해당하는 복수 형태인 엘로힘(elohim)이란 단어를 계속 사용함으로써 연속성을 유지합니다. 물론 이 단어는 새로운 의미를 갖게 되어, 한때 존재들의 한 계층을 가리키는 신들이란 이 말이 이제는 단수명사로 사용되고 또한 전에는 그들 부족의 신 이름인 야훼(Yahweh)라는 하나의 인격적인 신을 가리키는 것이 되었습니다. 그 이후 유대인들은 모든 신적인 능력이 하나의 보이지 않은 영적인 힘에 집중되어 있는 것으로 믿었으며 이렇게 해서 유일신론(monotheism)이 태어났습니다.

또 다른 불연속성이 있는데 이는 때로 간과되기도 합니다. 바빌론 포로기 이전에 이스라엘 사람들은 다른 모든 민족들과 마찬가지로 자신들의 땅을 가지고 있었고, 그들의 신은 성전(Temple)이라 불린 지상의 거주지를 가지고 있었습니다. 하지만 포로기와 포로기 이후의 유대인들은 왕조도 없었고, 자신들의 땅도 없었으며, 오직 그들의 문화 전통에 대한 신앙에 의지해서만 공동체를 유지할 수 있었습니다. 곧 그들은 성전 없이 살아가는 법을 배워야 했으며, 그 가운데 성전을 전혀 다른 종류의 종교기관인 회당(synagogue)으로 대체했습니다. 회당은 제사장들이 통제하던 성전과 비교해 볼 때 평신도 기관이라 부를 수 있습니다. 그것은 교제와 기도를 통해 자신들의 전통을 확인하고 축하함으로써 유지되었습니다. 오늘날 유대교―유대인들의 신앙의 길―라 부르는 것은 첫 번째 차축시대에 속하는 바빌론 포로기에 생겨났습니다. 이런 출생 과정 속에 철저한 종교적 전이(transition)가 발생했는데 그것은 다음과 같이 요약할 수 있습니다.

1. 포로기 이전의 여러 신들은 우주를 만드시고 인간 역사를 주재하는 보이지 않은 영적인 힘으로 인식된 한 분 하나님에 의해 거부되고 대체되었습니다.
2. 성전과 그 제사제도는 회당, 성경, 평신도 지도력으로 대체되기 시작했으며, 그 과정은 기원후 70년에 예루살렘 성전이 최종적으로 파괴될 때까지 계속되었습니다.

  이와 같은 철저한 개혁들은 유대교에서 파생된 다른 두 가지 신앙의 길인 기독교와 이슬람에서도 발견됩니다. 이 세 가지 모두 유일신론적이고 모두 자신들의 거룩한 경전을 가지고 있습니다. 또한 유대교의 회당이 제사장을 따로 두지 않았던 영향 아래, 교회와 모스크 역시 그렇게 했습니다. 불행하게도 서로 분리된 이 세 가지 축적되는 전통들은 자신들의 전통을 정교하게 가다듬어 갔고, 그러다 보니 유대인, 기독교인, 무슬림은 차축시대에 발생했던 철저한 종교적 전환을 자신들이 공유하고 있음을 자주 잊어버렸습니다.

세속적 우주

이제 첫 번째 차축시대에 있었던 변화들과 두 번째 차축시대에 일어났던 변화들을 비교해 보도록 합시다. 핵심적 사실은 지난 500년 동안 인간의 기원에 대한 이해가 완전히 뒤집어져 버렸다는 점입니다. 우리는 우리 자신들이 하나님의 형상을 따라 만들어졌음을 믿는 대신, 지구에서 생물학적으로 발생한 후 우리의 문화들을 만들어 내기에 이른 땅에 속한 유기체들이며 또한 지구 위의 다른 모든 유기체들처럼 출생과 죽음 사이의 유한한 삶을 사는 존재임을 발견했습니다. 지구의 시간 주기, 심지어 다른 특정한 종들의 생명주기와 비교해 볼 때 각 개인으로서의 사람의 생명은 무한히 짧아 보입니다. 이 모든 것 그리고 이보다 더한 어떤 것이 우리들이 근대적 세계관을 세속적 혹은 "이 세상적"(this-worldly)이라 부를 때 의미하는 것입니다.

우주에 대한 이런 세속적 관점이 등장함에 따라 하나님과 그의 천상의 거주지는 객체적인 현실성을 잃어버렸으며, 자연 현상들을 설명하기 위해 초자연적인 창조주를 상정할 필요 역시 사라졌습니다. 오늘날 우리들은 신적 섭리가 나타나 우리들을 불행에서 구원해주기를 기대하지 않는데, 이는 신학자 존 매쿼리(John Macquarrie)가 말한 것처럼 "전 세계에 걸쳐 교육받은 사람들 사이에서 전통적인 종류의 하나님 이야기가 사실상 소멸되었다"는 점 때문입니다. 여기에 그 불연속성이 있습니다. 우리 인간들은 과거에는 자신들을 초자연적인 신의 피조물로 여겼지만, 오늘날은 이런 중요한 신 관념들을 만든 것은 사실상 언어를 만드는 존재인 우리 자신임을 발견합니다. 한 걸음 더 나아가 우리는 카렌 암스트롱(Karen Armstrong)처럼, 하나님이란 용어가 무엇을 의미해 왔는지에 대한 역사, 곧 『신의 역사』(*A History of God*, 1994, 배국원 역)에 대해서도 쓸 수 있게 되었습니다.

첫 번째 차축시대가 끝날 때, 신들은 실재하지 않으며 인간 상상력의 산물로 선언되었습니다. 두 번째 차축시대(1400-1900년)에서는 신이라 불리는 인격적 존재가 인간이 창조한 상징이며 일련의 숭고한 가치들을 가리키는 것으로 받아들여짐에 따라, 고전적인 유일신론의 하나님은 점차로 그 실재성을 잃어갔습니다. 두 번째 차축시대에 이르러 기독교의 과거와 이처럼 주요한 불연속성이 도입되었기 때문에 대부분의 기독교인들과 비기독교인들은 모두 근대 세속세계와 그것을 만들어낸 기독교 세계 사이에 실상 깊은 연관성이 있음을 보지 못하게 되었습니다.

바로 이런 이유 때문에 나는 유대-기독교 전통이 갈림길에 서 있다고 하는 것입니다. 서구문화는 양극화되어 있습니다. 한 쪽 극단의 기독교 근본주의자들은 자신들이 충성스럽게 근시안적으로 옹호하는 기독교 교리들과 충돌하는 모든 근대적 사고를 그냥 거부합니다. 기독교뿐 아니라 이슬람의 근본주의자 역시 다가오고 있는 인간중심적이며 세속적인 세계를 사탄의 영역이 확장되는 것, 즉 맞서 싸워야 하는 대적으로 여깁니다. 심지어 주류교회들 역시 자신들의 정체성을 보존하기 위해 투쟁하는 가운데 이 세속적 세계의 기원과 본질에 대해 동일하게 피상적인 판단을 내리는 잘못을 범하고 있습니다.

하지만 1880-1950년 사이에 일부 기독교 사상가들은 전통적인 기독교적 길과 근대 세속세계의 도전들을 타협하는 담대한 시도들을 했는데, 이들은 가톨릭 근대주의자들과 개신교 자유주의자들로 알려져 있습니다. 가톨릭 근대주의는 곧 억압되었으나 개신교 자유주의는 한 동안 번성했습니다. 하지만 주류교회들이 더 보수적이고 전통적으로 되어감에 따라 그것 역시 주류교회 안에서 약화되어 가고 있습니다.

양극화된 서구세계의 다른 극단에서는 점점 더 많은 사람들이 기독교는 이제 지나가 버린 힘이고 과거로부터 살아남은 미신적 잔재라고 결론내립니다. (나는 미신을 한때는 적절했으나 이제는 무의미하게 된 문화적 맥락을 계속 살아남은 어떤 신념이나 실천으로 이해합니다). 세속주의자들(secularists)은 기독교적 과거와의 모든 연관성을 배제하는 사람들입니다.

하지만 근대의 세속사회가 서구 기독교 세계에서 기원했음은 부인할 수 없는 사실이며, 이 때문에 세속세계는 비록 기독교적인 축적된 전통의 내용과 점점 더 갈등을 일으키고 있음에도 불구하고 유대-기독교 전통과 독특한 관계를 맺고 있습니다. 물론 세속세계는 결코 완벽하지 않습니다. 하지만 이전의 기독교왕국 역시 종교재판이나 마녀 화형, 가부장적인 권력 구조 같은 문제들에서 볼 수 있듯이 결코 완벽하지 않기 때문에, 근대세계 역시 우리가 그것이 기독교왕국의 산물임을 인정할 수 있기 전에 완벽할 필요가 없습니다. 어쨌든 우리가 부주의하고 어리석게 계속해서 막다른 길에 부딪칠 것인가 아니면 유대-기독교 전통의 진화의 단계에서 정녕 새로운 단계로 들어갈 것인가 하는 문제는 여전히 남아 있습니다. 이런 질문에 대해서는 기독교인이나 비기독교인 모두 별로 주의를 기울이지 못했습니다.

근본주의자이든, 보수주의자이든, 전통주의자이든 관계없이 근대 세속세계를 거부하는 기독교인들은 그들이 그처럼 간절히 방어하기를 원하는 바로 그 전통이 합당하게 진화되어 가는 길을 방해하고 있다고 할 수 있습니다. 반면 기독교를 완전히 거부할 뿐 아니라 근대 세계가 나온 문화적 환경에 대해 빚을 지고 있음을 거부하는 세속주의자들은 자신들의 문화적이고 영적인 뿌리로부터 스스로를 단절하고 있는 셈입니다. 뿌리 없는 나무가 시들거나 죽듯이 자신들의 과거를 잊어버리는 문화 역시 그렇게 될 것입니다.

난관을 직면함

이것이 기독교가 이르게 된 갈림길에서 우리가 직면하는 딜레마입니다. 또한 지난 20여 년 사이에 점점 더 많은 사람들이(하지만 아직은 소수의 관심 가진 사람들) 전 세계적으로 일어난 이유이기도 합니다. 이들은 근대 세속세계의 타당성을 인정하기를 원하지만 동시에 그것이 과거로부터 물려받은 가치들을 강조하면서, 그것을 지금 잃어버릴 위험에 처해 있음을 말하고자 합니다. 이런 그룹 중 일부를 말하자면 지금 영국과 뉴질랜드 및 오스트레일리아에서 활동하고 있는 "신앙의 바다 방송"(the Sea of Faith Network), 캐나다의 "스노스타 연구소"(Snowstar Institute), 미국의 "진보적 기독교 센터"(the Center for Progressive Christianity) 등을 들 수 있습니다.

또 다른 하나는 "웨스타르 연구소"(Westar Institute)입니다. 이것은 미국의 신약학자인 로버트 펑크(Robert Funk) 박사가 1985년에 설립한 독특한 학문 연구기관입니다. 그는 종교학자들이 완전히 자유롭게 진리를 추구하지 못하고 있음을 보았습니다. 신학교 교수들은 교회의 압력을 받고 있었고, 대학 교수들은 학문 진보의 논점들로 인한 압박을 받고 있었습니다. 그래서 그는 기독교의 기원에 대한 독립된 연구에 관심을 가진 자격을 갖춘 모든 학자들을 초대하여 그와 함께 캘리포니아의 산타 로사(Santa Rosa)에 본부를 둔 웨스타르 연구소의 활동에 참여하도록 독려했습니다. 이 기획에 속한 학자들의 75%도 동시적으로 모이지는 않았지만 어쨌든 매 번 약 200명의 학자들이 참여했습니다. 그들은 일 년에 두 차례씩 사흘에 걸쳐 자신들이 선택하거나 과제로 받은 주제들에 대해 준비한 논문들을 읽고 토론했습니다.

이 연구소의 정회원들로 알려진 이런 학자들은 성경에만 자신들의 연구를 제한하지 않고 과거로부터 내려온 모든 연관된 자료들을 검토했습니다. 그들은 기존의 종교적 확신들을 확언하는 것을 추구하는 사람들이 아니라 객관적으로 개방된 역사가의 관점으로 이를 연구했습니다. 학자들뿐 아니라 약 3천 명의 회원들이 이 작업을 재정적으로 후원했고 이 모임에 자유롭게 참석하여 학자들의 토론을 들었습니다. 이것은 완전히 자유로운 분위기 속에서 대중을 참여시킨 가운데 학자들의 공동체가 성경을 연구한 최초의 학문적인 연구소였습니다. 그들은 정직성과 성실성이란 단순한 방법을 따라 연구했고 논점들에 대한 활발한 토의 이후 투표를 하는 방법으로 의견의 일치에 이르고자 했습니다.

이 연구소는 평신도들이 성경과 신학에 대해 제대로 알 때 비로소 기독교가 처한 위기에 적극적으로 응답할 수 있다고 믿습니다. 올 해 곧 2004년 3월에 웨스타르 연구소는 뉴욕에서 춘계 학회를 열어 "제2 차축시대의 유대-기독교 전통의 미래"에 대해 논의했습니다. 나는 영국 출신의 네 명, 미국 출신의 여섯 명의 발표자 중 한 명으로 강의를 하는 영광을 누렸으며 그 내용의 일부는 이 책에 포함되어 있습니다.

다음 장에서 나는 웨스타르 연구소가 원래의 나사렛 예수에 대해 발견한 것에 대해 논의할 것입니다. 교회의 그리스도 상(Christ figure) 이면에 오랫동안 숨겨져 온 원래의 나사렛 예수의 모습은 기독교적인 신앙이 오늘날 가고 있는 곳에 대해 상당히 많은 빛을 던져 줍니다.

3장

예수에 대한 탐구

약 200년 전까지만 해도 기독교 세계에서 예수는 의심의 여지없이 우리와 같은 보통사람이 아니라 신적 존재로 여겨졌습니다. 성경은 이 점을 아주 분명하게 말하는 것 같았고, 복음서 기록은 예수가 말했고 행동했던 것에 대해 완전히 믿을 만한 기록을 제공하는 것으로 여겨졌습니다. 오늘날에도 기독교 근본주의자들뿐 아니라 대부분의 전통적인 기독교인들이 이렇게 믿고 있습니다. 하지만 이런 전제들은 지난 2세기 동안의 혁명적인 성서학 연구로 인해 심각한 손상을 입었습니다. 오늘날의 신약학자 대부분은 복음서 기자들이 예수가 죽은 지 40년에서 70년 뒤에 글을 썼으며, 그 기자들 중 자신들이 이야기하는 사건들을 직접 목격한 사람은 아무도 없었다고 보고 있습니다. 당시 입으로 전해지던 그에 관한 이야기는 아직 유동적인 상태로서 창조적이고 경건한 상상력에 의해 빠르게 윤색되거나 심지어 새로운 내용이 첨가되고 있었습니다.

복음서 저자들은 우리가 이해하는 그런 의미의 역사가들은 아니었습니다. 그들은 일차적으로 전도자들이었으며, 이 점이 그들의 책이 복음서 혹은 복음에 대한 선포들이라 불리는 이유입니다. 하지만 제4 복음서의 저자가 예수의 입에 그 자신이 만들어낸 설교들을 넣음으로써 증거를 왜곡했다고 정죄해서는 안 될 것입니다. 그것은 헤로도토스(c. 485-425 BCE) 이래의 관행이었습니다. 실상 제4 복음서의 저자는 그의 복음서 마지막 부분에서 사람들로 하여금 예수가 하나님의 아들 그리스도임을 믿게 하려는 목적으로 그 책을 썼다고 독자들에게 말하고 있습니다. 그가 한 일은 설교자나 주일학교 교사들이 상상력을 통해 성경 이야기의 틈을 메우려고 하는 것과 별반 다르지 않습니다. 이런 관행은 별로 해로운 것이 아닙니다. 문제는 이런 식으로 말해진 것을 역사적으로 실제 있었던 일처럼 여기는 것입니다.

스트라우스에서 슈바이처까지

성서 연구의 혁명은 데이비드 스트라우스(David Strauss)가 1835년에 그의 기념비적인 작품인 『비판적으로 검토해 본 예수의 생애』(*The Life of Jesus Critically Examined*)를 출판하면서 시작되었습니다. 학자적 주교인 스티븐 니일(Stephen Neill)은 1966년에 이 책을 "기독교 신앙 역사에서의 전환점"이라고 평했습니다. 하지만 안타깝게도 교회 안의 사람들 대부분이 이 사실을 알지 못합니다.

스트라우스는 다소 극단적 성향을 보이기는 하지만 그래도 그는 유연한 구두전승(oral tradition) 시대의 처음 기독교인들이 예수에 관한 이야기들을 말하는 중에 그 내용을 바꾸기도 하고 새로 만들어 넣기도 했음을 설득력 있게 보여주었습니다. 처음 기독교인들은 예수 이야기에서 빠져 있는 세부내용을 메우기 위해 자신들의 성경인 히브리어 성경으로 되돌아갔습니다. 우리는 그들이 자신들 가운데 일어났던 일을 이해하기 위해 어떻게 "성경을 조사했는지" 듣게 됩니다. 이 점이 십자가 처형 이야기와 시편 22편, 높은 산에서의 예수의 변모와 시내 산에서의 모세의 빛나는 얼굴, 예수의 천상으로의 올라가심과 엘리야의 들려올라감 사이에 그처럼 많은 유사성이 있는 이유입니다.

스트라우스는 오늘날 우리가 훨씬 더 많이 알게 된, 상상력을 통해 신화를 만들어내는 인간의 능력에 최초로 주의를 기울였습니다. 실상 복음서가 묘사하는 예수 그리스도의 모습은 원래의 예수와 구별되어야 합니다. 기독교 교의로 표현되고 교회에서 예배되는 신적인 그리스도라는 전통적인 상(portrait)은 대부분 초대교회가 만든 것입니다. 1865년에 스트라우스는 『신앙의 그리스도와 역사의 예수』(*The Christ of Faith and the Jesus of History*)를 썼습니다. "역사의 예수"라는 말로 그는 원래 있던 역사적 인물을 뜻했고, "신앙의 그리스도"(오늘날 어떤 사람들은 교리의 그리스도 Christ of Dogma란 말을 더 좋아합니다)란 말로 초기 기독교인들의 신화 창조의 능력에 의해 만들어진 인물을 의미했습니다. 가령 하나님의 아들로 주장되었고 "내가 곧 길이요 진리요 생명이니 나로 말미암지 않고는 하나님 아버지께 갈 사람이 없다"고 주장한 것은 실제 예수가 아니라 "신앙의 그리스도"인데, 이런 구별은 그 이후 반드시 필요하게 되었습니다. 그것은 제임스 맥케이(James Mackey)의 『그 사람 예수와 신화』(*Jesus the Man and the Myth*, 1979), 피터 데 로사(Peter De Rosa)의 『그리스도가 된 예수』(*Jesus Who Became Christ*, 1975) 같은 책에도 나타나고 있습니다.

스트라우스의 책이 역사적 예수를 찾아가도록 도전한 이후 19세기에는 "예수의 삶"에 대한 많은 책들이 저술되었습니다. 하지만 이런 저자들의 자료 선택과 해석은 대체로 매우 주관적이어서 이들이 발견했다고 주장한 "예수"는 그저 그들 자신들이 보고 싶어 한 그런 인물이었습니다. 한 로마 카톨릭 비평가는 이 점을 이렇게 말하고 있습니다. "역사적 예수를 찾기 위해 근대의 학자들은 깊은 우물을 내려다보았지만, 그들이 본 것은 그들 자신들의 개신교 자유주의의 얼굴이 비친 것이었다."

이런 탐구는 1906년에 앨버트 슈바이처(Albert Schweitzer)의 기념비적인 책인 『역사적 예수 탐구』(*The Quest of the Historical Jesus*)가 출판되면서 갑작스럽게 끝나버렸습니다. 슈바이처는 예수의 생애를 써보려는 시도들이 모두 부적절함을 보여주었습니다. 이 책에서 그는 19893년에 『예수의 하나님 나라 선포』(*Jesus' Preaching of the Kingdom of God*)를 쓴 요하네스 바이스(Johaness Weiss)의 입장을 상당 부분 받아들입니다. 바이스는 예수의 주된 과업은 임박한 세계 종말과 초월적 하나님 나라의 도래를 선포하는 데 있었으나 이런 선포는 틀린 것으로 판명되었다고 하는데, 슈바이처는 이를 따르면서 이 점을 다음과 같이 감정을 자아내는 언어로 표현합니다.

> 예수는 자신이 도래할 사람의 아들(인자)이라는 깨달음 속에서 세계의 수레바퀴를 꼭 붙잡고 통상적인 모든 역사를 종국에 이르게 하는 마지막 한 바퀴를 돌리려고 했다. 하지만 그것이 돌기를 거부하자 그는 자신을 그 밑에 던졌다. 그러자 그것은 돌기 시작했고 그를 깔아뭉개어 버렸다. 종말론적인 조건들을 가져오는 대신 그는 그것들을 파괴했다.

슈바이처는 예수가 종말이 오리라고 기대했으나 그렇게 되지 못해서 낙심한 채로 십자가에서 죽게 되면서 '나의 하나님 왜 나를 버리십니까?'라고 절규했다고 말합니다. 곧 슈바이처는 원래의 예수는 (전적으로 종말론적 사고가 통용되던 시대에 속한) 사람이어서 반드시 우리들이 매력을 느낄 만한 사람은 아니라고 말하는 것입니다. 한 걸음 더 나아가, 그는 우리가 알게 되는 예수에 대한 어떤 역사적인 지식도 우리에게는 상처가 될 것이라고까지 말합니다. 이제 슈바이처에게 남아있는 중요한 것은 소위 "예수로부터 흘러나오는 강력한 영적인 힘"이었고 그래서 그는 이것이 "기독교의 토대"가 되어야 한다고 선언했습니다.

슈바이처 이후의 50년간은 대체적으로 "예수의 생애"를 쓰려는 시도가 별로 없었습니다. 대부분의 학자들은 예수를 오늘날 우리에게 아주 이상야릇하게 보이는 묵시문학적인 표상들로 말했던 종말론적인 인물로 받아들였습니다. 20세기의 가장 과격했던 신약 학자였던 루돌프 불트만(Rudolf Bultmann)은 로마가 누구도 명확하게 알지 못하는 이유로 예수를 사형에 처했다는 것 외에 우리가 실제적으로 예수에 관해 아는 것은 없다고 결론을 내렸습니다.

예수세미나

1985년에 웨스타르 연구소는 원래의 예수를 다시 발견하려는 새로운 시도를 시작했고 그것은 아주 낯선 형태로 나타났습니다. 이 과제에 종사했던 학자들은 "예수세미나"(the Jesus Seminar)로 알려졌는데 이들의 첫 번째 과제는 데이터베이스를 구축하는 것이었고 이것은 1992년에 『완전한 복음서들』(*The Complete Gospels*)이란 책으로 출판되었습니다. 그런 다음 그들은 그 자료를 진정으로 역사적 예수를 가리킬 수 있는 정도에 따라 몇 개의 덩어리들로 나누었는데 이런 연구의 결과는 『다섯 개의 복음서들: 예수가 진정으로 말한 것은 무엇인가?』(*The Five Gospels: What Did Jesus Really Say?*, 1993)와 『예수의 행적들: 예수가 정말 행한 일은 무엇인가?』(*The Acts of Jesus: What Did Jesus Really Do?*)라는 두 권의 책으로 출판되었습니다. 근본주의자들과 전통적인 학자들은 예수세미나의 작업을 강력하게 비판했습니다. 이들은 예수세미나 그룹이 전통적인 그리스도의 모습을 훼손한다고 비난했던 것입니다. 하지만 실상 예수세미나가 한 일은 이미 지난 150년 동안 성서학자들이 행해왔던 일입니다. 사람들이 쉽게 간과하고 넘어가는 사실은 예수세미나가 지난 50년 동안의 신약학계의 철저한 결론들의 결과물을 적극적으로 수용하려 했다는 점입니다.

성경 역사가의 과제는 다른 근대 역사가들의 과제처럼 수사관의 일과 비교되어 왔습니다. 수사관이 남아 있는 단서들을 기초로 하여 범죄 장면을 재구성하듯, 역사가는 기록된 자료들에 기초하여 과거 사건을 재구성합니다. 역사가의 역할과 비슷한 것이 고고학자의 역할입니다. 이들은 과거가 남겨놓은 물리적 잔해들을 탐색하는 가운데 과거의 삶을 정신적으로 다시 구성해보고자 합니다.

역사적 예수에 대한 탐구에서 이런 두 가지 접근법들은 최근에 한 권의 책으로 통합되었습니다. 예수세미나의 주도적 인물인 존 도미닉 크로산(John Dominic Crossan)은 신약 고고학자인 조나단 리드(Jonathan L. Reed)와 함께 『예수의 역사: 고고학과 주석학의 통합』(*Excavating Jesus: Beneath the Stones, Behind the Text*, 2002, 김기철 역, 2010)을 출판했습니다.

고고학자들은 고대의 유물을 발굴할 때 과거에 쌓인 지층들을 조심스럽게 그것들이 축적된 순서의 반대로 벗겨내야 한다고 말하는데, 역사적 예수를 찾아가는 작업도 이와 비슷합니다. 우리는 먼저 오랫동안 기독교 전통에 의해 형성된 문화적 배경으로부터 우리가 받아들인 우리 마음속의 예수 상(a picture of Jesus)에서 시작해야 합니다. 조금 전에 언급한 책 제목의 인도를 따라 나는 이제 여러분들과 함께 시간을 거슬러가는 여정을 시작하고자 합니다. 우리는 인간 예수를 교회에서 경배되는 그리스도 상(Christ figure)으로 점차적으로 바꾸어 간, 성장해온 믿음의 층을 한 층씩 벗겨갈 것입니다. (나는 9개의 층위를 말하겠지만 실상 몇 개의 층위가 있는가는 중요하지 않습니다).

시간을 거슬러 올라가는 여정

먼저 내가 교리적 지층(The Dogmatic Layer)이라고 부르는 가장 최근의 것인 지층 9에서 시작합시다. 기원후 381년 제2차 에큐메니칼 회의(제1차 콘스탄티노플 회의)는 예수를 "하나님의 유일하신 아들, 만물이 그에 의해 만들어졌고 하늘에서 내려와서 사람이 되신 참된 하나님의 참된 하나님"이라고 고백했습니다. 이 단어들은 니케아 신조의 영속적인 한 부분이 되었고, 그 중 일부는 크리스마스 캐럴인 "오 반가운 신도여"의 가사의 두 번째 줄에 수록됨으로써 사람들에게 널리 알려졌습니다.

지층 9는 분명히 제4 복음서에서 발견되는 지층 8에서 나왔습니다. 기원후 약 100년경 요한복음 저자는 자신의 글을 이렇게 시작합니다. "태초에 말씀이 계셨다. 이 말씀은 하나님과 함께 계셨으니 이 말씀은 곧 하나님이셨다. 만물이 그로 말미암아 지은 바 되었으니 지은 것이 하나도 그가 없이는 된 것이 없었다. 그 안에 생명이 있었다... 말씀이 육신이 되어 우리 가운데 거하셨다." 이처럼 예수의 이야기를 시간의 시작까지 거슬러 올라가 서술하려는 것은 아주 새롭고 담대한 생각이었기에, 이 복음서가 처음 나타났을 때 그것은 어떤 기독교인들에게는 큰 놀람이고 충격이었을 것입니다. 이 복음서는 2세기 마지막까지 교회의 완전한 용납을 받지는 못했으나 시간이 지남에 따라 많은 사람들이 가장 좋아하는 복음서가 되었습니다. 아무튼 이런 가장 표면에 해당되는 두 지층에서만 예수 그리스도는 하나님의 신적 아들로서 **역사 이전부터** 존재했다고 여겨지고 있습니다. 우리는 세상을 창조한 분이 바로 이 분이며 한참 뒤에야 예수로 알려진 역사적 인물 속에 성육신했다고 듣는데, 이 두 가지 마지막 층들은 하나님이 인간이 되셨다고 주장하고 있음을 주목할 필요가 있습니다. 하지만 보다 이전의 층들은 순서가 **반대로** 되어 있습니다. 곧 여기에서는 예수가 그리스도 곧 하나님의 아들이 되었다, 혹은 다른 말로 바꾸어 한 사람이 하나님이 되셨다고 말합니다.

지층 7은 누가가 편집한 족보에서 발견됩니다. 이 족보는 예수의 탄생을 말하는 중에 예수의 인간 조상들을 그의 아버지 요셉에서부터 하나님의 아들인 아담의 아들 셋에게까지 세대들을 거슬러 올라가는 방식으로 소개하는데, 이방인 기독교인이었던 누가는 이를 통해 예수는 유대인뿐 아니라 이방인까지 포함하는 모든 인류의 진정한 대변자임을 보이려고 합니다.

이 부분은 유대인 기독교인이었던 마태복음의 저자가 제시하는, 보다 제한된 족보를 확장하는 결과를 낳았습니다. 하지만 마태복음의 저자는 예수가 진정한 유대인임을 보여주는 정도로 만족했기에 예수의 조상을 아브라함에게까지만 더듬어 가는데 이를 우리는 지층 6이라고 부를 수 있습니다. 지층 7과 6의 경우, 복음서 저자들은 예수의 탄생 이야기를 함으로써 예수가 인간이었음을 전제하지만 동시에 그의 탄생이 하나님의 계획 아래 하나님의 아들이자 온 세상의 구세주로 될 운명의 한 부분임을 은연중 드러냅니다. (즉 누가와 마가는 예수가 **탄생을 통해** 하나님의 아들로 되었다고 암시합니다.-역자주).

그러나 인간 예수가 어떻게 신적 존재가 되었을까요? 우리는 이런 일이 발생하는 중에 일어난 일들에 대한 암시들을 최초의 복음서인 마가복음에서 발견하는데 이를 지층 5로 볼 수 있습니다. 마가는 탄생 이야기나 족보를 말하지 않고 다음과 같이 예수의 세례 이야기에서 바로 시작합니다. "성령이 예수 위에 비둘기 같이 내려왔고 하늘에서 음성이 나기를 '너는 나의 사랑하는 아들, 내가 너를 기뻐한다.'" 마가의 복음에 의하면, 인간 예수가 선택되고 하나님에 의해 신성을 입은 것은 **세례를 통해서**였습니다.

이 이야기는 초기 기독교 사상에서 예수가 어떻게 신적 존재가 되었느냐에 대한 하나의 설명인 소위 "양자설"(adoptionism)을 낳았지만 이 교리는 그 이후의 발전, 특히 지층 8과 9과 갈등을 빚었고 결국 이단적인 것으로 거부되었습니다.

하지만 마가는 초기 전통에서부터 내려온 하나의 이야기를 통해 예수가 가르치는 사역을 하게 되자 비로소 사람들이 그를 보통사람 이상의 존재로 여기기 시작했다고 말하는데 이를 지층 4라고 부를 수 있습니다. 제자들이 가이사랴 빌립보에서 예수와 함께 한 이야기를 하면서 마가는 베드로의 입에다 "당신이 메시아입니다"라는 고백을

넣습니다. 하지만 동시에 그는 예수가 제자들에게 자신에 관해 아무에게도 말하지 말라고 명했다고 함으로써 그 내용을 이상하게 비틀어 버리는데 학자들은 마가복음 안의 예수의 이런 이상한 명령을 "메시아 비밀"이라고 부릅니다. 그것은 왜 예수의 생애 동안 그분의 메시아 직분에 대한 공적인 언급이 없었는지를 설명하는 마가의 문학적 장치, 곧 마가가 알고 있었던 것 같은 "잃어버린 고리"로 여겨지고 있습니다.

학자들은 마가가 팔레스타인에 살던 유대인이 거의 틀림없이 아니며 심지어 기독교인이 된 유대인도 아니고 아마도 로마에서 편지를 쓰고 있던 이방인 기독교인이었으리라고 추정합니다. 그래서 그는 예수의 십자가 처형을 참관했던 로마의 백부장이 "이 사람은 진실로 하나님의 아들이었다"고 말하는 부분을 삽입하고 있는 것입니다. 이렇게 함으로써 마가는 이것이 예수가 죽고 십자가를 진 방식임을 암시하면서 처음으로 사람들에게 그의 신적 본성을 일깨워주며, 그렇게 함으로써 이방인들 역시 유대인들과 동일하게, 어쩌면 더 낫게, 그 진리를 인식할 수 있음을 말합니다. 이것을 우리는 지층 3이라고 부를 수 있습니다.

지금까지 살펴보았듯이 이처럼 지층들을 하나씩 들춰감에 따라 우리들은 예수가 신적 존재로 확언된 지점은 시간적으로 훨씬 후대였음을 보게 됩니다. 하지만 하나의 지층이 아직 남아 있습니다. 사도행전의 저자는 예수를 메시아이자 하나님의 아들로 처음 인식하게 된 것은 그의 사후에 이루어졌다고 하는데 여기에는 부활절 신앙의 발생과 연관되어 있음을 보여주는 초기의 전승이 보존되어 있는 것처럼 보입니다. 사도행전에서 우리는 베드로가 이렇게 말하는 것을 듣습니다. "이스라엘 집들은 정녕 알라. 너희들이 십자가에 못 박은 이 예수를 하나님이 주와 그리스도가 되게 하셨다." 이것이 지층 2입니다.

지층 7에서부터 지층 2까지는 기원후 70년에서 90년 사이에 기록된 공관복음서들과 기원후 115년까지 늦춰 잡기도 하는 사도행전에 보존되어 있습니다. 이 책들은 모두 그리스어로 쓰였고 바울이 설립한, 그리스어를 사용하는 이방인 교회들 사이에서 통하던 기독교적 믿음을 반영하고 있습니다. 바울 자신의 저술들은 기원후 48년에서 55년 사이에 해당되며, 그가 믿은 내용들은 분명코 공관복음서들에 들어 있었을 것입니다. 비록 그는 사도행전의 저자와 함께 예수의 신적인 아들 됨은 그의 **부활을 통해** 계시되었다고 생각했지만 말입니다 (로마서 1:4 – 역자주).

실상 바울의 영향력은 아주 막강하여 어떤 사람들은 그가 기독교의 실질적 창건자라고 주장하기도 합니다. 최소한 그가 이방인들의 기독교의 창건자임은 확실한데, 뒷날 승리를 거둔 것도 이런 흐름이었습니다. 이 사실은 모든 것 중에서도 가장 이상한 사실을 우리에게 보여줍니다. 곧 기독교를 형성하는 데 가장 큰 영향을 미쳤고 기독교 교리의 모든 구조를 결정했던 사람이 사실은 역사적 예수를 결코 만나보지 못한 사람이라는 점입니다.

물론 바울은 그의 회심이 있은 몇 년 후 역사적 예수를 알고 있던 제자들을 만나러 예루살렘을 두 번 방문했습니다. 그러나 그는 갈라디아서에서 이 만남들을 언급하면서 자신이 예수에 대해 배웠다는 어떤 말도 하지 않습니다. 그 스스로 인정하듯이 그는 역사적 예수에 대한 어떤 정보에도 관심을 갖지 않았습니다.

따라서 우리가 원래의 예수로 되돌아가고자 한다면, 우리는 바울의 영향 곧 지층 1의 아주 강력한 영향을 제거하고, 애초의 제자들과 예수의 친형제인 야고보를 포함한 예루살렘의 가장 초기의 기독교인들에게로 되돌아가야 합니다. 하지만 오늘날 보통 "유대적 기독교인들"(Jewish Christians)이라 불리는 이 첫 번째 기독교인들의 경우, 로마가 기원후 70년에 예루살렘을 멸망시켰을 때 살아남아 요르단의 펠라(Pella)로 도망친 사람들 외에는 거의 알려지지 않았습니다. 그들은 이방인 교회에 의해 무시당했고 몇 세기 뒤에는 아무런 흔적도 없이 소멸되어 버렸습니다.

예수의 발자국

우리는 이제 바닥까지 내려왔습니다. 그런데 아무것도 발견하지 못했다고요? 그렇지 않습니다. 예수세미나의 작업을 통해 몇 가지 흥미롭고 예상치 못한 결과들이 나타났습니다. 먼저 정경에 속한 네 권의 복음서들은 가장 초기의 책들은 아닌 것으로 보입니다. 그것들 이전에 오늘날 Q로 알려진 것과 도마복음서라는 두 가지가 먼저 있었습니다. 물론 19세기 학자들의 연구 덕분에 Q가 마태복음과 누가복음에 포함되어 있다는 정도는 알려져 있었습니다. 하지만 1945년에 도마복음서가 발견되면서 그 중요성이 분명히 알려졌습니다. 이 주제에 대해서는 예수세미나의 학자들인 버튼 맥(Burton L. Mack)의 『잃어버린 복음서 Q』(*The Lost Gospel Q*, 김덕순 역)와 스티븐 패터슨(Stephen Patterson)의 『다섯 번째 복음서』(*The Fifth Gospel*) 같은 탁월한 책들을 참조해 보시기 바랍니다.

초기 복음서들임이 분명한 이 두 권의 책에서 정녕 놀라운 점은 그것들이 예수의 생애, 죽음, 부활에 대해 거의 혹은 전혀 말하지 않고 대신 거의 전적으로 예수가 무엇을 말했는지에 대해서만 관심을 갖고 있는데, 이는 그의 죽음 이후 예수를 따랐던 사람들의 주된 관심은 그의 생애가 아니라 그의 가르침에 있었음을 시사합니다. 여기에서 예수세미나의 학자들은 나사렛 예수는 일차적으로 지혜의 선생, 곧 현자였다는 결론을 내립니다. 다시 말해, 그의 사후 어느 시간대에 주로 바울의 영향에 의해서 선생으로서의 예수에 대한 초기의 강조는 십자가에 못 박힌 메시아, 주님, 하나님의 신적인 아들로서의 예수에 대한 관심으로 대체되었다는 것입니다. 예수세미나의 전반적인 작업과 특히 이 두 권의 가장 초기의 복음서들에 대한 연구를 통해 우리들은 가능한 만큼 원래의 예수에 가깝게 도달했습니다. 그럼 우리가 알게 된 것은 무엇입니까? 먼저 몇 가지 중요한 부정적인 측면들은 다음과 같습니다.

* 그는 결코 자신이 하나님의 아들이라고 주장하지 않았다.
* 그는 결코 자신이 메시아라고 주장하지 않았다.
* 그는 임박한 세계의 종말을 선언한 묵시사상적 예언자가 아니었다.
* 그는 기독교의 창시자가 아니었다.
* 그는 기독교인이 아니었다.

예수에 대해 적극적으로 말할 수 있는 것

오늘날 우리가 나사렛 예수라고 부르는 사람은 기원전 4년 헤롯 대왕이 죽은 기원전 4년부터, 빌라도가 팔레스타인을 다스리던 마지막 시기인 기원후 36년 사이에 살았던 갈릴리 지역의 유대인이었습니다. 후대의 전통은 고대의 예언과의 일치를 위해서 그의 출생지를 베들레헴이라고 말하지만 실상 그는 나사렛에서 태어나 그곳에서 자랐습니다. 베들레헴으로의 여행, 세 명의 동방박사, 이집트로의 도피, 들판의 목자들, 세례자 요한과의 친족관계는 모두 1세기 후반 기독교인들에 의해 만들어진 이야기입니다. 예수가 그의 생애를 보낸 갈릴리는 예루살렘에 살던 유대인들의 존중을 받지 못하던 곳으로, 이방인과의 결혼으로 인한 혼혈과 외세의 영향 때문에 반쯤 이방적인 곳으로 간주되고 있었습니다. 나사렛은 번성하던 그리스-로마 도시인 세포리스(Sephoris)에서 겨우 10Km 정도 떨어져 있던 갈릴리 지역의 마을이었습니다(신약성경은 이상할 정도로 세포리스를 언급하지 않습니다).

예수의 어머니는 마리아라고 불렸으며 그의 아버지로 추정되는 사람의 이름은 아마 틀림없이 요셉이었을 것입니다. 예수에게는 누이들과 형제들이 있었고 그들 중 한 명인 야고보는 뒤에 예루살렘 기독교인들의 지도자가 되었습니다. 그가 동정녀에게서 태어났다는 이야기는 그의 신성에 대한 신학적 주장이 증가함에 따라 뒷날 만들어진 이야기입니다.

예수가 세례자 요한에게 세례를 받고 한동안 그의 제자로 있었을 가능성은 아주 높습니다. 그 후 예수는 갈릴리에서 자신의 사역을 시작했고 요한의 추종자들 일부가 찾아와 그의 제자가 되었습니다. 예수는 떠돌이 현자로서 이곳저곳 방황하면서 가르쳤고 병자를 치유했으며 사람들이 주는 것으로 먹고 살았습니다. 그의 모국어는 갈릴리 지역에서 사용되던 아람어 방언이었는데 그 중 '달리다쿰'(*talitha cumi*) 같은 단어 몇 개는 복음서 본문에 수록되었습니다.

예수는 그리스-로마 도시인 세포리스에서 아주 가까운 곳에서 자라났기에 그리스어는 그의 두 번째 언어였을 가능성이 높습니다. 하지만 그렇다 하더라도 그가 말한 그리스어는, 비록 신약성경이 그리스어로 표현되었지만, 거의 아무것도 우리들에게 전해지지 않았습니다. 그가 글을 읽거나 쓸 수 있었는지는 확실하지 않으나 그가 유대인으로 자란 것을 생각해 볼 때 거의 틀림없이 할 수 있었을 것입니다. 하지만 동시에 우리들은 아주 소수의 사람들만 글을 읽었고, 글을 쓸 수 있었던 사람들의 수는 더 적었던—그래서 글을 읽을 수 없는 사람들을 위해서 글을 읽어주거나 써주는 것으로 생활을 했던 "서기관"이 있던— 사회에서 예수가 살았다는 점도 기억할 필요가 있습니다.

그의 주된 추종자들은 베드로, 야고보, 요한이었고 거기에는 약간의 여인들도 있었습니다. 열두 사도라는 수는 뒷날 기독교인들이 자신들의 운동을 새로운 이스라엘로 해석하기 시작하면서 옛 이스라엘이 열두 지파로 구성되어 있었음을 기억하는 가운데 첨가된 전승일 가능성이 아주 높습니다.

예수는 생애 동안 치료자로서 명성을 얻었습니다. 그는 대개의 경우 언어를 사용하여 치료했는데 오늘날의 관점으로 보면 그의 성공은 심인성적 치료(psychosomatic cure)의 영역에 속하는 것으로 볼 수 있습니다. 그러나 복음서에 나오는 예수의 치유 이야기들 모두가 실제로 일어난 일은 아닙니다. 물론 예수는 그의 시대의 사람으로서 악령의 힘에 대한 당대의 통상적인 믿음을 받아들였다는 점에서 거의 틀림없이 귀신축출을 행했을 것입니다. 하지만 폭풍우를 잠잠케 하고, 물 위를 걷고, 몇 개의 보리떡과 물고기 두 마리로 5000명을 먹이고, 물을 포도주로 바꾸는 그런 기적들은 행하지 않았습니다. 실제로 마가복음 조차 사람들이 예수에게 하나님 나라의 도래를 입증할 수 있는 하늘에서 내리는 표적을 구했을 때 예수는 그들의 요청을 거절했다고 기록하고 있습니다.

예수의 가르침이 널리 알려지면서 수많은 사람들이 그의 말을 듣기 위해 몰려왔습니다. 하지만 분명코 그의 고향마을에서는 환영을 받지 못했습니다. 더 나아가 비록 복음서가 말하는 많은 적대감들은 한참 뒤에 있을 기독교인들과 유대인들 사이의 갈등들의 반영이기는 하지만 어쨌든 그는 종교 지도자들의 반대에 직면했습니다.

우리는 그의 가르침과 치유사역이 얼마나 계속되었는지 알지 못합니다. 복음서들은 그 기간이 1년에서 3년 정도로 비교적 짧았음을 암시합니다. 예수가 마지막으로 예루살렘으로 올라갈 때 그는 그것이 자신의 최후가 될 것임을 모르지 않았습니다. 그는 하나의 상징적 행위로 예루살렘에 나귀를 타고 들어갔을 것입니다. 그러나 그것은 그의 메시아 됨을 주장하기 위한 행위는 아니었습니다. 극적인 "성전 청결" 이야기는 그가 성전의 권위들에 도전했던 실제 행동에서 기인했고, 이 일로 인해 그는 체포되고 대제사장에게 심문을 받은 후 로마인들에게 넘겨져서 로마인들에 의해 처형당합니다. 그의 추종자들이 그의 체포를 보고 도망친 것은 거의 확실하지만, 그의 재판 이야기나 베드로의 부인 이야기는 만들어진 것들입니다. 예수의 매장 역시 가공의 인물인 아리마대 사람 요셉 이야기와 함께 만들어진 이야기이며, 빈 무덤 이야기들도 마찬가지입니다.

원래의 예수에 대한 우리의 연구는 오직 그의 목소리의 흔적과 발자국의 흔적만 알려줄 뿐입니다. 그의 목소리의 흔적들에 대해서는 다음 장에서 살펴볼 것입니다. 예수의 발자국 흔적은 신적인 인물, 즉 피안적이면서 모든 종류의 기적들을 행한 신적인 인물과 현저하게 다릅니다. 오히려 그것들은 아주 인간적이고 "이 세상적인" 한 사람을 보여줍니다. 그는 인생을 즐겼고 대적들이 "먹보이며 술꾼"이라고 부를 정도로 음식과 포도주를 좋아했습니다. 그는 사람들을 돌보고 거부당하는 사람들과 어울렸으며 존경할 만한 유대인들의 행위로 간주되어 온 경계선을 넘어버림으로써 당시 종교인들의 분노를 유발했습니다. 그는 대단한 유머감각을 가지고 있었습니다. 예수에 대한 이런 흐릿한 윤곽은 아마도 신적인 인물을 기대하는 사람들을 깊이 실망시킬 것이지만, 동시에 전통적인 초월적인 그리스도 상(Christ figure)보다는 근대의 세속적 사람들이 더 쉽게 접근하여 관계를 맺을 수 있는 사람처럼 보이기도 합니다. 사실상 전통적인 초월적 그리스도 상은 이제는 우리에게 완전히 낯선 신화적 세계에 속해 있습니다.

십자가 처형과 부활

하지만 예수가 다른 세계에서 온 기적을 행하는 신적 인물이 아니라면 이 전적으로 인간이었던 사람 속에 무엇이 있었기에 그의 추종자들이 그를 기억했고 마침내 그들의 경건 속에 신적인 그리스도로 여기게 되었을까요? 무엇이 그의 사후 얼마 지나지 않아 기독교를 태어나게 했을까요? 이런 것들은 지금처럼 시간이 많이 지나서는 답하기 쉽지 않은 질문들입니다.

우리는 신약성경의 증언에 근거해서 보더라도 예수 생애 전체가 하나의 수수께끼였음을 너무 쉽게 잊어버립니다. 확실히 그에게는 충격적이고 예외적인 면이 있어서 어떤 사람들은 그를 미친 사람으로 생각했고, 다른 사람들은 그를 없애야 할 대중의 적으로 여겼습니다. 오직 소수의 사람들만이 그에게 깊이 끌렸습니다. 그러나 어떤 이유 때문에 그렇게 이끌렸을까요?

기독교의 많은 부분을 만들어낸 다소 출신 바울은 다마스커스로 가던 중 있었던 영적 체험으로 인해 예수에게 매혹되었습니다. 그러나 그 일은 예수의 생이 끝난 뒤에 일어난 일입니다. 예수의 삶에 있었던 사건 중 바울의 관심을 주로 끌었던 것은 그의 십자가 처형이었습니다. 그는 고린도 교인들에게 이렇게 썼습니다. "나는 너희들 가운데서 예수 그리스도와 그의 십자가 지신 것 이외의 다른 것은 알지 않기로 결심했다." 아무튼 처음에는 그렇지 않았으나 시간이 지남에 따라 십자가 처형이 기독교의 중심이 되었고, 각 복음서의 1/4이 거기에 사용되고 있습니다. 그것은 십자고상(crucifix)을 경건하게 모신데서 나타나듯이 중세 전체의 기독교 사상과 실천을 주도했으며, 가장 최근의 재현은 로마 카톨릭과 개신교를 망라하여 많은 보수적인 기독교인들이 큰 관심을 보인 멜 깁슨(Mel Gibson)의 영화 "그리스도의 수난"(The Passion of the Christ)에서 볼 수 있을 것입니다.

그러나 십자가 처형 자체는 어떤 고유한 의미를 지니고 있지 않습니다. 당시에는 수천 건의 십자가 처형이 행해졌고 그 많은 부분이 유대인들을 대상으로 행해졌습니다. 따라서 예수를 처음부터 기억하게 만든 것은 다른 어떤 것임에 틀림없습니다.

19세기와 20세기 초기에 전통적인 기독교의 옹호자들은 예수의 부활에서 답을 찾았습니다. 그들은 부활을 한 사람이 죽음을 정복하고 새롭고 영광스러운 삶으로 되돌아온 고유하고 특별한 기억으로 여겼습니다. 이 기적은 기독교의 등장을 촉발했다고 곧잘 말해졌고 그 가운데 부활의 역사적 증거라고 주장되는 것들도 많이 말해졌습니다. 하지만 1920-1950년대 사이에 학자들은 소위 역사적 증거라는 것이 실상은 역사보다는 경건한 신화의 영역에 속한다는 사실을 조금씩 인정하기 시작했습니다.

우리는 슈바이처가 지혜롭게 말했듯이, 1세기의 사람들을 매료시켰던 것이 반드시 21세기에 사는 우리들에게도 매력적일 것이라고 생각하지는 말아야 할 것입니다. 우리는 예수가 살던 문화적 상황뿐 아니라 기독교를 처음으로 형성했던 사람들의 문화와도 아주 다른 상황에 살고 있습니다. 하지만 그럼에도 우리가 매력을 느낀다면 그것은 그의 독특한 인간성과 연관되어 있음에 틀림없습니다.

나는 앞에서 예수세미나의 발견 중의 하나는 Q와 도마복음서라는 두 가지 가장 초기의 복음서들이라고 했는데, 이들은 예수의 십자가 처형이나 부활은 전혀 언급하지 않고 대신 주로 그의 가르침(말씀)을 기록하는 데 관심이 있었습니다. 이 말은 기독교의 최초의 성장을 촉발했던 것은 그의 가르침이라는 것입니다. 물론 이렇게 말하면, 전통적인 기독교의 옹호자들은 그렇게 할 때 예수가 십자가 처형을 당했다는 것이 설명될 수 없다고 할 것입니다. 하지만 나는 "왜 안 되는가?"라는 질문을 던집니다. 소크라테스 역시 그의 가르침 때문에 죽음을 당했습니다. 교회 역시 수많은 사람들을 그들의 가르침을 빌미로 해서 죽였고, 그 중 이단을 가르친다고 판단된 사람들은 화형에 처해지기도 했습니다. 예수 역시 그의 기적 때문이 아니라 그의 가르침 때문에 십자가 처형을 당했습니다.

4장

예수의 가르침의 회복

웨스타르 연구소(Westar Institute)의 정회원들은 역사 속의 인물인 나사렛 예수에 대해 기술하고 있는 고대 기록들을 탐구하는 데 거의 15년의 시간을 보냈습니다. 그들은 초대교회의 천상의 그리스도(the heavenly Christ)라는 인물의 지층 아래 숨겨져 있던 원래의 인간 예수를 찾으려고 했고 그의 발자국과 목소리를 발견하고자 했습니다. 그런 다음 그들은 "과거의 예수와 미래의 예수"라는 주제로 1999년의 가을 모임을 가졌습니다. 그들은 원래의 예수가 근대세계를 위해 가질 수 있는 의미를 탐구하려는 관심 속에서 예수가 정말 말했고 행했던 자료들을 발굴하고 사용했습니다.

나는 먼저 그들이 발견한 예수의 가르침들을 간단히 소개하겠습니다. 그 가르침들은 짧은 (혹은 한 줄로 된) 금언(aphorisms)과 비유(parables)라는 두 가지 범주로 나눌 수 있습니다. 그런데 그것들은 이스라엘의 지혜전통에 속한 유대인 현자들(sages)에게서 발견되는 것과 완전히 동일한 장르들입니다. 이 사실 자체가 이미 대단한 발견인데 이는 만일 예수가 현자들처럼 주로 금언과 비유로 말했다면, 그를 이스라엘의 예언자들이 아니라 현자들에 더 가까운 사람으로 볼 수 있기 때문입니다.

이 사실을 제대로 평가하려면 먼저 이스라엘의 현자들이 구약성경의 네 가지 주된 사상적 흐름들—제사장적, 예언적, 왕궁적, 그리고 지혜전통의 흐름들—의 하나임을 기억해야 합니다. (오경 혹은 모세의 책에서 발견되는) 제사장전통은 유대교의 기초가 되었고, (사무엘서와 열왕기에서 주로 발견되고 다른 곳에서도 일부 나타나는) 왕정전통은 예수를 약속된 메시아적 왕이라고 주장한 기독교의 근거가 되었으며, (예언서들에서 주로 보이는) 예언전통은 나중에 무하마드에 의해 다시 살아나서 이슬람의 기초가 되었습니다.

현자들은 일상의 삶에 집중했다

하지만 잠언, 욥, 전도서, 시편 일부, 솔로몬의 지혜서, 집회서 등에서 발견되는 지혜전통에 대해서는 유대교, 기독교, 무슬림 모두가 무시해 왔습니다. 더 나아가 지혜전통에만 국한하여 살펴본다면 우리는 이상한 사실을 보게 됩니다. 곧 현자들은 예언자들이나 제사장들과 달리 출애굽 전통, 다윗왕조, 이스라엘 백성의 역사적 운명 등에 거의 관심을 가지지 않고, 대신에 인류가 모두 경험하는 일상생활의 문제들에 집중했다는 점입니다.

현대의 학자들은 이스라엘의 현자들을 히브리 인문주의자들(the Hebrew humanists)이라고 부르고 있습니다. 이 현자들은 오늘날 일반적으로 이해되는 의미에서의 종교에는 관심이 없었습니다. 그들의 주된 관심은 인생의 문제와 좌절을 어떻게 해결할 수 있을까에 있었습니다. 물론 그들 역시 "하나님" 혹은 "주님"을 언급했으며 하나님을 경외하는 것이 지혜의 근본이라고 말하기도 합니다. 하지만 그들은 하나님의 이름을 마치 자연세계의 우주적 질서(the cosmic order)를 가리키는 것처럼 소개합니다(히브리어에는 우리의 "자연"에 해당되는 단어가 없음을 기억할 필요가 있습니다). 다시 말해서, 현자들에게 "하나님"은 세계가 작동하는 방식을 상징화한 것이었습니다. 곧 그들에게 하나님을 경외하는 것은 세상이 작동하는 방식을 받아들이고, 거기에 올바르게 응답하는 것을 배우는 것과 같은 것이었습니다.

복음서 저자들이 만들어서 예수의 입에 넣었던 말씀들을 복음서에서 제거해 버리고 나면, 우리는 예수가 그 이전의 현자들과 마찬가지로 종교에 대해 그다지 많이 말하지 않았음을 발견합니다. 실상 그의 담론 방식은 오늘날 우리가 말하는 세속적인 것 곧 "이 세상적"이었습니다. 그는 일상의 삶, 서로 돌보는 삶의 필요성, 인간관계를 분열시키고 상처 입히는 문제들에 대해 말했습니다. 그는 포도원, 들판, 양치는 일, 건물, 일꾼 고용, 돈을 빌리고 빌려주는 일처럼 매일 일어나는 장면과 사건에 대해 자주 언급했습니다.

또한 예수가 하나님에 대해 말할 때 그는 이전의 현자들처럼 주로 우리가 자연에 대해 말하는 내용을 말했습니다. 집회서의 저자는 이렇게 말합니다. "좋은 일, 나쁜 일, 삶과 죽음, 가난과 부요가 모두 주님으로부터 온다." 마찬가지로 예수는 이렇게 말합니다. "하나님은 해를 의인과 악인 모두에게 비춰시며 비를 의로운 자와 의롭지 않은 자 모두에게 보내신다." 하지만 우리가 자연을 대개 어머니로 말하는 데 비해 예수는 자연을 아버지 같은 존재로 보았습니다. 예수는 하늘의 아버지를 다음과 같이 우리가 자연을 부를 때와 동일하게 이해했습니다. "하늘의 새들을 보라. 그들은 심지도 추수하지도 않고 거두어 곳간에 넣지도 않는다. 그러나 너희 하늘 아버지는 그들을 먹이신다. 야생 백합화가 어떻게 자라는가 보라. 그들은 일하지도 않고 길쌈하지도 않는다. 그러나 내가 너희에게 말하노니 솔로몬의 최고의 영화도 그들 중의 하나와 결코 비교할 수 없다. 하나님이 오늘 여기 있다가 내일 아궁이에 던져지는 들판의 풀 하나라도 입히신다면 하나님이 너희들은 더 많이 돌보시지 않겠느냐?"

이스라엘의 현자 중 예수에게 가장 가까운 사람은 전도서의 저자입니다. 두 사람 사이에 문화적 차이가 있음에도 불구하고 둘 모두 인간에게 공통되는 문제들을 다룹니다. 둘 다 인생의 모든 수수께끼에도 불구하고 개인적 성취를 이룰 수 있는 최선의 길에 관심을 가졌습니다. 하지만 가르침의 질과 깊이에서, 예수는 전도서의 저자를 포함하여 이전의 모든 현자들을 훨씬 능가 합니다. 예수는 비유를 독특하고 새로운 장르로 변형시킴으로써 지혜의 흐름을 새로운 수준으로 들어 올렸고 이로 인해 널리 알려지게 되었습니다.

신앙, 희망, 책임성

예수는 사람들이 신앙과 희망을 가지고 미래를 향해 나아가라고 가르쳤을 뿐 오늘날의 어떤 복음주의자들이 말하는 것처럼 하나님께 자신들의 삶을 모두 맡겨드려서 하나님이 그들 대신 결정들을 내리시게 하라고는 결코 말하지 않았습니다. 오히려 그는 이전의 현자들처럼 사람들이 모두 자신의 삶에 대한 완전한 책임감을 갖고 매 순간 올바르게 결단하기를 힘쓰라고 했습니다. 이 점이 그가 집을 모래 위에 세운 어리석은 사람과 반석 위에 지은 지혜로운 사람의 이야기를 한 이유입니다. 한 집은 견고하게 섰고 다른 집은 무너진 이유가 신적 섭리 때문이 아니라 반석 위에 세운 사람의 지혜 덕분이었습니다.

마찬가지로 예수는 이렇게 촉구합니다. "좁은 문으로 들어가기를 힘써라. 내가 너희에게 말하노니 많은 사람이 그렇게 하려고 하나 이루지 못할 것이다." 그는 사람들이 자신의 행동에 완전한 책임을 질 뿐 아니라 공동선(the common good)을 위해 살라고 격려했습니다. 하지만 후대의 교회들은 아우구스티누스의 영향으로 신앙(곧 그리스도의 죽음이 죄의 용서를 가져온다고 믿는 신앙)을 강조하는 가운데 이런 점을 잃어버렸고, 5세기의 기독교 수도사인 펠라기우스가 그의 동료 기독교인들에게 예수의 도덕적 가르침으로 되돌아갈 것을 요구했으나 교회는 그의 철학을 이단으로 정죄했습니다. 만일 예수가 1세기 팔레스타인에서 기적적으로 중세 기독교왕국의 세계로 이주해 왔다면 예수 역시 이단의 혐의를 쓰고 화형을 당했을지도 모릅니다.

유대인이었던 예수는 사람들이 무엇을 믿느냐 하는 문제보다 어떻게 행동하느냐 하는 문제에 더 많은 관심을 가졌습니다. 기독교의 길이 정통교리(orthodoxy) 곧 올바른 믿음을 강조하는 데 비해 유대교의 길은 오늘날까지도 정행(orthopraxy), 곧 올바른 행위로 알려져 있습니다. 사람들이 바른 행위를 할 것을 촉구하는 가운데 예수는 그가 자라난 문화에 대해 아주 놀랄 정도의 자유를 보였고, 다른 사람들 역시 그렇게 하라고 격려했습니다. 한 예로 유대교의 기본 법전인 십계명과 연관되어 있는 안식일 준수에 대해 그가 한 말을 들 수 있습니다. "안식일이 아담과 하와를 위해 만들어진 것이지 아담과 하와가 안식일을 위하여 만들어진 것은 아니다. 따라서 아담의 자녀(곧 인류)는 안식일보다 중요하다." 이뿐 아니라 예수는 당시의 유대인들이 식사 예법에 매여 있어야 한다고 느끼지 않았습니다. "너희들 모두는 나의 말을 듣고 이해하여라. 사람의 밖에서 들어가는 것이 그를 불결하게 만들지 않는다. 오히려 그 사람에게서 나오는 것이 그를 불결하게 만든다." 그는 사람들에게 지나간 전통의 노예가 되지 말라고 다음과 같이 조언합니다. "어떤 사람도 새 포도주를 낡은 가죽 부대에 넣지 않는다. 그렇게 하면 포도주가 부대를 찢고 나와 포도주와 부대를 모두 망치게 될 것이다. 새 포도주는 새 부대에 넣어야 한다."

간단하게 말해서, 예수는 하나님에 대해 무엇을 믿어야 할지보다 어떻게 지혜롭게 살고 어떻게 올바르게 행동할지에 대해 더 많이 말했습니다. 바로 이런 이유 때문에, 널리 알려진 산상 수훈—그 모든 것은 Q 자료에서 나왔으며 그에 관한 가장 초기의 기록된 기억들을 반영합니다—은 요한복음이 예수의 입에 넣어서 말한 내용과 그렇게 아주 다른 것입니다.

하나님의 나라

예수의 가르침을 관통하는 주된 주제는 하나님이 아니라 하나님 나라입니다. 예수가 이 용어를 만든 것은 아닙니다. 이 용어는 예수 이전에도 이따금씩 사용되었습니다. 하지만 예수는 그 의미를 분명하게 했고 그의 가르침의 중심으로 삼았습니다. 그가 이렇게 한 이유는 아마도 그의 동료 유대인들이 로마가 지배하고 있던 그 땅에 대한 답변으로 다윗 왕국의 회복을 희망하고 있었기 때문일 것입니다. 하지만 예수가 꿈꾸었던 나라는 로마제국이나 이전의 다윗 왕국과는 아주 달랐습니다.

고대사회에서 왕국은 사회에 질서를 부여하기 위해 형성된 표준적인 사회제도였습니다. 왕은 정의를 지켰고 왕적 권위를 사용해서 사회가 무질서와 혼란에 빠지는 것을 막았습니다. 하지만 왕들 역시 폭군이나 독재자가 될 수 있기 때문에, 예수는 인간 사회를 질서 잡는 이상적인 방식으로 "하나님의 나라"라는 용어를 사용합니다.

왕들과 군주들은 자신들의 권위를 위에서부터 강압합니다. 하지만 예수가 하나님 나라를 말할 때 그는—설혹 초자연적인 하나님으로부터 오는 것이라고 해도—위에서부터 내려오는 권력 구조를 말하지 않습니다. 하지만 초기의 어떤 기독교인들은 이 점을 자신들의 이해를 넘어서 있는 것으로 보았습니다. 그들은 세례자 요한에게 귀속되는 가르침을 채택하여, 예수의 입에 묵시사상적인 하나님의 나라의 도래를 넣어서 그것을 갑작스럽게 찾아오는 대격변의 사건인 양 말하게 했습니다. 이렇게 함으로써 예수는, 이미 바울의 시대에, 임박한 세계의 종말을 선포하러 온 종말론적 예언자로 둔갑되어버렸습니다.

하지만 파괴적인 종말이 도래하고 있다는 이러한 묵시사상적인 경고들은 예수가 실제로 가르친 내용과 충돌합니다. 그는 하나님의 나라가 조용하게 눈에 뜨이지 않게 온다고 말했습니다. "너희들은 하나님 나라의 도래를 볼 수 없을 것이다. 사람들은 '보아라, 여기에 그것이 있다! 혹은 저기에 있다!'라고 말할 수 없을 것이다. 실제로 하나님의 나라는 너희들 가운데 이미 와 있다." 마찬가지로 예수는 하나님 나라의 확산은 빵 한 덩어리를 조용히 부풀어 오르게 하는 누룩처럼 이루어진다고 말했습니다. 위에서부터 권세를 강압하는 세상의 나라와 달리, 하나님 나라는 사람들이 스스로를 단련하고 서로 간에 사랑을 실천함으로써 밑에서부터 확산되어 갈 것입니다.

예수의 많은 비유들이 "하나님의 나라는 이와 같다…"는 말로 시작합니다. 여기에서 예수는 인생에 대한 사람들의 태도와 인간관계의 본질에 대해 말하고 있습니다. 예수는 사람들에게 미래를 신앙과 희망을 가지고 보아야지 과로와 지나친 불안으로 보아서는 안 된다고 가르쳤습니다. "무엇을 먹을까 몸에는 무엇을 걸칠까 하는, 생존과 연관된 문제를 가지고 너무 조바심 내지 말라. 인생에는 음식과 의복보다 더 중요한 것이 있음을 기억하여라." 또한 하나님 나라에서 사람들은 자신들뿐 아니라 다른 사람들에게도 각자의 인생에서 최선의 것을 찾아낼 것인데, 이 사실을 깨달은 어떤 사람은 예수의 입에 아주 잘 알려진 다음의 말씀을 넣었습니다. "나는 너희들이 생명을 얻고 그것을 더 풍성히 하도록 왔다."

예수는 아주 탁월한 유머 감각을 가지고 있었습니다. 그는 효과를 내기 위해 과장법을 썼을 뿐 아니라 그의 함축적 말씀들은 너무 충격적이어서 사람들은 그 내용을 쉽게 기억했고 다른 이들에게도 전하곤 했습니다. 하지만 그것들이 거룩한 성경에 기록되자 성경을 너무 진지하게 읽는 후대의 사람들은 그 유머를 자주 놓쳐버렸습니다.

* 부자가 하나님 나라에 들어가는 것보다 낙타가 바늘귀를 비집고 들어가는 것이 더 쉽다.
* 어떻게 너희들은 친구의 눈에 있는 티끌을 보면서도 너희들 눈에 있는 대들보는 보지 못하는가?
* 어떤 사람이 너희를 고소하여 겉옷을 가져가고자 하거든 그 사람으로 너희 속옷까지 가져가게 해버려라.

사람들은 이런 말에 틀림없이 박장대소하며 화답했을 것입니다.

당시 사람들은 단지 두 벌의 옷(내의와 외투)만 입었고, 겉옷과 속옷을 다 가져가게 하면 그는 벌거숭이가 되어버리기 때문입니다.

예수의 가르침에서 가장 중요한 권면이 형제사랑이라는 점은 거의 보편적으로 받아들여지고 있으며, 이를 보여주는 것이 그의 비유에서 아마 가장 널리 알려진 선한 사마리아 사람 비유의 주제입니다. 기독교인들은 오랫동안 예수가 주신 가장 중요한 두 가지 계명은 하나님 사랑과 이웃 사랑이라고 가르쳐왔습니다. "주 너의 하나님을 너의 마음과 뜻과 힘을 다하여 사랑하라. 또한 너의 이웃을 너 자신을 사랑하듯 사랑하라." 하지만 그들은 예수가 이런 것을 처음 만들어내지는 않았음은 자주 잊어버립니다. 유대 전통을 존중했던 유대인으로서 그는 그저 이런 말씀이 나오는 히브리 성경의 신명기 6장 5절과 레위기 19장 18절을 인용했을 뿐입니다.

예수에게서 진정 독창적인 부분은 이제는 유명하게 된 "너의 원수를 사랑하라"는 말씀입니다. 이것은 그의 시대에 진정 혁명적 선언이며 오늘날에도 여전히 혁명적입니다. 그는 이 점을 다음과 같이 자세히 설명합니다.

> 만일 너희들이 너희들을 사랑하는 사람들만 사랑하면 어떻게 그 일로 칭찬을 받을 수 있겠는가? 사람들이 멸시하는 세금징수원들도 그 정도는 한다. 그렇지 않느냐? 하지만 나는 너희들에게 말한다. 악한 자에 대항하여 폭력적으로 반응하지 말라. 누군가 너희의 오른편 뺨을 치면 왼 편도 돌려대어라. 누군가 1마일을 걸어가도록 강압하면 1마일을 더 가주어라. 너에게 간구하는 자에게 주어라. 너에게 무엇인가 빌리려고 하는 사람에게 등을 돌

리지 말아라.

원수를 사랑하라는 예수의 가르침은 독창적일 뿐 아니라 너무나 혁명적이어서 많은 사람들이 말도 안 된다고 거부해 왔습니다. 뉴질랜드의 경우 1942년에 한 평화주의자 기독교인이 법원에 자기의 사건을 판단해 달라고 요청했습니다. 그는 기독교인으로서 원수를 사랑하라는 말씀에 매여 있기 때문에 군사행동에 참여할 수 없다고 설명했는데, 여기에 대해 치안판사는 그럼 나치 독일도 사랑해야 한다는 말이냐고 그를 조롱했습니다. 오늘날의 미국인들이라면 사담 후세인이나 오사마 빈 라덴도 사랑해야 한다는 말이냐고 반문할 것입니다.

결론적으로 인간 예수는 하나님 나라에 합당한 인간 행동을 서술하는 가운데 아주 혁명적인 것들을 가르쳤던 현자였습니다. 그의 가르침은 사람들의 주의를 끌었고 이전에 들었던 것과는 너무 달랐기 때문에 마음 깊이 새겨졌습니다. 마가는 "그들은 그의 가르침에 놀랐다. 그는 학자들과 달리 그 자신의 권위로서 가르쳤기 때문이다"라고 기록하고 있습니다.

예수의 어떤 금언들은 당시의 관습과 규범에 도전할 정도로 아주 명확하고 직접적이었습니다. 하지만 그가 말한 것들 중 어떤 것은 의도적으로 수수께끼처럼 주어졌고, 이로 인해 사람들은 각자 그것이 뜻하는 바가 무엇인지를 알아내어야 했습니다. 그의 비유들 역시 때로는 그 꼬리에 예상치 못한 바늘을 숨기고 있었습니다. 물론 예수는 십계명을 새로운 계명들로 대체하려고 하지는 않았습니다. 그는 몇 가지 기본적인 원리들에 근거하여 무엇이 올바른 행동이며 무슨 일을 해야 하는지 사람들이 스스로 찾게 했을 뿐인데 그 중 가장 중요한 원리는 사랑이었습니다.

예수의 가르침 중에서 진정 예수의 것이라고 할 수 있는 약간의 자료들만으로도 우리는 이 너무나 예외적인 인물이 왜 그를 죽음에 이르게 할 만큼의 큰 적개심을 불러일으킬 수밖에 없었는지에 대해 충분한 증거를 찾을 수 있습니다. 예수 시대의 제사장들, 유력자들, 높은 존경을 받던 사람들은 그의 말에 마음이 상할 수밖에 없었습니다. 종교 지도자들은 "긴 겉옷을 입고 퍼레이드 하기를 좋아하며, 시장터에서 제대로 호칭되기를 요구하며 회당의 중요한 자리와 연회석의 최고 의자를 좋아하는 저 학자들 꼴을 보아라"는 그의 말을 들었을 때 큰 모멸감을 느꼈을 것입니다.

마찬가지로 예수가 "부자가 하나님의 나라에 들어가는 것보다 낙타가 바늘귀를 비집고 들어가는 것이 더 쉽다"고 말했을 때, 부자들은 전혀 감동 받지 못했을 것입니다. 자본가들은 다음과 같은 말을 듣고 싶지 않았습니다. "너희가 돈을 가지고 있으면 이자를 받고 빌려주지 말라. 오히려 그것을 돌려받지 못할 사람들에게 주어라." 오늘날에도 부유한 기독교인들은 이런 말들을 무시하고 싶을 것입니다.

그의 가르침 중 어떤 부분은 너무나 황당하고 통상적 지혜와 반대되는 것이어서 어떤 사람들은 그가 제정신인지 의심했습니다. 어떤 전통은 그의 마을 사람들이 그를 미쳤다고 보아 죽이려고 했다고 말합니다. 더 나아가 로마 당국은 예수가 새로운 종류의 왕국의 도래를 자주 말했다는 사실에 자극을 받았고 그에게서 로마의 법을 위협하는 반란의 위험을 보았습니다. 그의 가르침은 왜 유대인 지도자들과 로마 당국이 그를 공적인 골칫거리로 여겨 제거해야 할 대상으로 여기게 되었는지를 잘 보여줍니다. 실상 예수의 멘토였던 세례자 요한이 이미 헤롯왕을 공격했다는 죄로 참수를 당했던 것입니다.

결론적으로 예수는 대중의 도덕성을 훼손한다는 혐의로 죽음에 처해졌던 소크라테스처럼 당시의 일반적인 방법의 하나로 처형되었습니다. 하지만 우리에게는 로마가 왜 예수를 처형했는지에 대한 정확한 이유를 알게 하는 충분한 문헌들이 없습니다. 이 질문에 대한 답을 시도하는 두꺼운 책들이 지금도 저술되고 있는데, 이는 초기 기독교 전통이 그 책임을 로마인들이 아니라 유대인들에게로 돌려 버렸기 때문입니다. 그러나 예수의 십자가 처형을 둘러싼 상황이 무엇이었던 간에, 그것은 기독교의 시작에 불을 붙였고 얼마 지나지 않아 십자가는 그 가장 중심적인 상징이 되었습니다.

하지만 바울이 없었다면, 예수의 처형 이야기는 다음 세기들의 세계에 결코 들리지 않았을 것이며, 이런 이유 때문에 어떤 사람들은 예수가 아니라 바울이 기독교의 실제적 창시자라고 주장하기도 합니다. 분명코 바울은 기독교의 2000년 역사에서 가장 큰 영향을 미친 사람이 되었는데, 이 말은 나사렛 예수를 만난 적도 없고 그에 대해서 많은 것을 듣지도 않은 사람이 기독교 신조의 상당 부분을 형성했음을 뜻합니다.

예수와 기독교 정통주의

그럼 정통적인 기독교 교리는 기독교 신앙의 근거로서 경배되어 온 남자의 가르침을 얼마나 많이 반영하고 있을까요? 16세기의 개신교 종교개혁의 지도자들은 교회의 삶과 가르침을 그들이 **성경에서 발견한 것의 빛에 비추어서** 비판하고자 했는데, 그 후 500년의 시간이 지난 지금 우리들은 성서 연구의 혁명의 결과로 **원래의 예수의 가르침의 빛에서** 기독교의 신조들을 비판할 수 있게 되었습니다.

2000년에 웨스타르 연구소는 새 천년기에 들어간 전 지구적 세기에 연관되는 신앙의 내용들에 대한 탐구를 착수했습니다. 그 첫 번째 모임의 주제는 "과거와 미래의 신앙"(The Once and Future Faith)인데, 이것은 어느 정도는 존 로빈슨(John Robinson) 주교가 1966년에 쓴 『새로운 종교 개혁?』(*A New Reformation?*)에서 요청한 것에 대한 응답이었습니다. 3년 후에, 그는 『신에게 솔직히』(*Honest to God*)라는 작은 책을 통해 기독교 세계에 큰 충격을 주었습니다. 이 책에서 그는 교회가 "아무 연관성도 없고 믿을 수도 없는 어떤 것을 보존하기만 하는 고대적이며 잘 방어되는 제도"가 된 것은 아닌가 하는 질문을 제기했습니다. 그는 진정 중요한 영적 갱신의 순간들은 이제—교회가 있음에도 불구하고—교회 밖에서 일어나고 있다고까지 말했습니다.

기독교 사상을 개혁하려는 과업은 전통적 기독교를 옹호하고자 헌신한 사람들이 격렬하게 그 일을 정죄함으로써 아주 어렵게 되기도 했고, 반대로 어떤 사람들은 기독교 교리는 너무 완강하게 고착되어 있어서 아예 개혁될 수 없다고 보아 기독교 전통에 소속되는 것을 포기해버렸습니다. 한때 기독교 세계였던 서구는 이런 두 극단으로 급속히 양극화되고 있습니다. 하지만 원래의 예수의 목소리를 다시 발견함에 따라 중도적인 길이 열리고 있다고 할 수 있습니다.

예수의 원래 가르침들을 볼 때, 지금 해체되어 가고 있는 정통적인 기독교 교리 체계 전체는 예수의 가르침과 일치하지 않음을 알게 됩니다. 실상 예수의 말씀들의 빛 아래 검토해 보면, 그것은 때로 도덕적 정죄 아래 서게 될 것입니다.

전통적인 기독교 교리의 핵심 주장은 예수 그리스도가 하나님의 아들이라는 것입니다. 그는 그의 **가르침**이 아니라 **십자가의 죽음**으로 이루어낸 일로 인해 구원자라고 불려왔습니다. 그의 십자가 죽음은 죄인 된 인류에게 용서와 구원을 가져온 신적인 희생으로 해석되었기에 곧 전 우주적인 사건으로 선포되었습니다. 기독교인들은 이 메시지를 복음, 곧 기쁜 소식으로 선포했습니다. 그들이 볼 때, 그것은 죄인들을 영원한 정죄로부터 구원했고, 하늘에서의 영원한 삶의 문을 열었기 때문입니다.

예수의 십자가 죽음이 어떻게 이런 목적을 성취했는가 하는 질문은 속죄론(theories of atonement)이라 불리는 다양한 이론들을 낳았습니다. 이런 이론 중 가장 초기의 것은 예수의 죽음을 죄인 된 인간들을 악마의 덫에서 구원해 내기 위해 하나님이 악마에게 지불한 몸값으로 해석하는 것입니다. 좀 더 후기의 이론은 십자가형을 도덕적인 부기(moral bookkeeping)라는 용어로 해석함으로써 악마에 대한 언급을 피하고 대신 우리의 죄와 불순종으로 인해 하나님께 진 빚을 갚기 위해 죄인 된 인류를 대신한 행동으로 이해했는데 이는 뒷날 오늘날의 복음주의자들이 무척 좋아하는 형벌 대속론(penal substitution)으로 변화되었습니다. 그것은 우리는 우리들의 죄 된 행위들로 인해 처벌받아 마땅하고, 하나님 편에서도 하나님의 도덕적 공의에 대한 감각으로 인해 우리 죄를 용서하기 전에 처벌의 고통을 받기를 요구하는데, 예수가 고난과 십자가 처형을 통해 우리가 당할 심판을 대신 당함으로 하나님의 구원이 이루어지게 되었다고 선언합니다.

하지만 오늘날 대속론에 대한 이런 이론들은 강한 도덕적 저항을 받고 있습니다. 고대 이스라엘의 현자 하나가 욥이라는 사람을 앞세

워 무죄한 자의 고난을 허용한 하나님은 비도덕적 하나님이라고 도전한 것처럼, 오늘날 우리 인간들의 정의와 자비에 대한 이상들은 하나님이 그의 아들을 희생해야 한다는 사상으로 인해 상처를 입습니다. 우리는 무죄한 사람이 다른 사람의 악행으로 인해 고난을 당해야 한다는 사상 자체에 소름이 끼칩니다. 무엇보다도 다양한 속죄들에 대한 가장 심각한 정죄는 예수의 가르침 자체에서 발견됩니다.

예를 들어서, 예수의 진정한 말씀들에 틀림없는 것으로 여겨지는 탕자의 비유를 생각해 봅시다. 설교자들은 이 이야기를 잘못을 범하며 사는 그의 자녀들인 우리들에 대한 하나님의 사랑에 대한 일종의 알레고리로 해석해 왔습니다. 나는 60년도 더 전에 만일 이것이 그런 알레고리임에 틀림없다면, 그것은 예수가 어떤 종류의 대속적 행동도 할 필요가 없음을 증거하는 것이라고 동료 신학생들에게 말하곤 했던 것을 기억합니다. 그것은 한 아버지가 아들의 행동에 실망했지만, 잘못을 저지른 아들이 되돌아오자 너무 기뻐서 아무런 통회의 행위 없이 그를 즉각적으로 받아들였다고 말하고 있습니다.

물론 이 비유는 그 어디에도 그것이 하나님에 관한 알레고리를 의도하고 있음을 분명히 하지는 않습니다. 그것은 인간 부모의 이야기이며 자녀들의 행동으로 인해 고통스럽게 실망하고 심지어 수치를 당했음에도 불구하고 자신들의 삶이 끝나는 날까지 자녀들을 계속 사랑하는 그런 어머니와 아버지들에 대한 강한 공감을 제공할 뿐입니다 (나는 그런 부모를 여러 명 알고 있습니다). 이것은 무조건적인 인간의 사랑에 대한 비유, 곧 보답을 요구하지 않는 사랑이자 아무런 변명 없이 자신을 계속 드러내는 사랑에 대한 비유입니다. 하지만 인간들이 이런 무조건적인 사랑을 제공할 수 있다면, 소위 하늘에 계신 아버지는 얼마나 더 그러실 수 있겠습니까? 예수에 대한 이 비유 하나만 으로도 예수의 죽음을 우주적 중요성을 가진 구원 사건으로 바꾸어버리고 거기에서 어떤 의미를 찾으려는 다양한 신학적 시도들은 우스꽝스럽게 됩니다. 요컨대 정통적인 기독교 교리를 해체시키는 것은 근대의 세속적 세계만은 아니고, 예수에게 돌려진 말씀들 자체가 이미 그렇게 하고 있다는 것입니다.

그러면 왜 예수의 원래 가르침은 사라져 버리고, 다른 것이 그 자리를 차지하게 되었을까요? 이런 과정은 1세기에 이미 분명히 시작되었습니다. 이런 변화를 개탄하는 사람은 예수의 입에 "너희들은 나를 주여 주여 하면서 왜 내가 하는 말은 지키지 아니하느냐?"는 말을 예수의 입에 넣은 사람일 것입니다.

교회는 하나님 나라가 아니다

한 세기 전에 로마 카톨릭 교회의 근대주의자 한 명이 이런 말을 했습니다. "예수는 도래하는 **하나님 나라**를 선포했는데 우리가 얻게 된 것은 **교회였다**!" 실상 예수의 가르침의 주된 주제인 하나님의 나라는 기독교 사상에서 너무 주변부적인 것이 되어서 신조들은 그것을 아예 언급도 하지 않습니다. 대신에 신조들은 교회로 하여금 다음과 같은 신앙 항목을 고백하게 했습니다. "나는 하나의 거룩하고 보편적이며 사도적인 교회를 믿습니다." 1세기 말에 이미 마태복음의 저자는 예수가 그의 사역 중에 교회를 설립할 것을 의도한 것처럼 그의 입을 통해 "이 반석(베드로의 신앙) 위에 내가 내 교회를 세우겠다"라고 말합니다.

우리는 이제 예수가 자신이 하나님의 유일한 아들이나 메시아라고 주장하지 않았던 것과 마찬가지로, 교회를 세울 아무런 의도가 없었음을—적어도 지금까지 내려온 그런 종류의 교회를 세울 의도는 없었음을—확실히 말할 수 있습니다. 한 세기 혹은 그 이상 동안 사람들은 이 점을 눈치 채고 있었으나 이제는 예수의 원래 말씀일 가능성이 가장 높은 것들의 데이터베이스를 확립함에 따라, 그가 말한 것과 그의 사후 발전된 것 사이를 확실히 구별하게 되었고, 그 구별의 간극은 더 넓어지게 되었습니다. 우리는 예수가 그의 이름으로 말해지고 행해진 것을 미리 알았다면, 아주 큰 충격을 받았을 것이라고 추측할 상당한 이유를 가지고 있는 것입니다.

예수가 남긴 것은 뒤에 나온 그런 교회가 아니라, 그를 따르는 사람들의 작은 공동체였습니다. 실제로 이와 비슷한 공동체들이 주로 바울이 시작한 노력들을 통해 확장되어 갔습니다. 이들은 처음 삼백 년 동안에는 자체 건물 없이 사람들의 가정에서 모였고, 박해 때는 카타콤에서 모였습니다. 하지만 4세기 초엽 콘스탄티누스 황제가 그것을 국가종교로 만들면서 기독교는 경직된 제도적 형태를 취하게 되었고, 오늘날 교회들이라고 불리는 공공건물들의 모습으로 세상에 나타나게 되었습니다. 더 나아가 교회 조직은 410년에 로마가 멸망함에 따라 이전에 로마제국이 행하던 기능의 일부를 떠맡기 시작했고, 그 가운데 서구의 교회는 점차적으로 왕들도 두려워 떠는 강력한 제도가 되어갔습니다. 교황은 로마 황제가 오랫동안 가지고 있던 칭호의 하나인 폰티펙스 막시무스(Pontifex Maximus. 최고의 중재자)를 자기에게 적용했는데 이것이 오늘날까지 교황의 회칙을 "폰티피컬"(pontipical, 교황의)이라고 부르는 이유입니다.

최근 들어 어떤 분이 내가 1968년에 쓴 『새로운 세계의 하나님』 (God in the New World)의 다음 구절을 생각나게 해주었습니다. "우리가 과거에 알아왔던 교회는 죽을 수밖에 없고 또한 죽게 해야 한다. 기독교가 이 세상의 왕국들의 형태들과 조직들을 취한다면, 그것은 이런 구조들이 사람이 만든 제국들과 똑같은 운명을 당할 수밖에 없을 것임을 예상해야 한다." 실제로 이런 종류의 교회가 여러 세기 동안 행사해 온 힘과 권위는 예수의 가르침과 전혀 맞지 않는 것이었습니다. 예수는 이렇게 말합니다. "이방인들을 다스리는 자들이 어떻게 그들을 억압하며 강한 압제자들이 약한 자들을 폭력으로 누르는지 너희들은 안다. 너희들은 그렇게 해서는 안 된다. 크고자 하는 사람은 너희들의 종이 되어야 한다. 첫째가 되고자 하는 사람은 너희들의 종이 되어야 한다."

권력 구조로서의 교회 제도는 지난 삼백년 동안 급격하게 그렇게 되었듯이 소멸되는 것이 좋습니다. 기나긴 역사 속에서 경탄할 만한 많은 것을 성취했음에도 불구하고, 교회는 예수의 가르침과 아주 동떨어진 위계질서적이며 남성지배적인 성격을 발전시켰습니다. 교회가 예수의 가르침에 주의했다면, 그 특권을 자발적으로 포기했을 터인데 이제는 상황에 떠밀려 이전의 권위를 잃어가고 있는 것입니다.

물론 제도화된 교회는 심각하게 파편화되고 약해지고 있지만, 급속히 사라지지는 않을 것이며 아무런 흔적 없이 사라지지는 더더욱 않을 것입니다. 하지만 예수의 삶과 가르침은 과거에 그랬던 것 이상으로 교회의 조직이나 구조보다 더 오래 살아남아 계속 영향을 미칠 것입니다. 어떻게 그렇게 될 수 있는지에 대해서는 기독교의 다양한 미래들을 탐색하는 다음 장에서 다루려고 합니다.

5장

기독교의 다양한 미래들

이 책 2장의 앞부분에서 나는 기독교가 왜 갈림길에 서 있는지 보여주고자 했고, 또한 기독교를 믿어야만 하는 한 뭉치의 불변하는 교리 체계가 아니라 직접 걸어가야 할 신앙의 길로 생각해야 한다고 했습니다. 따라서 이제 기독교의 미래에 대해 물어야 할 질문은 "기독교적인 신앙의 길이 이제 우리를 어디로 인도해 갈 것인가?"가 될 것입니다. 하지만 먼저 지금이 기독교적인 신앙의 길에서 처음 있게 된 갈림길이 아님을 알 필요가 있습니다.

과거와 현재의 기독교의 다양성

신약성경에 따르면 기독교의 길은 이미 1세기에 첫 번째 갈림길에 이르게 됩니다. 그 갈림길은 새롭게 발생한 이 길이 유대주의의 테두리 안에 계속 남아 있을 것인가, 아니면 이방인 세계 속으로 자유롭게 움직여 갈 것인가 하는 점이었습니다. 예수의 친형제 야고보를 비롯해 예루살렘의 기독교 공동체를 만든 첫 제자들은 대부분 유대적인 기독교인들(Jewish Christian)의 미래를 선호했습니다. 하지만 이런 유대적 기독교인들은 서서히 이방인 기독교인들(Gentile Christians)에 의해 축출되다가 5세기 이후에는 무대에서 사라져버렸습니다.

이제 기독교적인 길은 이방인 기독교인들이 이끌어 가게 되었습니다. 하지만 여기에도 여러 갈등이 있었습니다. 여러 차례 범세계적 회의들은 기독교적인 신앙의 길에 명확하고 통일된 경계선들을 설정하려고 노력했지만 그것들은 부분적으로만 성공했습니다. 그 가운데 세 가지 서로 다른 기독교적인 길이 나타나 지금까지 계속되고 있습니다. 곧 451년의 칼케돈 회의 이후 페르시아와 중국에서는 네스토리아파의 길(a Nestorian path)이 생겼으며, 이집트와 에티오피아에서는 콥틱파의 길(a Coptic path)이 열렸으며, 그 외 기독교의 나머지 영역에서는 카톨릭적 혹은 보편적인 길(Catholic or universal path)이 열린 것입니다. 그런데 서구 기독교는 콥틱 교회와 네스토리우스 교회를 거의 무시해 버림으로써, 오늘날 서구에 사는 기독교인들 대부분은 그런 것들이 한때 있었다는 사실도 알지 못합니다. 콥틱과 네스토리우스파는 오늘날 대부분의 기독교인들이 이해는 고사하고 그런 것이 있었는지도 모르는 이상한 공식인 예수 그리스도의 인격에 대한 칼케돈 신조의 선언에 동의할 수 없었기 때문에 각자 분리된 길들을 걸어갔습니다.

그런 다음 로마의 교황과 콘스탄티노플의 대주교가 부분적으로는 성령이 "아버지와 아들로부터 나오는지" 아니면 그저 아버지로부터만 나오는지 하는 문제로 서로 상대방을 파문했던 1054년의 기독교의 분열이 뒤를 이었습니다. 이런 분열로 인해 주된 기독교적 길은 동방 그리스에 바탕을 둔 미래와 서방 라틴에 바탕을 둔 미래로 나누어졌습니다.

서구 기독교의 길의 다음의 분열은 개신교 종교개혁으로 인해 개신교의 몇 가지 길들이 더해진 16세기에 나타났습니다. 이 분열 이후 개신교와 로마 카톨릭이 상대방을 기독교인으로 인정하는 데 400년이 걸렸습니다. 이 기간 동안 카톨릭은 기독교가 더욱 분열될 수 있다는 두려움으로 인해 교황의 통일적 주도권을 더욱 정당화 했습니다. 반면 개신교 기독교인들의 경우, 19세기가 되면서 플리마우스 형제단(Plymouth Brethern), 그리스도 제자 교단(The Disciples of Christ), 제7일 예수 재림교회(The Seventh Day Adventists), 말일성도 교회(The Latter Day Saints, 몰몬교), 여호와의 증인(The Jehovah's Witnesses), 크리스천 사이언티스트(Christian Scientists) 등을 통해 더욱 다양한 길로 열려져 갔고, 20세기 들어와서는 하나님의 성회(Assemblies of God)를 비롯한 여러 오순절 운동이 여기에 합류했습니다.

20세기 전반기에 새로 일어난 에큐메니컬 운동은 기독교인들의 분열을 한탄하면서 이런 경향을 역전시키고자 했습니다. 이런 태도는 칭찬할 만하나 지금 시점에서 보면 실패할 수밖에 없는 운명이었는데 이는 모든 위대한 종교전통은 그 가장 고전적 형태에서 이미 다양하게 분화되려는 성향을 가지고 있기 때문입니다. 문화들은 지구 위의 모든 생명체들의 진화적 성향에 부합되게 진화해 갑니다. 곧 생명계의 경우 유전자가 더 많은 종들로 분화되어 가듯이, 문화 역시 더 작은 많은 하부 문화들로 분리되고, 그 중 어떤 것은 번성하지만 어떤 것은 소멸되는 것입니다.

물론 이 사실은 종교와 문화의 역사를 전체적으로 보게 될 때만 분명하게 보일 것입니다. 우리가 어떤 한 전통을 (기독교에서 보통 그렇게 하듯이) 내부에서만 본다면, 그것은 오염되지 않은 순수한 형태로 보존해야만 하는 (혹은 그런 형태로 되돌아가야 하는) 불변의 본질을 가지고 있는 것처럼 보일 것입니다. 하지만 이것은 환상입니다. 우리가 종교를 발달적 혹은 진화적인 관점으로 보기 시작하면, 하나의 순수한 형태의 포유류가 있다고 생각할 수 없듯이 하나의 진실되고 순수한 형태의 기독교가 있다고 생각할 수 없습니다. 유사한 여러 종들이 원래의 생물학적 속(屬 genus)에 속해 있듯이, 서로 다른 기독교적 종들 역시 원시 기독교로부터 진화해 온 것입니다.

생명을 가진 여러 종들과 마찬가지로 문화와 종교 역시 발생하기도 하고 사라지기도 하지만, 어떤 요소들은 때로 자신들의 영향을 받은 다른 전통들 속에 오랫동안 살아남습니다. 가령 기독교인들은 일요일, 월요일 같은 한 주간의 이름들을 그들이 사라진 지 오래되었음에도 여전히 로마와 북유럽 종교들의 신들의 이름을 따서 부르고 있습니다. 부활절(Easter)이란 단어에는 이방의 봄의 여신의 이름이 보존되어 있습니다. 조로아스터교는 이란에서 이슬람이 확산되면서 아주 일부분만 살아남았지만, 그 많은 부분이 최후심판이라는 신화나 다른 신념 체계의 모습으로 유대교, 기독교, 이슬람 속에 남아 있습니다.

아무튼 두 번째 차축시대로 진입한 유대-기독교 전통의 미래에 대해 생각할 때, 우리는 인간의 종교적 탐구가 끊임없이 진화하고 변화되어 가는 성질을 가지고 있음을 인식할 필요가 있습니다. 실제로 아주 다양한 기독교적 길들이 이미 있었을 뿐 아니라, 이런 길들이 갈릴레오 이후 세속세계의 등장과 함께 위협을 받고 있음을 알아야 합니다. 한때 기독교 세계였던 서구는 이제 양극화되었습니다. 한 쪽 끝에는 전통적인 정통주의의 다양한 그림자들을 고수하려는 근본주의(fundamentalism)가 있고, 다른 끝에는 후기 기독교 인본주의(post-

Christian humanism)를 추종하는 전투적 세속주의가 있습니다. 그 가운데 기독교라는 용어는 그 안의 구체적인 어떤 형태들보다 더 크고 생생한 무엇을 가리키는 것으로 보이지만, 바로 이런 이유 때문에 그것은 모호하여 명확히 규정하기 어렵습니다.

기독교의 다양한 미래들

이처럼 기독교가 다시 한 번 갈림길에 서게 되었다면 그 미래는 과거보다 더 복잡하고 다양해지기 쉬울 것입니다. 이런 다양한 미래들은 어떤 모습을 가지게 될까요?

첫째, 유대적 기독교인들의 경우처럼 이전의 기독교적인 길들의 일부는 소멸되겠지만, 여전히 많은 사람들이 미래에도 이 길을 걸어갈 것입니다. 그 가운데 어떤 기독교인들은 자신들의 길이야 말로 유일하고 진실한 기독교적 길이라고 주장하겠지만 그들 역시 다른 길들과의 공통점을 더 많이 인정하려는 경향을 갖게 될 것입니다. 실제로 카톨릭주의와 동방 정교회, 그리고 다양한 형태의 개신교들은 서로 다르지만, 오늘날 세속세계와 관련 맺는 점에서는 상당히 놀라울 정도의 유사성을 보이고 있습니다. 예를 들면 다음과 같습니다.

* 그들은 성경을 하나님에 의해 영감을 받고 전적으로 신뢰할 수 있는 책으로 믿습니다.
* 그들은 성경에 대한 근대의 학문적 성취를 의심하고 곧잘 거부합니다.
* 그들은 예수 그리스도를 하나님의 신적인 아들로 경배합니다.

* 그들은 기독교 정통주의를 충성스럽게 따라가야 하는 불변의 핵심적 신념체계로 여깁니다.

전통적인 기독교인들은 근대 세속세계를 참된 신앙에 대한 거부이자 방어해야 하고 싸워 이겨야 할 대적으로 판단하는데, 이것이 기독교 정통주의의 아킬레스건이 되어 왔습니다. 기독교 정통주의는 크누트 왕(King Canute)이 파도를 향해 물러가라 명령했다고 전해지듯, 세속세계가 자신의 진리 형태에 순응하리라고 기대합니다. 하지만 궁극적 진리를 소유하고 있다는 정통주의의 주장은 그것이 새로운 모든 진리의 전부는 아니라 해도 많은 부분에 대해 눈을 감고 있음을 보여줍니다. 이렇게 되면 우리가 지금 진입해 있는 코페르니쿠스와 다윈 이후의 세속세계에서 기독교 정통주의의 유일한 미래는 박물관의 한 부분이 될 수밖에 없는데, 이는 기독교 정통주의가 세속세계의 기원과 본질을 심각하게 오해하고 있기 때문입니다.

세속세계는 기독교 후기적(post-Christian)이지만 반 기독교적(anti-Christian)이지는 않습니다. 그것은 기독교적 서구세계에서 발생했고 기독교적 서구의 산물이며, 그것의 가치, 영감, 비전에 의해 만들어져 왔습니다. 근대 세속세계는 모두 계속 진화해 가는 문화적 과정의 한 부분입니다. 최초의 기독교인들이 기독교적인 길 혹은 신앙의 길이 유대적인 길의 합법적인 연속이자 성취라고 주장했듯이, 근대의 세속적, 인간중심적인 세계는 유대-기독교적인 신앙의 길의 적법한 연속이라고 주장할 수 있는 것입니다.

이쯤에서 이제 막 시작되어 아직 유동적인 모습으로 있던 기독교가 헬레니즘 문화에서 스스로를 만들어갈 때 있었던 일들을 기억해

보는 것이 도움이 될 것입니다. 변증론자들(Apologists)이라고 알려진 2세기 기독교 사상가들은 그리스 문화의 모든 진실한 것은 기독교 신앙의 일부이자 한 부분이라고 주장했습니다. 한 걸음 더 나아가 그들은 플라톤이 기독교인이라고 말했습니다. 우리 역시 이와 동일한 방식으로 지식 폭발의 결과로 근대세계에서 이루어진 모든 좋은 것들은 발전해 가고 있는 기독교의 일부이자 한 부분이라고 말해야 합니다. 우리는 그것이 지나온 주요한 단계들을 구체화하기 위해서 기독교를 유대-기독교-세속적인 신앙의 길이라고 불러도 될 것입니다.

하지만 기독교 정통주의가 아무런 출구 없는 막다른 길로 우리를 이끌어간다고 해도, 우리는 거기에서도 가치 있는 것을 배울 수 있습니다. 우리를 전 지구적 미래로 인도할 만족스러운 신앙의 길을 발견하고자 한다면, 우리가 누구이고 어떻게 현 위치에 도달했으며 여전히 필요한 가장 탁월한 인간적 가치들을 알려주는 우리의 지난 문화를 연구할 필요가 있습니다. 모든 형태의 기독교에 대해 완전히 등을 돌리고 근대세계를 만들어낸 문화적 행렬에 대한 우리의 공통되는 채무를 인정하기를 거부하는 사람들은 자신들의 문화적이며 영적인 뿌리로부터 스스로를 단절시킬 뿐입니다. 뿌리 없는 나무들이 말라 죽어버리듯이, 자신들의 과거를 잊어버린 문화도 그렇게 됩니다. 과거에 대한 연구는 현재를 밝혀 주지만, 그것이 미래를 말해주지는 않으며, 이 점이 성경이 여전히 소중한 문헌들로 남아있을 수 있는 이유입니다. 우리는 거기에서 많은 것을 배울 수 있지만, 그렇다고 해서 거기에 족쇄처럼 매여 있을 이유는 없습니다.

세속세계와 기독교의 미래

　기독교가 그 성경적 과거를 기억할 필요를 인정했다면, 이제 우리들은 기독교가 자신의 진정한 미래를 발견할 세속세계로 관심을 돌려야 할 것입니다. 이 점을 제대로 평가하려면, 근대 세속세계에서 높이 칭송받는 가치들을 살펴보아야 합니다. 예를 들어, 개인적 자유를 생각해 봅시다. 자유에 대한 추구는 모세가 이스라엘 백성들을 노예상태에서 이끌어 낸 이후 유대-기독교 전통의 핵심적인 부분이 되었고 예수가 다른 종류의 자유, 곧 과거의 문화적이고 종교적인 압제로부터의 자유를 향한 문을 열면서 한 단계 더 발전했습니다. 바울 역시 갈라디아 지역의 회심자들에게 다음과 같이 외침으로써 이 점을 분명하게 합니다. "여러분은 자유를 위하여 부르심을 입었습니다." 제4복음서 역시 예수의 입을 빌려 이렇게 말합니다. "너희가 진리를 알지니 진리가 너희를 자유롭게 하리라."

　하지만 근대세계의 도래와 함께 자유에 대한 추구는 스스로 생각하고 스스로 진리를 추구하는 자유에서 시작하여 이전의 어느 때보다도 강력하게 타올랐고, 그 가운데 언론과 출판의 자유가 주장되었습니다. 그 결과 절대 왕정으로부터의 민주적인 해방, 노예 해방, 남성 주도에서의 여성 해방, 인종차별적 편견으로부터 해방, 그리고 최근에는 동성애자의 해방을 포함하여 모든 종류의 인간 혐오에서부터의 해방들이 나타났습니다. 하지만 슬프게도 교회들은 자신들의 과거의 교리에 헌신하는 가운데 자유의 편에 서기보다 이런 해방운동들에 반대할 때가 있었습니다.

　실상 자유, 사랑, 정의, 평화 추구 같은 가치들은 주로 유대-기독교 전통에서 나타나서 세속세계에서 계속 확산되고 있습니다. 하지만 오늘날 그런 가치들은 더 이상 신적 권위의 지지를 필요로 하지 않습니다. 우리들에게 그 가치를 확신시켜주는 그것들의 내적이며 원래적인 힘이 이제는 떠나가고 있는 신의 재가(sanctions)를 대체했기 때문입니다. 사실상 사랑의 가치를 확신하기 때문에 동료들을 사랑하는 사람들이, 더 높은 권위의 명령이기 때문에 사랑을 행하는 사람들보다 도덕적으로 더 성숙합니다.

바로 이런 이유 때문에, 이런 새로운 문화적 시대가 "인류가 성인이 된 시대"(humankind's coming of age)라고 불리는 이유입니다. 성인됨이 부모의 통제가 주는 안전을 떠나 자신의 행동에 책임을 지는 일인 것인 것처럼, 인류는 이제 지옥의 두려움이나 하늘의 보상 때문이 아니라 사랑, 정의, 평화로운 공존을 실천하는 법을 그것들이 가진 내적 가치(inherent value) 때문에 배워가야 합니다.

그런데 "성인이 된 시대"는 개인들이 자신들의 삶의 길이나 신앙의 길을 선택하는 것보다 더 큰 자유를 가짐을 뜻하며, 바로 이 점이 우리가 획일성(conformity)보다 다양성(diversity)을 더 가치 있게 여기는 이유입니다. 과거에 주도적으로 나타났던 신념체계나 실천의 획일성은 이단을 죄 중에서도 가장 악독한 죄로 여기게 했습니다. "선택"을 뜻하는 그리스 단어에서 기인한 "이단"(Heresy)은 신약성경에서 다수의 길을 따르기보다 그들 자신의 삶의 방식을 용기 있게 선택한 사람들의 신념체계를 가리키는 말입니다. 피터 버거(Peter Burger)가 그의 책 『이단적 명령』(*The Heretical Imperative*)에서 지적했듯이, 근대성은 인간의 삶에 엄청나게 많은 선택지들을 가져왔는데 이는 백화점에서의 물품 구입뿐 아니라 종교적 신념과 실천의 선택에서도 그러합니다. 이제 우리들은 각자가 개인적인 삶의 방식을 선택할 자유를 가지고 있습니다. 우리는 진실로 스뫼르고스보르드(Smorgasbord)[1]같은 많은 선택지들을 가지고 있습니다. 오늘날과 같은 자유롭고 개방된 사회에서 개인적 선택을 실행하는 것은 단지 허용될 뿐 아니라 필수적인 것이 된 것입니다. 다시 말해 우리는 모두 선택하는 자들, 곧 이단자들이 되도록 압력을 받고 있는 것입니다! 심지어 오늘날은 근본주의자들도 성경이 문자 그대로 하나님의 말씀임을 믿도록 선택한다는 점에서 선택하는 자들(혹은 이단자들)이라고 할 수 있습니다.

물론 삶의 방식을 선택하는 새로운 자유가 있다고 해서 모두 올바른 선택을 하리라고 보장할 수는 없습니다. 청소년들이 성인이 되어가는 도중에 탈선의 위험이 있듯이, 인간 종들 전체가 성인이 되고 과거의 문화적 제약들에서 자유롭게 됨에 따라 위험 역시 커지고 있습니다. 이제 도덕적 삶은 전례가 없을 정도로 개인화되어 우리들은 삶의 문제들 앞에서 매번 도덕적 결단들을 해야 하고 해결책을 각자 알아서 찾아야 하며, 그러다 보니 수많은 사람들이 엉뚱한 길을 가고 있습니다. 너무나 자주 사람들은 이기적이며 반사회적 행위에 빠져들 뿐 아니라 한 형태의 미신에서 빠져나오면 곧 다른 형태의 미신에 빠져듭니다. 이 모든 것이 사실이지만, 그렇다고 해서 이 때문에 과거의 기독교왕국에서 발견되던 것보다 훨씬 더 성숙한 도덕성을 보여주는 세속세계 속의 사회적 삶의 많은 측면들을 간과해서도 안 됩니다.

---

[1] 역자주: 오늘날의 뷔페식당과 비슷한 것으로 18세기 말부터 19세기까지 스웨덴의 상류층들이 한꺼번에 많은 음식을 차려놓고 원하는 것을 덜어 먹었던 식사.

세속세계 속의 기독교의 연속성

세속세계는 그리스도가 하나님의 신적 아들임을 명확히 부인하고 있는데, 어떻게 기독교적 서구의 후예일 수 있을까요? 앞에 언급한 가치들 외에 우리는 기독교의 과거와 세속적 현대 사이의 연속성을 발견할 수 있을까요? 여기에 대해 다음의 사실들을 생각해 볼 필요가 있습니다.

첫째, 우리들은 근대 세속세계의 선구자들은 모두 기독교 전통에 깊이 침잠해있던 사상가들이었음을 기억할 필요가 있습니다. 제2 차 축시대의 첫 번째 표징은 성 프란체스코가 보여주는 자연세계에 대한 사랑에서 찾을 수 있습니다. 또한 우리들은 프란체스코파 철학자인 윌리엄 오컴(William of Ockham, 1300-1349)의 가르침, 곧 근대적 길(Via Moderna)로 명명된 지적 시스템을 지적할 수 있는데 그것은 르네상스 인문주의자들, 개신교 종교개혁자들, 그리고 계몽주의 사상가들 사이에서 널리 받아들여졌습니다. 에라스무스(Erasmus), 루터(Luther), 존 로크(John Locke)를 비롯하여 근대세계를 창시한 선구자들 중 기독교 전통을 떠난다고 생각한 사람은 아무도 없었습니다.

둘째, 우리는 성육신이라는 기독교의 중심적 교리의 의미를 더욱 철저히 이해할 필요가 있습니다. 이 교리는 신적 실재가 인간 조건 안에 육화되었다(enfleshed)고 선언합니다. 처음 주장되었을 때 이것은 아주 유별난 것으로 여겨졌는데 특히 유대인들과 무슬림들이 이 교리에 마음이 상했고 지금도 그러합니다. 그들 모두는 신과 인간 사이에는 무한한 간격이 있음을 주장하는 순수 유일신론을 옹호하기 때문입니다.

물론 기독교 정통주의는 이런 주장을 오직 단 한 번의 성육신, 곧 그리스도로 여겨진 예수라는 사람에게만 국한시켰습니다. 하지만 기독교 사상의 가장 초기에는 이 문제에 대해 더 많은 융통성이 있었습니다. 바울은 그리스도를 새로운 아담이라고 말하는데, 이를 통해 그는 첫 번째 아담이 전체 인류를 구현하듯이(embody) 그리스도 역시 전체 인류를 구현했음을(embodied) 의미합니다. 이런 이유로 바울은 모든 기독교인들은 "그리스도 안에"(in Christ) 있다고 말합니다. 그가 볼 때 기독교인들은 신의 성육에 참여하기 때문에 새로운 피조물들, 새로운 존재들입니다. 하지만 불행하게도 전통적인 기독교적 가르침이 점차적으로 그리스도의 신성을 강조하고 그의 인간성을 배제하면서 성육신이 말하는 더 넓은 함의는 사라져 버렸습니다.

하지만 19세기 들어 성서학자 데이비드 스트라우스(David Strauss)는 그리스도 상을 해체하고 예수의 진정한 인간성을 다시 발견했으며 그 영향 속에 루드비히 포이에르바하(Ludwig Feuerbach)와 같은 사람들은 "성육신의 진정한 의미"를 해명할 수 있게 되었습니다. 이제 그것은 이전에 신적 존재와 연관되어 온 특성들이 모두 인류 안에 성육하게 되었음을 뜻하는 것이 되었습니다. 마찬가지로 영국 성공회 신학자인 일링워스(J. R. Illingworth)는 이미 1891년에 기독교인들에게 세속 사상을 기독교의 대적으로 보지 말라고 경고하면서 성육신에 관한 에세이에서 다음과 같이 말합니다. "세속적 문명은 기독교와 협력하여 근대세계를 만들었다. 그것은 성육신과 섭리론적으로 연관 맺고 있으며 그것에 대응하는 것 이상도 이하도 아니다." 다시 말해 기독교 신앙의 이 중심적 교리는 근대 세속세계가 기독교적 과거로부터 발생하는 것을 촉진하는 데 중요한 역할을 했다는 것입니다. 오늘날의 용어로 말하면, 성육신은 하나님의 인간화(the humanization of God), 신성의 세속화(the secularization of the divine), 그리고 하늘의 지구화(the earthing of heaven)로 서술될 수 있을 것입니다.

더 나아가 오늘날은 새로운 신-이야기(god-talk)가 이전의 신-이야기를 대체하고 있는데, 여기에서 우리는 기독교 전통과 세속사회의 연속성을 찾을 수 있습니다. 유대인들이 신에 해당되는 그들의 언어를 유지하면서도 거기에 새로운 의미를 부여했던 것처럼, 이런 신-이야기는 제2 차축시대에 이르러 새로운 역할을 감당하고 있습니다. 이런 현상은 "이스라엘의 신," "아브라함의 신," "나의 신," "너의 신" 같은 성경의 표현에서 볼 수 있듯이 성경 전통 자체에 근거해 있습니다. 물론 "아브라함의 신"은 보이지 않기 때문에 누군가가 "어떻게 아브라함의 신에 대해 배울 수 있는가?"라고 묻는다면 올바른 대답은 "아브라함이 어떻게 살았는지 보고 가장 깊은 수준에서 그를 움직인 것이 무엇인지 이해해보려고 하라. 그것이 아브라함의 신을 네가 이해할 수 있는 모든 것이다"가 될 것입니다. 그렇다면 세속세계 속의 신-이야기 역시 이와 비슷하게 우리가 의지해 사는 가치들과 우리가 갈망하는 목표들을 가리키는 것이 될 것입니다.

현대 세속세계에서 초자연/자연이란 이분법은 극복되고 소멸되었습니다. 오늘날 영감을 불러일으키는 온전한 신비는 다름 아닌 거의 무한한 물리적 우주 자체입니다. 한 때 실재하는 인격적 신으로 여겨진 초자연적인 힘은 현실에서 사라졌습니다. 하지만 사랑, 자비, 공의 같은 하나님의 속성들로 여겨진 가치들은 전통적인 신-이야기가 의미를 갖지 못하게 된 지금도 여전히 살아남아 있습니다. 신약성경 역시 "하나님은 사랑이다"고 하며, 예수 자신도 "너희들은 하늘에 계신 너희 아버지가 온전히 선하신 것처럼 선하여야 한다"고 하여 신적 가치들을 성육신하라고 권합니다. 물론 이런 가치는 다른 문화 전통들에도 있겠지만, 그것들이 다른 곳에서 존중받고 있다고 해서 그 가치의 중요성이나 타당성이 약해지지는 않습니다.

이제 나는 세속세계와 그것의 과거인 기독교 세계 사이가 계속 연결되어 있음을 보이기 위해 세속적인 전 지구적 미래로 들어온 신앙의 길의 개요를 요약하고자 합니다. 이를 위해 나는 유대-기독교 전통에서 근본적인 세 가지 주제들에 대해 말하겠습니다.

신앙

첫 번째 주제는 신앙(faith)입니다. 모든 문화적 전통은 신앙의 길입니다. 성경은 아브라함이란 인물에 대해 말할 때 이 점을 특히 강조합니다. 기독교 세계와 이슬람 세계의 접촉이 많아지고 있는 오늘날 아브라함이란 인물이 유대교, 기독교, 이슬람이란 신앙 전통들에서 똑같이 중요함을 기억하는 것이 도움이 될 것입니다. 유대인들은 아브라함을 그들 민족의 아버지로 존중하고, 기독교인들은 아브라함을 신앙의 모델로 높이며, 무슬림들은 아브라함을 첫 번째 무슬림으로 소중히 여깁니다.

하지만 아브라함을 신앙의 규범적 인물로 만드는 것은 무엇입니까? 그것은 (신약성경이 말하듯이) 그가 자신에게 들렸던 음성을 청종했고, 어디로 가는지 알지 못하면서도 신뢰를 보였다는 데 있습니다. 그는 지도도, 인도해 줄 율법도 없었고, 성경이나 쿠란도 가지고 있지 않았습니다. 미드라쉬적 유대 전설은 아브라함이 여행을 떠나기 전 그의 아버지 집의 모든 우상들을 부수어 버렸다고 전합니다. 신앙은 이처럼 모든 유한하고 가시적인 것들에 대한 집착에서 벗어날 것을 요구합니다. 신앙의 여정을 떠나려면, 우리는 모든 무거운 짐으로부터 자유로워야 합니다.

유대-기독교 전통 역시 마찬가지여서, 이제는 그동안 축적해 온 지식과 신화들로 너무 무거워진 몸을 가볍게 하기 위해 무거운 짐짝을 내다버려야 합니다. 개신교 종교개혁자들은 연옥(Purgatory) 교리를 비롯하여 중세 기독교가 축적해 온 많은 것들을 버렸습니다. 하지만 제2 차축시대는 종교개혁이 했던 것보다 더 많은 것들을 포기할 것을 요구합니다. 그것은 사후에 있을 천국과 지옥, 신적인 구원자, 객관적으로 존재하는 인격적 신, 대속 교리 등을 모두 포기할 것을 요구합니다. 이런 교리들은 한 때 그것들이 통할 수 있었던 세계관에서는 신앙의 표현으로 중요한 역할을 감당했지만, 이제 그런 세계관은 무의미하게 되었기 때문에 근대세계에서는 신앙에 장애물이 될 수 밖에 없습니다.

신앙은 인격적인 신이나 어떤 특정한 대상에 대한 신념체계에 의존하지 않습니다. 신앙은 인간의 공통경험으로서 다차원적이고 다방면적으로 작동합니다. 바로 이런 이유 때문에 다양한 세속적 맥락들에서 우리는 우리 자신이나 우리의 사상들, 다른 사람들, 그리고 자연 세계에 대해 믿음을 가지라는 권면을 받게 되는 것입니다. 따라서 마르틴 루터의 말처럼, 우리가 가장 깊이 경외하며 신뢰를 보이는 것이 바로 우리의 하나님이 된다는 점을 분명히 할 필요가 있습니다. 우리는 일생을 통해 우상과 진실로 신뢰할 수 있는 하나님 사이를 구별하는 것을 배워야 합니다. 그리고 근대의 세계관이란 맥락에서 볼 때 유신론적인 하나님은 미신적이며 우상적 대상이 되었습니다.

오늘날 우리는 지구에 깊이 의존해 있음을 고통스럽게 깨닫고 있습니다. 놀라운 기독교 환상가이자 과학자인 떼이야르 드 샤르댕(Teilhard de Chardin)은 스스로 진화해 가는 우주에 대해 알게 된 것에 압도되어 다음과 같이 기록했습니다.

> 어떤 내면적인 혁명의 결과로서 내가 그리스도에 대한 신앙, 인격적 하나님에 대한 신앙, 영에 대한 신앙을 조금씩 잃어버리게 된다 해도 나는 마땅히 세계에 대한 결코 꺾이지 않는 믿음을 고수해야 함을 느낀다. 세계는... 내가 믿는 첫 번째 것이며 마지막 것이고 유일한 것이다. 나는 바로 이런 신앙으로 살고 있다.

오늘날처럼 생태계 문제를 예민하게 느끼는 시대에는, 바로 이 지점이 신앙에 대해 말할 수 있는 좋은 곳입니다. 이 지구 위의 생명의 진화는 경외감을 불러일으키는 신비이며 떼이야르가 하나님으로 이해하게 된 것입니다. 우리가 본 것처럼, 현자인 예수는 자연의 놀라움에 주의를 기울임으로써 사람들에게 신앙의 길을 걸어가도록 격려했습니다. 새로운 형태들을 창조하고 생명을 갱신하는 자연의 능력은 보통 기적이라 불리는 예외적인 어떤 사건들보다도 더 우리의 숨길을 멈추게 만듭니다. 그렇다면 결국 신앙은 자연세계의 경이로움에 마음을 여는 것이며 생명과 그것이 제공하는 모든 것을 "철저하게 긍정"(Yes)!하는 것입니다.

희망

두 번째 주제는 희망(hope)입니다. 희망은 신앙과 마찬가지로 인간의 근본적인 조건입니다. 소설가 알렉산더 포프(Alexander Pope)는 "희망은 인간 가슴에서 영원히 샘솟는다"고 말합니다. 희망이 죽는 곳에서는 신앙이 약해지는데 이는 이 둘이 긴밀하게 연결되어 있기 때문입니다.

유대-기독교 전통의 긴 역사에서 희망은 주도적인 역할을 감당해 왔습니다. 아브라함은 희망 가운데 건립될 도시를 기대했고, 모세는 희망 속에 젖과 꿀이 흐르는 땅을 내다보았으며, 바빌론 포로기의 사람들은 희망 속에 다윗 왕국의 재건을 기대했습니다. 기독교인들은 도래하는 하나님의 나라를 기대했고, 그 희망은 주기도에 "당신의 나라가 임하게 하옵소서"라고 영속적으로 포함되었습니다. 물론 시간이 지남에 따라 이 희망은 천상에 있을 사후의 개인적 운명으로 바뀌었고, 이것이 기독교적 희망으로 알려지기도 했지만 말입니다.

하지만 세속세계의 도래로 인해 우리들은 다시 지구에 관심을 갖게 되었고, 그 가운데 "하나님 나라"의 원래적인 의미는 현실 적합성을 갖게 되었습니다. 미래에 대한 우리의 주된 희망은 우리 선조들의 경우와 달리 훨씬 더 이-세상적인 특성을 가집니다. 우리는 개인적으로는 건강과 장수를 원하고, 집단적으로는 사회적 조화, 경제적 번성, 세계 평화를 바랍니다. 하지만 근래 들어 우리의 희망은 지구의 생태계의 보전을 포함하게 되었습니다.

희망은 맹목적인 낙관주의와 구별되어야 합니다. 내가 나의 책 『도래하는 세계』(*The World to Come*)에서 보여주고자 했듯이, 우리가 막 들어선 21세기는 아주 많은 두려운 도전들을 던지고 있고 더 나은 세계에 대한 희망을 유지하기는 갈수록 어려워지고 있습니다. 하지만 신학자 위르겐 몰트만이 말하듯이, "인류가 생존할지 안 할지 우리는 잘 알지 못하지만, 이제 우리는 전체 인류의 미래가 마치 우리 손에 달린 것처럼 행동해야 합니다."

사랑

성경에서 내가 찾는 세 번째 주제는 사랑(love)입니다. 유대-기독교 전통에서 사랑이 중심적 자리를 차지하고 있다는 점에는 이견이 없을 것입니다. 예수는 유대인의 성경에서 뽑아낸 두 가지 가장 중요한 명령들을 다음과 같이 말했습니다. "너는 주 너의 하나님을 너의 마음과 뜻과 힘을 다하여 사랑하라. 너의 이웃을 너 자신을 사랑하듯이 사랑하라."

그러나 예수는 유대인 전통보다 한걸음 더 나아가 "너의 원수를 사랑하라"고 말합니다. 그러나 예수의 모든 가르침에서도 가장 독창적인 이 말씀이 기독교 역사를 통하여 기독교인들이 실천하기에 가장 어려운 것이 되었다는 점은 슬픈 역설입니다. 신앙을 고백하는 기독교인들이지만 원수 사랑에서는 다른 사람들보다 별로 낫지 않습니다. 그뿐 아니라 사랑의 중심성 자체도 다르게 이해되었습니다. 기독교 정통주의는 신적 구원자를 상정하는 가운데 우리 죄인들을 그의 사랑의 대상으로만 만들어버렸고, 또한 다른 사람들을 구원하라고 권면하는 원초적인 사랑의 메시지는 왜곡되어 우리 자신의 구원을 확실하게 하기 위해 그 사랑을 착취하는 것이 되어버렸습니다.

그런데 세속세계 역시 동료 인간들을 사랑하는 것의 중요성을 인정하는 데 아무런 문제를 가지고 있지 않습니다. 더 나아가 그것은 교회가 자기에게 동의하지 않는 사람들에게 사랑을 보이지 않는 것을 비판하기도 합니다. 세속세계는 사랑이 인종적, 종교적 경계선을 넘어설 뿐 아니라 지구 위의 모든 생명체들을 포함해야 함을 받아들입니다. 세속세계는 "사랑은 모든 것을 이긴다"는 슬로건에 쉽게 동의할 수 있으며, 만일 신-언어를 어쨌든 사용해야 한다면 "하나님은 사랑이다"고 말할 수도 있습니다. 더 나아가 세속세계는 첫 번째 기독교 신학자인 바울의 "믿음, 소망, 사랑 이 세 가지는 영속적인 가치를 가지고 있습니다. 이것들 중 최고는 사랑입니다"는 말에도 동의할 것입니다.

그렇다면 기독교는 어디로 가게 될까요? 먼저 정통적 기독교는 그 전통적인 여러 형태들을 유지하는 가운데 상당히 오랫동안 살아남을 것이며, 그곳에서 영적인 성취를 발견하고 기뻐할 사람들도 있을 것입니다. 그럼에도 불구하고 기독교 정통주의가 나아갈 길은 없어 보입니다. 기껏해야 그것은 현상유지만 할 것입니다. 세속세계에 사는 사람들에게 기독교 정통주의는 신뢰를 잃었습니다. 그것을 세계의 문제들에 대한 답변으로 계속 추구해야 한다고 주장하는 사람들은 "눈 먼 사람이 눈 먼 사람을 인도하면 둘 다 구덩이에 빠진다"라고 예수가 말했던 말한 그런 안내자가 되고 있습니다.

유대-기독교적 신앙의 길의 진정한 미래는 세속적인 것입니다. 진정한 세속적 삶은 결코 기독교의 대적이 아니라 유대-기독교 전통의 적법한 연장입니다. 하나님에 대한 전통적인 예배는 생명에 대한 경축으로 확장되어 왔기 때문에 신앙은 지구의 모든 다양한 생명체

전체에 대해 "예!"라고 말할 수 있는가 하는 문제가 됩니다. 세속적인 길은 기독교의 과거의 상징들과 신조의 많은 부분들을 반영하며 이런 기독교적 기원들에서 배운 가치들을 여전히 존중합니다. 세속세계는 진리에 대한 추구, 정의의 실천, 공감 능력의 배양, 자유, 평화에 관심을 가지고 있으며 믿음, 소망, 사랑으로 사는 법을 배우고 있습니다. 다시 말해서, 신앙은 우리가 모든 과도한 짐들에서 해방되기를 요청하고, 소망은 진화하는 모든 미래를 향해 열려 있기를 요청하며, 사랑은 모든 사람과 그들의 문화적 전통을 기꺼이 수용하기를 요청하고 있습니다.

제2부

기독교의 녹색화

6장

전 지구적 위기

20세기 들어 사람들은 동일한 그리스어 어근에서 나온 세 단어에 관심을 갖게 되었습니다. 이 그리스어 어근은 '오이코스'(*oikos*)로서 '식구'(household), '집'(dwelling), '가정'(home)을 뜻합니다. 이런 단어들이 빈번하게 사용되고 있다는 데서 우리는 이미 사람들이 그동안 함께 공유해온 전 지구적 집을 더 많이 의식하게 되었음을 알게 됩니다.

* 에큐메니컬(Ecumenical): 이 단어는 인간이 거주지로 삼고 있는 전체 세계를 뜻하는 '오이쿠메네'(*oikumene*)에서 나왔고 오이코스와 연관되어 있습니다.

* 이코노믹(Economic): '경제적인'이란 의미의 이 단어는 "가정을 다스리는 법" 혹은 "가정 살림"을 뜻하는 '오이코노미아'(*oikonomia*)에서 나왔고 역시 오이코스와 연관되어 있습니다.

* 에콜로지컬(Ecological): '생태적인'이란 의미를 가진 이 단어 역시 간접적으로 오이코스와 연관되어 있습니다.

생태학(ecology)이란 말은 독일의 동물학자인 에른스트 해켈(Ernst Haeckel)이 처음 사용했는데 그는 '오이콜로기'(*Oekologie*)라는 이 단어를 동물이 유기적이거나 비유기적인 주변 환경과 맺는 관계를 가리키는 말로 사용했습니다. 오늘날 생태학은 유기체들과 그들의 집인 환경들을 다루는 학문으로서, "유기체들과 그들의 환경이 맺는 관계에 대한 연구" 혹은 "생태계(ecosystem)의 생물학"으로 이해됩니다.

20세기를 지나오면서 우리들은 앞에 말한 세 단어와 점점 친숙하게 되었습니다. 먼저 "에큐메니컬"이란 말은 20세기 전반에 개신교 종교개혁 이후 파편화되어갔던 전 세계의 기독교 교회들의 본래적인 연합과 일치를 회복하려는 기독교인들의 노력을 가리키는 말로 사용되었습니다.

또한 경제학은 제2차 세계대전 이후 세계화라는 문화 현상이 힘을 얻는 가운데 물질적인 문제들을 이해하고 통제하는 연구로서 처음에는 국내의 일들을 다루는 것에서, 최근 들어서는 소위 거시경제 곧 지구 전체의 살림을 다루는 문제로 그 중요성이 커져갔습니다. 여기에 더하여 20세기의 마지막 30년 동안 사람들은 지구 위의 모든 생명이 가진 생태적 특성을 점차 의식하게 되었고, 우리 인간들이 무지와 의도적인 자기중심성 때문에 오늘날의 전 지구적인 위기와 혼란을 초래했음을 깨닫게 되었습니다.

종교와 사회 사이의 상호 연관성을 연구하기 위해 설립된 성 앤드류기금(St. Andrew's Trust)에서 주최하는 이번 강의들을 통해 나는 생태계에 대한 우리의 새로운 이해가 유대-기독교 전통에 어떤 영향을 미칠 수 있는지를 탐구하고자 합니다. 생태적 의식은 기독교의 사고와 실천에 어떤 변화를 요구할까요? 앞으로 살펴보겠지만 그 영향은 아주 광범위하기 때문에 나는 이 강의들의 제목을 "신-학(Theo-logy)에서 생태-학(Eco-logy)으로"라고 붙여도 좋을 것이라고 생각합니다. 먼저 "전 지구적 위기" 문제부터 말씀드리겠습니다.

몰려오는 폭풍우

오늘날 과학자들, 역사가들, 그리고 여러 전문가들은 전 지구적인 생태위기가 눈앞에 닥쳐와 있음을 경고하고 있습니다. 이 위기는 우리가 알고 있는 모든 생명체들의 종말을 의미한다는 점에서 수소폭탄에 의한 전쟁보다 더 파괴적이고 영속적인 위기로서 시간이 지나면서 점점 더 심각해지고 있습니다. 처음에는 거의 눈에 뜨이지 않았으나 최근에는 속도가 아주 빨라져서 많은 사람들이 걱정하고 있습니다.

내 기억에 남아 있는 생태위기에 대한 나의 첫 번째 인식은 1940년대 초기에 내가 노스 오타고(North Otago)의 농촌지역 목사로 있을 때 일어났습니다. 당시 농부들은 그들의 땅을 부적절하게 사용할 때 심각한 토양 침식을 비롯한 여러 비극적인 결과가 찾아오기 때문에 할 수 있는 일과 해서는 안 되는 일을 구별해야 한다고 들었고 여기에 대해 일부 농부들은 아주 강력하게 반발했던 것을 기억하는데, 뒤돌아보면 그것은 오늘날 많은 사람들이 보이는 초기 반응의 모습이었습니다. 아무튼 오늘날 우리는 우리가 의존해서 살고 있는 지구를 얼마나 회복할 수 없을 정도로 훼손하고 있는가에 대해 더 많이 알게 되었습니다.

첫 번째의 명확한 절규와 그 이후

1962년에 예언자적인 책이 한 권 출판되었습니다. 저자인 레이첼 카슨(Rachel Carson)은 이미 대양에 대한 저서들로 세계적 명성을 얻고 있었던 해양 생물학자였지만 오늘날은 주로 이 책 『침묵의 봄』(*Silent Spring*)으로 기억되고 있습니다. 이 책은 베스트셀러가 되었고 환경오염의 위험성을 전 세계적으로 일깨웠습니다. 하지만 동시에 많은 사람들은 화학 살충제가 이로운 점보다 해로운 점이 훨씬 많다는 그녀의 주장 때문에 이 책을 "말도 안 되는 소리"로 여기기도 했습니다. 1964년에 세상을 떠났기 때문에 그녀는 자신의 주장이 입증되는 것을 보지 못했지만, 어쨌든 그녀로 인해 일부 살충제들은 사용이 금지되고 유기농이 급속히 확산되었습니다. 그 이후 지난 30년 사이에 우리가 지구와 맺는 관계가 바뀜에 따라 끔찍스러운 재난이 수평선 위에 떠오르고 있음을 경고하는 책들이 많이 출판되었습니다. 죠나단 쉘(Jonathan Schell)의 『지구의 운명』(*The Fate of the Earth*, 1982), 토마스 베리(Thomas Berry)의 『지구의 꿈』(*The Dream of the Earth*, 1988), 팀 래드포드(Tim Radford)의 『지구 생명의 위기』(*The Crisis of Life on Earth*, 1990), 앨 고어(Al Gore)의 『균형 잡힌 지구』(*Earth in the Balance*, 1993), 데이비드 스즈키(David Suzuki)의 『성스러운 균형』(*The Sacred Balance*, 1997), 그리고 데릭 윌슨(Derek Wilson)의 『다섯 가지 대살육』(*Five Holocausts*, 2001) 등인데 이런 책들의 제목만 보아도 문제의 심각성을 느끼게 됩니다.

이런 근대의 세속적 예언자들은 우리 인간들의 행위로 인해 급박한 압력을 느끼고 있는 지구가 보내는 조기경고 신호음들로 우리들을 일깨우고 있습니다. 지구의 인간화라고 부를 만한 행위로 인해 지구의 위기는 급속하게 다가오고 있으니, 실상 우리 인류는 수십 억 년 동안 진화해 온 생명 보존 시스템들을 불과 몇 십 년 사이에 파괴하고 있는 것입니다. 이런 예언자들 중 일부는 너무 비관적이어서 약 60억 내지 80억 되는 사람들이 우리의 전 지구적 삶을 바른 방향으로 돌기에는 시간이 너무 촉박하다고 걱정하고 있습니다.

물론 좀 더 낙관적인 사람들도 있습니다. 그들은 인간의 능력과 첨단기술로 우리가 초래한 위험한 방향성을 충분히 역전시킬 수 있다고 생각합니다. 조나단 쉘은 인류가 죽음에 이르는 길과 생명에 이르는 길 사이에서 선택해야 함을 지적하면서 그의 책『지구의 운명』을 끝맺습니다. 그의 글은 먼 옛날 모세의 다음과 같은 도전을 생각나게 합니다. "오늘 나는 너희들 앞에 생명과 선, 죽음과 악을 놓는다... 따라서 생명을 선택하라."

쇠귀에 경 읽기

하지만 우리가 전 지구적인 차원에서 사느냐 죽느냐 하는 선택 앞에 서 있음을 알고 있는 사람이 오늘날 얼마나 될까요? 지구에 사는 사람들 대부분은 큰 그림을 그려보는 데 무척 서툽니다. 그들은 자신들의 작은 세계에서 일어나고 있는 일에 사로 잡혀 있어서 이런 예언들에 근거해서 판단하거나 행동하지 못할 뿐 아니라 이런 예언들이 있다는 사실조차 알지 못합니다. 물론 아프리카, 인도, 남아메리카 같은 제3 세계에 거주하는 사람들은 생존에 대부분의 에너지와 힘을 쓸 수밖에 없고, 이 점에서 자신들의 무지에 대해 변명할 말이 있을 것입니다.

 정말 심각한 것은 이런 생태계 위기는 우리처럼 제1 세계와 제2 세계에 사는 사람들의 풍요한 삶의 방식 때문에 만들어졌건만, 사람들이 여기에 대해 무지하거나 관심이 없다는 점입니다. 실상 이곳에 사는 사람들 대부분이 그때그때의 개인적이고 지엽적인 일들에 사로잡혀서 위기를 모르고 있거나 아니면 의미 있는 변화는 결코 만들지 못할 것이라는 무력감을 느끼고 있습니다. 또한 예언적인 목소리들을 향해 현실을 지나치게 과장함으로 불안을 조장할 뿐 아니라 그런 문제들을 해결할 수 있는 인간의 독창적 능력을 무시하는 "죽음의 상인들"이라고 비난하는 비판자들이 발견되는 곳도 바로 이곳입니다. 이런 비판자들은 생태계를 훼손하고 있는 바로 그 기술에 의지하여 부와 직업적 이익을 획득하는 경제 전략을 펼치면서도 자신들의 사욕이 가져오는 결과들을 욕심 때문에 애써 외면하는 것 같습니다.

꺼져버린 내연기관이 초강력 폭탄이 되다

 우리가 좀 더 알고 있어야 하는 사실은 무엇입니까? 첫 번째이자 아마도 가장 중요한 것은 인구폭발이 가져오는 문제입니다. 1세기 경 전 세계 인구는 약 3억 명 정도였습니다. 그 이후 인구 증가는 비교적 느리게 진행되어 1750년경에 약 8억 명이 되었습니다. 질병, 전염병, 기근, 높은 유아 사망률 등이 인구 증가를 제한했던 것입니다. 하지만 의료기술, 개인위생 교육, 보다 청결해진 환경, 향상된 경제 조건 등으로 상황은 급속히 바뀌어졌습니다.
 1750년 이래 인구증가는 조금씩 속도가 붙기 시작했습니다.

1800년경에 세계 인구는 10억 명이 되었고 이렇게 되기까지는 인류가 출현한 이후 약 200만 년이 걸렸습니다. 하지만 1930년에는 20억 명으로 두 배가 되었습니다. 1960년에 30억 명, 1974년에 40억 명이 되었고 1990년이 되기 전에 50억 명이 되었으며 1998년에 60억 명이 되었습니다. 20세기 동안 수천 만 명의 사람들이 세계 대전들과 전염병으로 죽었음에도 세계 인구는 4배로 늘었습니다.

현재와 같은 추세로 인구가 늘어난다면, 2025년이면 세계 인구는 100억 명이 될 것입니다. 지금은 매달 런던 사람들만큼 인구가 늘고 15년마다 중국 인구에 해당하는 사람들이 늘고 있습니다. 이런 인구 팽창을 인간의 관점이 아니라 다른 동물들과 연관하여 본다면 가히 인류라는 종이 거대한 메뚜기 무리처럼 갑자기 팽창하여 집과 들판의 모든 것을 먹어치우는 형국이라고 할 수 있을 것입니다.

지구의 크기는 언제나 동일하기 때문에 인구가 늘면 사람들은 더 가까이 붙어서 살 수 밖에 없습니다. 1800년에는 세계 인구의 3%만이 도시지역에 살았으나 1900년에는 13%가 도시에 살았고 2000년에는 50%가 도시에 살게 되었습니다. 이로 인해 도시에 빈민촌들이 만들어질 뿐 아니라 땅을 직접 경험하면서 거기에서 먹거리를 만들어내는 사람들이 갈수록 줄어들게 되었습니다. 이 말은 곧 근대의 지구화 과정 속에서 사람들은 자신들의 행복과 기본적인 먹거리 문제에 대해 더욱 서로 의존하게 되었고, 이 부분이 잘못되면 끔찍스러운 결과가 찾아올 것이라는 점입니다.

1950년대까지만 해도 인구에 대한 논의는 학문적인 차원을 넘어서지 않았습니다. 20세기 전반에 인위적 피임법이 보편화되었을 때 어떤 사람들은 피임 문제를 순전히 개인 도덕의 문제로 보면서 종교적인 이유들로 인해 인위적 피임을 강하게 반대했습니다. 하지만 지구가 감당할 수 있는 수준 이상으로 인구증가가 이루어지면서 피임의 문제는 개인적 문제를 넘어 사회적 문제가 되었습니다. 모든 인위적 피임법을 반대하는 로마 카톨릭의 입장이나 모든 종류의 낙태에 대한 널리 퍼진 도덕적 정죄를 볼 때, 우리는 전통적인 도덕률이 우리 시대의 도덕적 문제들과 전혀 제대로 연관을 맺지 못하고 있음을 깨닫게 됩니다.

부차적인 손실

그뿐 아니라 인구폭발은 세계의 인종분포를 놀라울 정도로 변화시키고 있습니다. 1950년에 아프리카 인구는 유럽의 절반에 불과했으나, 2025년이 되면 유럽 인구의 3배가 될 것입니다. 2025년에는 나이지리아의 인구가 1억 천3백만 명에서 3억 천만 명으로, 케냐의 인구는 2500만 명에서 7700만 명으로, 탄자니아는 2700만 명에서 8400만 명으로, 자이레는 3600만 명에서 9900만 명이 될 것입니다. 이 말은 경제적으로 이미 쇠퇴하여 엄청난 외채를 지고 있는 나라들이 현재보다 두 배 내지 세 배 되는 사람들을 먹여 살리는 무거운 짐을 져야 함을 뜻하는데, 이는 예측이 불가능할 정도로 끔찍한 재난이 될 것입니다.

인구의 급격한 증가로 인해 생명 유지에 필수적인 물, 음식, 의복, 거주지에 대한 필요가 크게 늘어나며 이는 지구에 큰 부담이 됩니다. 물론 근대의 농경 과학과 새로운 기술개발로 식량생산이 상당히 증가한 것은 사실입니다. 이것은 긍정적인 측면으로 실상 오늘날의 부요한 국가들처럼 잘 먹고 잘사는 나라들은 지금까지 없었습니다. 하지만 전 지구적 부의 과도한 불균형은 인구가 가장 급속히 늘어나는 제3세계 국가들의 기아가 더 증가함을 뜻합니다. 물론 지구의 소산들을 더 적극적으로 나누고 효율적으로 분배하면 어쩌면 전 세계의 모든 사람들을 먹일 수도 있겠지만 아직은 이런 낙관적인 희망이 이루어지리라는 명확한 근거는 없습니다. 따라서 지구의 인구를 적절히 제한하는 수단을 발견하지 않는다면, 이런 논의는 무의미한 것이 될 것입니다.

최선의 계획들도 잘못 될 수 있다

설사 팽창하는 인구의 필요를 채울 수 있을 만큼 식량을 생산할 수 있다고 해도, 큰 그림으로 보면 그것 역시 위험한 부정적인 결과를 가져올 수 있습니다. 이 부분을 분명히 하기 위해 나는 다소 단순하게 다음과 같은 원인과 결과의 연쇄 관계를 제시하고자 합니다.

* 증가하는 인구의 기본적 필요를 충족시키기 위해서는 식량생산을 늘려야 한다.
* 그렇게 하려면 농경은 인위적인 제초제와 살충제에 의존해야 하지만 그것들은 부작용을 가져온다.
* 더 많은 사람들이 살려면 더 많은 도시들을 건립해야 한다.
* 더 많은 도시들을 건립하려면 귀중한 농경지를 없앨 수밖에 없다.
* 이렇게 해서 잃어버린 토지를 대신하고 갈수록 심해지는 식량에 대한 요구를 해결하려면 숲을 파괴할 수밖에 없다(아마존 계곡의

열대림이 잘 보여주듯이 지구의 숲은 매년 42만 에이커가 사라지고 있다).
* 열대우림과 지표 위의 많은 식물들이 사라짐으로써 엄청난 양의 지표면토들이 바다로 휩쓸려가고 그만큼 옥토는 사라진다. 미국에서만 매년 40억에서 60억 톤의 지표토가 사라지고 있다.
* 그런데 열대우림은 이산화탄소를 흡수하고 산소를 공급함으로써 생명 유지에 필요한 대기 내 기체들의 균형을 유지해왔다.
* 화석연료의 과도한 사용으로 인한 대기 중의 이산화탄소의 증가로 지구온난화가 일어나고 있다.
* 지구온난화는 우리의 기후 형태를 바꾸고 있고 대규모의 폭풍우와 가뭄을 가져오며 그 결과 식량생산이 심각하게 줄어든다.
* 지구온난화는 북극의 얼음들을 녹여서 해수면을 끌어올릴 것이며 해수면 가까이 사는 수억 명의 사람들의 삶을 위협할 것이다.
* 인간이 만든 많은 발명품들과 활동들로 인해, 태양광선의 해로운 영향들로부터 우리를 보호하는 오존층을 얇아졌다. 이것은 악성 종양을 유발하고 이전에 없는 유전적 변이들을 일으킬 수 있다.

인구 팽창과 인간의 기술발전 같은 인위적 요인들은 20세기 들어서면서 자연의 힘들과 경합하게 되었고, 더 나아가 지구 표면의 자연조건들을 얼마든지 바꿀 수 있게 되었습니다. 사실상 우리는 수많은 생명들이 살고 있던 원래적 거주지를 없앰으로써 그들을 멸종시킬 뿐 아니라 인간 생존에 절대적으로 필요한 공기와 물을 오염시킴으로써 우리 자신의 거주지도 위험에 빠트리고 있습니다.
앞에 말한 불행한 현상들이 서로 원인이 되어 연결되어 있음은 곧 지구 위의 모든 생명체들이 서로 연결되어 있음을 보여주고 여기에서 왜 "생태학"이라는 새로운 용어를 만들 수밖에 없었는지가 분명하게 됩니다. 약 반 세기 전에 만들어진 "생물권"(biosphere) 대신 "생태권"(ecosphere)이란 단어를 새로 만들어 쓰게 될 정도로 오늘날 우리는 지구 위의 모든 생명을 완전히 새롭게 이해하게 된 것입니다.

우리가 모든 유기체를 내적으로 복잡한 생명 시스템으로 이해하게 된 것과 마찬가지로 모든 유기체의 종들은 그들의 자연환경과 더불어 "생명 장"(life field)이라고 부르는 더 큰 생명 시스템을 구성하고 있습니다. 지구 위의 모든 형태의 생명은 이 시스템들에 속해 있고 또한 거기에 의존해 있습니다. 생태권(ecosphere)은 시스템들 안의 시스템들의 복잡한 전체 시스템인데 이는 또한 태양 에너지에 의존하고 있습니다.

필요한 것: 평형 상태

모든 종들은 유기체와 그것을 지탱하는 환경 사이에서 진화되어 온 미묘한 균형을 유지할 때만 계속 생존할 수 있습니다. 모든 유기체들은 균형을 유지하도록 돕는 자기 조절 메커니즘을 가지고 있으며 우리가 가장 잘 알고 있는 유기체인 인간 존재만 보아도 이 점은 분명합니다. 인간은 오랫동안 자신을 부분들의 집합체라기보다 하나의 단일한 전체로 이해해왔습니다. 실제로 근대 생물학에 이르러서야 비로소 우리는 우리 몸 안에 존재하고 몸의 안전을 도모하는 여러 기관들과 분비선들 및 면역체계를 제대로 알게 되었습니다. 이런 시스템들의 하나 혹은 몇 가지의 균형이 깨어져 제대로 기능하지 않으면(당뇨병처럼) 우리의 건강(문자적으로는 우리의 '온전함')은 손상을 입습니다. 그때 우리는 병들며 그 균형이 회복되지 않으면 죽습니다.

지구는 생명체들의 생존에 필수불가결한 것들을 제공해 주지만 동시에 어떤 제약들도 가하며 인간 역시 이런 제약 가운데 진화해왔습니다. 우리의 호흡 시스템은 자연과 대기에서 발견되는 기체들의 비율에 적합하게 만들어져 있고, 우리 몸은 80%가 물이며 이는 지구가 이 필수적인 액체를 풍부히 공급하고 있음을 반영합니다. 오존층은 태양의 해로운 방사선으로부터 우리를 보호하며 우리의 근육들과 뼈의 구조는 지구의 중력의 조건들에 맞추어 진화해 왔습니다. 인간들이 건강하려면 신선한 공기와 깨끗한 물을 마셔야 하고 적절한 음식을 먹어야 하며 자신들을 인간으로 만들어 낸 환경과 거의 비슷한 환경에서 살 수 있어야 합니다. 그들은 수만 년 전 그들의 조상들이 먹었던 음식과 별로 다르지 않은 음식을 계속 먹어야 합니다. 한 종이 진화해온 환경에서 멀어질수록 그 종의 건강과 행동은 부정적 영향을 받고 그런 변화가 너무 크면 그 종의 건강은 멸종될 정도로 악화됩니다. 아무튼 우리 인간들은 언제나 지구에 속한 존재일 것이며 우리 삶은 지구 위의 다른 모든 피조물들처럼 우리의 어머니인 지구에 의존합니다.

인구가 급속하게 증가함에 따라 지구 위의 천연자원들뿐 아니라 다양한 종들과 그들을 지탱해 주는 자원들 사이의 생태적 균형도 심각하게 교란되었습니다. 우리 인간들의 수가 갑자기 팽창함에 따라 장구한 세월 동안 진화되어온 먹이사슬에 문제가 생기고 있는데, 이 말은 곧 우리가 다른 많은 피조물들이 생명을 유지하는 데 필요한 것들을 박탈함으로써 그들을 멸종시키고 있음을 뜻합니다. 그들이 멸종

되면 우리 역시 비슷한 운명이 될 것입니다. 인간이 소비하는 모든 음식물은 직접적이든 간접적이든 농경지, 초원, 숲, 어장이라는 네 가지 생태 시스템에서 나옵니다. 그리고 이 네 가지 모두 급격하게 증가하고 있는 인구로 인해 심각하게 훼손되고 있습니다.

지금부터 12년도 더 전에 생존해 있는 노벨상 수상자의 절반 이상을 포함하여 1575명의 저명한 과학자들이 가까운 미래에 서구문명에 있을 아주 심각한 위협을 경고하고 산업계, 재계, 그리고 종교기관들이 이 문제 해결에 앞장서야 한다는 호소문을 발표했습니다. 또한 지난 4년 사이에 95개 나라의 1300명의 과학자들이 낸 "새 천년기의 생태계 평가"(Millennium Ecosystems Assessment)라는 보고서는 인류가 지난 50년 사이에 천연자원들을 너무 남용했기에 지구는 황폐하게 되었고 우리의 후손들에게 충격적인 환경 문제의 빚을 물려주고 있다고 결론 내렸습니다.

기독교와 생태위기

이런 전 지구적 생태위기에 대해 인류의 구원에 관심을 가지고 있다고 항상 주장해왔던 기독교는 어떻게 응답해야 할까요? 앞에 말했던 것에 비추어 볼 때, 임박한 전 지구적 재난이란 생각이 기독교에 완전히 새로운 것이 아님은 분명합니다. 실상 이런 생각은 신약성경 전체에 퍼져 있습니다. 바울은 그의 초기의 편지들에서 광범위하고 갑작스러운 파멸이 한밤의 도둑처럼 경고 없이 찾아올 것이라고 했습니다. 초기 기독교인들 역시 세계의 종말이 자신들의 생애 동안 임할 것이라고 믿으면서 그것을 종말(*eschaton*), 곧 마지막 때라고 명명했고 그런 끔찍한 위협에 대한 해결책으로서 복음을 선포했습니다. 바울과 또 여러 사람들은 마지막 날 전 지구적인 재난이 닥칠 때 예수 그리스도가 영광 가운데 다시 와서 그의 영원한 나라를 세울 것인데, 그 때는 복음에 제대로 응답한 사람들만이 구원을 받을 것이라고 선포했습니다.

하지만 오늘날의 많은 신약성경 학자들은 마지막 날에 대한 이런 관심이 예수의 원래적인 가르침에 속해 있었는지 의심하고 있습니다. 그러나 어쨌든 그것은 바울 이후의 기독교에 중요한 역할을 했고 1세기 후반 기독교가 급속히 확산되는 하나의 주요한 요인이 되었습니다. 바울 이후 약 20년에서 50년이 지난 다음 기록된 처음의 세 복음서들은 예수의 입을 통해 도래하는 종말에 대해 분명하고 생생하게 경고하고 있습니다. 마가복음에서 우리는 예수가 시간의 시작 이후 전례가 없을 정도의 대 환난이 있을 것을 경고하고 있음을 봅니다. 그때가 되면 해가 어두워지고 달이 빛을 잃고 별들이 하늘에서 떨어지고 하늘과 땅이 모두 없어질 것입니다. 누가복음에서도 예수는 임박한 재난이 지구 위의 생명들을 거의 멸절시켰다고 보고되는 노아 시대의 대홍수와 비슷하다고 말하는 것으로 나옵니다.

이런 세계적 위기에 대한 예상이 뒷날 거룩한 경전의 위치까지 높아진 복음서들에 포함됨에 따라, 그것은 기독교 전통에서 영속적인 역할을 감당하게 되었습니다. 물론 여기에 대한 기독교인들의 관심은 시대에 따라 커지기도 하고 작아지기도 했지만 말입니다. 그런데 놀라운 점은 1세기 말에 기록된 요한복음은 이런 부분을 무시하고 있다는 점입니다. 어떤 학자들은 이 마지막 복음서를 세계 종말에 대한 첫 번째 기대가 지나가고 일정 시간이 흐른 뒤에 기독교의 메시지를 새롭게 해석한 것으로 보고 있습니다. 이런 학자들 중 일부는 요한복음의 중심 주제를 "실현된 종말론"(realized eschatology)이라 불렀습니다. 곧 종말이 이미 이루어져서 예수는 벌써 돌아왔으나 원래 기대했던 방식으로 오지 않고 오히려 교회의 삶 위에 지금 영적으로 현존하고 있는 것으로 해석했습니다.

그러나 그것이 제4 복음서의 의도였다고 해도 그것만으로는 임박한 종말에 대한 확신들과 예수 그리스도의 재림에 대한 희망을 완전히 없앨 수 없었습니다. 이런 것이 다른 복음서들에 남아 있고 신조들을 통해 계속 고백되어 왔기에 종말론적 기대는 기독교 역사 속에 수시로 나타났습니다. 19세기의 경우 성경 문자주의에 근거해서 시작된 개신교 종파들 거의 대부분이 세계의 임박한 종말과 예수의 재림을 말했습니다. 여호와의 증인은 지금도 이런 주장을 하고 있고, 제7일 안식일 교회 역시 자신들의 교회 이름에 재림에의 소망을 포함하고 있습니다.

하지만 이상스럽게도 약 200년 조금 전에 근대적 방법론에 의한 성경연구를 시작했던 학자들은 신약성경의 이런 부분에 별다른 관심을 가지지 않았습니다. 그것은 약 한 세기 전에 요하네스 바이스와 앨버트 슈바이처가 신약성경 안의 종말론적 가닥(the eschatological strand)이라 불리는 것에 주의를 환기시킴으로써 비로소 시작되었습니다. 이 사실을 인식하게 되면서 당시의 자유주의 신학자들은 큰 충격을 받았는데, 이는 마지막 날에 대한 기대들은 근대의 종교사상은 말할 것도 없고 전통적인 신학의 많은 부분과도 조화되기 어려웠기 때문입니다. 아무튼 "종말론"이라는 학문적 신학의 분야는 오랫동안 지구의 운명보다 개인의 영원한 운명에 관심을 집중해 왔으며, 그 가운데 자유주의 신학자들은 20세기 초반 이후 신약성경에 포함되어 있는 종말론적 기대들은 고대세계의 신화적 사고의 일부분으로서 오늘날에는 낡아져 버린 사상이라고 결론 내렸습니다.

위험한 반대 물결의 등장

하지만 성경을 문자적으로 읽는 사람들은 이런 결론에 만족하지 않습니다. 그들은 신약이 '마지막 날들'에 대해 말하는 것을 아주 심각하게 받아들입니다. 바로 이것이 20세기에 근본주의가 널리 확산되었고 일부 주류교회에까지 진출함에 따라 종교의 가장 초기의 날들 이후 기독교인들 사이에 세계가 종말에 이르렀다는 사고가 널리 퍼지게 된 이유입니다. 2002년에 이루어진 타임-CNN 여론조사에 의하면, 미국인의 52%가 계시록의 예언들이 이루어져가고 있으며, 25%가 성경은 9.11 테러를 이미 예언하고 있었다고 생각하고 있으며, 이런 이유 때문에 기독교 근본주의자인 티모시 라헤이(Timothy LaHaye)의 12권으로 된 "남겨진 사람들"(Left Behind) 시리즈가 미국에서 그렇게 날개달린 듯 팔리고 있는 것입니다. 성경의 말들을 현재 중동지역에서 일어나는 사건들과 결부시킴으로써 그는 수백만의 미국인들의 상상력을 붙잡았던 미래에 대한 시나리오를 제공했습니다.

그의 주장은 대략 다음과 같습니다. '이스라엘은 하나님이 그 나라에 주신 나머지 땅을 곧 차지하게 될 것이다. 그런 다음 이스라엘은 적그리스도―아마도 아랍 국가들과 러시아―의 군대의 공격을 받을 것이며, 이로 인해 성경이 아마겟돈 전쟁이라 말하는 최후의 전쟁이 일어날 것이다. 메시아는 "휴거"를 위해 다시 오실 것이고 이때 참된 신자들은 지구에서 들려 올려 하늘로 이주하여 높은 관람석에 앉아서 "남겨진 자들"의 운명을 내려다보게 될 것이다. 남겨진 사람들은 고통스러운 여러 해를 보내게 될 것이며, 그 이후 의로운 자들은 하나님의 아들과 함께 천상으로 들어갈 것이며 죄인들은 영원한 지옥 불에 빠질 것이다.'

제정신을 가진 근대세계의 사람들에게 이런 이해는 너무 황당해서 그저 웃고 넘어갈 이야기에 불과합니다. 하지만 이런 책들을 산 사람들이 조지 부시(George Bush)를 재선시켜 백악관으로 보냈다는 점을 생각하면 그냥 무시해 버릴 수도 없습니다. 그들은 이스라엘에 강력한 도덕적 지지를 보이며 요단강 서안지역에 유대인이 정착하도록 경제적인 지원을 하고 있습니다. 이들은 이슬람과의 전쟁을 두려워하기는 커녕 미래에 있을 기독교과 이슬람 사이의 갈등을 자신들의 최후의 구원을 가져오는 길을 향해 가는 필요한 단계라고 보아 환영합니다. 그들은 이라크와 아프가니스탄에 대한 침공이 이 모든 것의 예비 행위이며 아마 이란이 다음 목표가 될 것으로 생각합니다. 미국의 1600개 기독교 라디오 방송국과 250개 기독교 텔레비전 방송국은 지금도 계속해서 이런 메시지를 내보내고 있습니다.

불길한 우연의 일치

내가 요약한 두 가지 아주 다른 묵시적인 그림들—생태적인 것과 성경적인 것—에는 비극적인 아이러니가 있습니다. 곧 기독교 공동체가 그들의 에너지를 실재하는 생태적 위기에 사용하도록 도전받고 있는 바로 그 순간에 근본주의적 기독교인들은 2000년 전의 기대였던 신화적인 전 지구적 위기에 관심을 집중하고 있다는 점입니다. 세계의 가장 강력한 국가 내의 근본주의적인 기독교인들이 실제로 세계평화를 위협할 수 있는 큰 힘을 가지고 있다는 점 때문에 이는 진정 걱정스러운 일입니다. 그들은 도래하는 아마겟돈의 비전에 눈이 멀어서 진짜 문제인 생태위기는 보지 못하고 있는 것입니다.

근본주의자들이 잘못된 길을 가게 된 것은 그들이 성경을 오용하기 때문입니다. 물론 성경에는 고대 예언자들이 제기하는 많은 경고가 담겨 있습니다. 하지만 그것들은 우리가 아닌 그들 시대에 주어진 경고입니다. 여기에서 예수가 그 시대의 종교인들이 "시대의 징조를 분별"하지 못함을 꾸짖었음을 기억해 보는 것이 좋을 것입니다. 문제는 우리 시대의 징조를 읽어내는 것이 많은 경우 교회 밖의 예언자들의 몫이 되었다는 점입니다. 많은 기독교 근본주의자들은 오늘날의 세속적 예언자들을 거부하거나 심지어 멸시하며, 생태위기에 적극적으로 응답하고자 하는 환경운동에도 관심이 없습니다. 사실상 가장 힘 있는 나라인 미국이 교토의정서 같은 국제적 협약들을 거부할 뿐 아니라 세계평화를 직접적으로 위협하는 행동들을 하는 것도 대부분의 기독교 근본주의자들이 이 나라에 살고 있음을 생각해 볼 때 우연이 아니라고 해야 할 것입니다.

근본주의자들의 마음 자세를 보여주는 가장 충격적인 예는 아마도 레이건 행정부의 내무부 장관을 역임했던 제임스 가이우스 와트(James Gaius Watt)가 국립공원들과 자연보호 구역들을 개발해야 한다고 주장한 데서 볼 수 있을 것입니다. 그의 논지는 분명할 뿐 아니라 두렵기까지 합니다. 곧 '지구는 영생을 향해 가는 도중의 일시적 정류장에 불과하며 천상으로 가는 시험장소라는 점 외에는 중요하지 않다. 지구는 그의 백성들이 내세를 향해 가는 길에 도움 되는 목적들에 사용하기 위해 주님에 의해 여기 주어져 있다'는 것입니다.

이런 사고방식은 레이건 행정부에서 끝나지 않습니다. 미국 환경보호국의 전임 행정관 한 명은 부시 대통령의 재선으로 인해 오존의 오염 제한들을 느슨하게 하고 자동차 연소관 검사를 하지 않게 되는 등 자동차의 오염 기준이 쉬워졌다고 좋아했습니다. 더 나아가 그는 기업들이 환경문제들과 연관되어 있는 정보들을 대중에 알리지 않아도 되게 되었고, 북극의 국립 야생동물 피난소를 개발할 수 있게 되었다고 선언했습니다.

미국 행정부를 지지하는 근본주의자들의 이런 모습은 기독교의 최악의 모습이자 가장 위험한 형태입니다. 이런 형태의 전통적 기독교는 개인적 위안은 줄지 모르지만 지구의 구원에는 전혀 관심이 없고 인류의 미래에도 큰 위협이 되고 있습니다. 분명코 앞에 묘사한 두 가지 형태의 전 지구적 위기는 확연히 서로 다릅니다. 근본주의자들은 모든 것이 하나님의 손에 달려 있으며 인간들은 그저 하나님이 기독교의 복음을 통해 주시는 구원을 수동적으로 받기만 하면 된다고 말합니다. 반면 생태위기를 말하는 사람들은 생태계 파괴가 인간의 잘못된 행동의 결과이기 때문에 오직 인간들만이 긍정적인 결과를 만들어낼 수 있다고 주장합니다.

하나님은 스스로 돕는 자를 도우신다

기독교가 생태학자들이 제기하는 선언에 담긴 도전에 제대로 응답하려면 먼저 우선 자신의 집부터 정돈해야 할 것입니다. 다시 말해 기독교는 최후의 아마겟돈과 예수 그리스도의 문자적 재림이라는 고대적인 기대를 완전히 거부한 다음, 인류가 당면하고 있는 진짜 위기인 생태위기를 제대로 이해하고 어떻게 응답할지를 고민해야 합니다.

어떻게 그렇게 할 수 있을까요? 미국의 로마 카톨릭 신부인 토마스 베리는 이렇게 말합니다. "우리는 먼저 신과 인간에게 초점을 맞추는 영성에서 자연세계의 모든 장려함과 풍성함 그리고 그 원래적 안녕과 존속에 관심을 갖는 영성으로 넘어가야 한다." 다음 강의들에서 나는 이런 새로운 영성이 갖게 되는 내용을 간략히 말하려고 하는데 우리는 그것을 기독교의 녹색화라고 부를 수 있을 것입니다.

7장

"하늘에 계신 우리 아버지"를 넘어서

캘리포니아 대학교의 역사학 교수인 린 화이트(Lynn White)는 1967년 『사이언스』(Science)에 기고한 그의 유명한 논문에서 이렇게 쓰고 있습니다. "고대의 이교 사상과 철저하게 대조되는 기독교는… 인간이 자신의 적절한 목적들을 위해 자연을 착취하는 것이 하나님의 뜻이라고 주장했다." 그는 여기에서 하나님이 인간을 만드시고 축복하시면서 "번성하고 충만하여 땅에 가득차고 땅을 정복하라 바다의 고기와 공중의 새와 땅에 움직이는 모든 생명체들을 지배하라"는 창세기의 말씀을 언급하고 있습니다.

분명히 이런 말씀은 인구를 조절하고 지구의 천연자원을 아끼며, 모든 생명종 사이의 상호의존성을 인정해야 하는 우리의 근대의 필요와 모순됩니다. 하나님의 명령으로 여겨진 이런 말씀은 오늘날 적절하지 않을 뿐 아니라 우리 인간들이 지구를 과도하게 채우고 있고 그런 증가를 멈추기 어려운 현 상황에서는 아주 위험합니다. 더 나아가 이런 말씀이 우리 자신의 그것과 아주 다른 고대의 문화적 맥락에서 기인했음을 고려할 때 이를 맹목적으로 계속 따라서는 안 됩니다. 그 때는 인간들에게 모든 다른 피조물들을 다스리는 무제약적 힘을 부여하고 있다는 도덕적인 비난을 초래할 수 있습니다.

날카로운 고발, 엉성한 방어

린 화이트는 계속해서 다음과 같이 말합니다. "기독교는 인간이 자연보다 위대하다고 여기면서 자연을 멸시하고 마음 내키는 대로 자연을 사용해 온 인간의 태도에 대해 엄청난 죄책의 짐을 지고 있다... 인간을 섬기는 것 외에 자연이 존재할 아무런 이유가 없다고 보는 기독교적 격언을 거부하지 않으면 생태위기는 더욱 심해질 것이다."

내가 아는 한 이것이 기독교가 점증하는 생태위기에 대해 충분한 관심을 보이지 않는다고 꾸중을 들을 뿐 아니라 그 위기의 실제 원인이라고 정죄 받은 첫 번째 경우입니다. 이런 진지한 (하지만 많은 기독교인들에게는 우스꽝스러운) 비난은 기독교를 반대하는 무신론자가 제기한 것이 아닙니다. 화이트는 신실한 장로교인으로서 전통적 기독교에 내재되어 있다고 그 자신이 본 위험에 주의를 환기시킬 책임을 느꼈던 것입니다.

물론 많은 신학자들이 화이트의 비판에 대해 기독교를 옹호하고자 했습니다. 피콕(A. R. Peacocke)은 『인간과 자연』(*Man and Nature*)라는 책에 실린 짧은 논문을 통해 화이트가 아주 올바르게 정죄했던 "자연에 대한 약탈적이고 탐욕스러운 태도"는 기독교 사회가 일관되게 추구하는 태도가 아님을 지적합니다. 실제로 기독교는 성 프란체스코와 성 베네딕투스를 낳았습니다. 피콕은 구약의 예언자들이 자연을 탈신성화시켰음을 인정하면서도 성경의 관점에 의하면 "인간은, 자신의 것이 아닐 뿐 아니라 하나님 앞에 자체적으로 고유한 가치를 가지고 있는 것에 대한 청지기이자 관리자"라고 주장했습니다.

확실히 성경은 잘 알려진 달란트 비유처럼 청지기 직(stewardship)에 대해 언급합니다. 하지만 성경은 그 어디에도 인간이 자연세계와 청지기적인 관계를 맺고 있다고 말하지 않습니다. 이런 종류의 기독교적 가르침은 칭찬할 만한 것이기는 하지만 생태위기에 대한 우리의 점증하는 인식에 대한 직접적 응답으로는 비교적 아주 최근에 일어난 것에 불과합니다. 곧 기독교적 관점으로 쓰인 책들은 이제 와서야 비로소 지구 자원에 대한 청지기직을 기독교인들의 의무라고 해명하고 있는 것입니다.

하지만 청지기직에로의 부름이 생태위기에 대한 기독인들의 응답으로 충분할까요? 앤 프리마베시(Anne Primavesi)는 청지기의 임무가 통상 자신들과 그들을 고용한 사람들의 이익을 극대화 하는 데 있다는 점에서 청지기직이라는 개념 역시 착취적이며 반생태적이 될 수 있음을 지적합니다. 실상 청지기직이라는 접근방식은 지구 자원들, 특히 그 생명체들의 내재적 권한이나 가치를 거의 혹은 전혀 생각하지 않습니다. 간단히 말해 청지기직은 여전히 자연에 대한 인간중심적 태도를 고수하며, 우리 역시 자연의 한 부분이라는 사실을 제대로 고려하지 않습니다.

따라서 좀 더 나은 청지기가 되려는 것으로는 충분하지 않으며, 기독교는 자연에서의 우리의 자리와 역할에 대한 이해에서 더욱 철저한 변화들을 만들어 내야 합니다. 탁월한 역사가인 아놀드 토인비(Arnold Toynbee)는 1973년에 다음과 같은 글로 이 문제의 핵심을 건드렸습니다. "현재 세계의 주된 악들의 어떤 부분, 특히 결코 대체할 수 없는 소중한 천연자원들을 아무 생각 없이 과도히 낭비하고 사람이 완전히 소비하지 못한 것들은 오염되게 하는 것은 종교적 원인에 기인하는데 그 원인은 곧 유일신론의 등장이다."

유일신론의 기원

토인비가 왜 유일신론 전통들을 이처럼 심각하고 충격적으로 비판하는지 알려면 유일신론이 어떻게 발생했는지를 이해해야 합니다. 이 일은 결코 가볍고 쉬운 일이 아닙니다. 실상 우리들은 카렌 암스트롱(Karen Armstrong)이 그녀의 최근의 베스트셀러인 『신의 역사』(*A History of God*)에서 탁월하게 요약한 내용을 아주 최근에야 이해하는 수준에 이르렀기 때문입니다. 기독교 역사의 대부분의 시간 동안에 창조자이자 우주의 통제자로서의 하나님의 실재는 너무나 자명해보였기 때문에 그것은 질문의 대상이 되지 못했습니다. 오직 찰스 다윈의 시대 이후에야 비로소 모든 언어, 모든 문화, 그리고 모든 종교들이 인간이 만든 것임이 분명해졌습니다. "신"(god)이란 개념 자체가 인간 상상력의 산물이기 때문에, "신의 역사"는 이 개념을 이해해왔던 다양한 방식들을 모두 망라한 것입니다. 이렇게 보면 성경이 이런 역사를 기술하는 데 중요한 문헌적 자료로 판명된 것은 아주 큰 아이러니이기도 합니다.

이제 유일신론의 등장을 간단히 살펴봅시다. 원시사회의 사람들, 가령 뉴질랜드에 유럽인이 들어오기 이전의 마오리 족은 자신들이 자연의 힘에 의존해 있다고 보았습니다. 그들은 이런 힘들을 자연세계의 모든 변화하는 현상들을 통제하는 보이지 않는 신들과 영들로 인격화했고 신들이 제공하는 삶의 필수품들을 누리기 위해 이들에게 복종해야 한다고 생각했습니다. 이런 신들 중에 으뜸은 하늘-아버지(Sky-Father)와 땅-어머니(Earth-Mother)였는데 하늘-아버지는 하늘에 있는 모든 것을 주도하면서 천둥, 번개, 폭풍우를 통제했고, 땅-어머니는 인류에게 그녀의 풍성한 식물들이 만들어내는 열매들을 제공했습니다.

우리 전통에서 진정한 유일신론의 시작은 이스라엘 예언자들에게서 발견됩니다. 예언자들은 약 500년 이상에 걸쳐서 자연의 신들이 실재성을 가지고 있음을 거부하고, 한 분 야훼 하나님으로 그들을 대체함으로써 이스라엘 백성들이 자연의 신들을 포기하도록 만들었습니다. 그들은 모든 인류는 오직 한 분 하나님만을 경배하고 순복해야 한다고 선포했으니 이것이 제1 계명입니다. "나는 너희의 하나님 야훼이다. 너희들은 내 앞에서 다른 신들을 인정하지 말라." 이 하나님은 창조주이자 섭리자였고 역사의 주님으로 고백되었으며, 이렇게 함으로써 이후 유대인, 기독교인, 무슬림 모두의 신앙의 토대가 된 유일신론이 탄생했습니다.

다수에서 하나로

다신론에서 유일신론으로의 전환은 몇 세기에 걸쳐 이루어졌고 앞에서 간단히 묘사한 것과 달리 무척 복잡한 과정을 거쳤습니다. 그러나 어쨌든 일어난 일은 그와 같았습니다. 이스라엘의 민족 신으로 이스라엘을 이집트 종살이에서 구해 내었던 야훼는 백성들을 승리로 이끄는 전쟁의 신이자 악행에 대한 진노를 폭풍우와 기근으로 드러내는 하늘-신이었습니다. "만군의 주님"이라는 잘 알려져 있는 성경의 용어는 "군대들의 하나님"으로 혹은 "별들의 하나님"으로 번역될 수 있습니다. 뒤에 유대인, 기독교인, 무슬림의 유일신론적인 신으로 바뀐 것이 다름 아닌 이런 이스라엘의 하늘-신이었고, 바로 이런 이유로 우리는 주기도문에서 친숙한 단어들인 "하늘에 계신 우리 아버지"라고 말합니다. 이런 전환을 통해 야훼는 보편화되었고 다른 신들의 존재는 전부 사라져갔습니다.

그런데 다신론에서 유일신론으로의 이러한 전환은 지적이고 영적인 면에서 대단한 진보라고 할 수 있습니다. 다수성을 단순성으로 대체한 것은 오컴의 면도날(Ockham's razor), 곧 단순한 이론들이 복잡한 것들보다 더 선호할 만하다는 원리의 흥미로운 사례이기도 합니다. 무엇보다도 유일신론으로의 전환을 통해 인류 전체를 하나의 공통되는 신앙으로 연합되게 할 수 있는 가능성이 생겼으니 이처럼 보편적인 확신을 얻게 하는 유일신론의 능력은 그것이 유대교, 기독교, 이슬람이라는 세 가지 적대적인 하부조직들로 파편화되어서도 2500년 이상 존속해 올 수 있었다는 점에서 잘 드러납니다.

유일신론의 허점

하지만 유일신론은 근래 들어서 인식하게 된 것처럼 몇 가지 불행한 결과들을 초래했습니다. 첫째로 하늘 아버지에서 기인한 하나님은 언제나 남성적 용어로 말해지는데 이는 여성을 무시하는 가부장적인 사회들을 조장하고 거기에 권위를 부여하는 결과를 낳았습니다. 대표적인 여성 신학자 메리 데일리(Mary Daly)가 날카롭게 지적한 것처럼 "하나님이 남성인 곳에서는 남성이 주권을 행사합니다." 여기에서 여성은 거룩한 제사장적인 기능을 행사하기에는 너무 속된 존재로 간주됩니다. 그들은 남자들이 하나님을 향한 겸손한 순종의 길을 가는 데 방해가 되지 않도록 자신들의 육체적인 매력을 숨겨야 합니다. 칼 바르트나 디트리히 본회퍼 같은 현대 신학자들조차 신학적인 이유를 들어 여성에 대한 남성의 우위성을 옹호했습니다. 그러나 여성해방운동이 올바르게 주장하듯이 우리는 메리 데일리의 책 제목처럼『아버지 하나님을 넘어서』(Beyond God the Father) 가야 합니다.

둘째로, 유일신론이 등장하게 됨으로써 자연의 여신들은 완전히 무효화되어 히브리 성경(구약)에서는 "여신"을 뜻하는 단어가 사라져 버렸고, 가나안 여신들 중 하나 혹은 둘 정도의 이름만이 겨우 살아남게 되었습니다. 풍요의 여신인 아스다롯(Ashtoreth)은 남게 되었지만 그녀의 이름은 의도적으로 그 모음들을 바꾸어 씀으로써 히브리어의 "수치"에 해당하는 뜻을 가지면서 "신학적 수정"이라고 부를 수 있는 고대의 한 예가 되었습니다.

결국 다신론에 존재하던 원래의 성적 균형은 유일신론에서 사라져버렸고, 여성들은 자신들과 동일시할 수 있는 어떤 여성적 인물이나 성상을 갖지 못함으로써 영적인 손실을 입게 되었습니다. 기독교에는 성 처녀 마리아 숭배나 그녀를 천상의 여왕으로 존숭하는 일부 전통이 있는데, 이는 거의 틀림없이 이런 영적인 진공 상태를 메우기 위함이었다고 할 수 있습니다.

셋째로, 지구-어머니는 거부해야 하는 자연 신들의 하나가 되어 버림으로써 지구 자체가 비신성화되었습니다. 지구가 한때 소유했던 모든 성스러운 힘들은 다른 세계, 곧 아버지 하나님이 거주하는 천상으로 효율적으로 이전되었고 자연의 힘들은 하나님이 보상과 처벌을 통해 통제할 수 있는 비인격적인 현상이 되었습니다. 더 심한 것은 기독교인들이 이제 지구를 타락한 세계로 간주하게 되었다는 것인데 이들은 생명체들이 서로를 잡아먹는 세계, "어금니와 발톱에 붉은 피가 흥건한 자연"에서 이렇게 보는 근거를 찾았습니다.

넷째로, 유일신론으로 인해 근대에 이르기까지 전통적인 기독교를 주도했던, 실재에 대한 이원론적 관점이 도입되었습니다. 그것은 지상적인 것과 천상적인 것, 물질적인 것과 영적인 것, 인간적인 것과 신적인 것, 일시적인 것과 영원한 것 사이의 구별을 지나치게 심화시켰습니다. 그 결과 한때 삶에 필수적인 것들의 원천으로 존중받았던 자연세계는 이제 하나님의 심판 아래 있는 것이며 무가치하고 멸망할 것으로 여겨졌습니다.

다섯째, 유일신론은 자연의 신들에게서 발견할 수 있었던 모든 인격적인 특성들과 덕들을 한 분 하나님에게 돌리려고 했고, 그 결과 그는 화를 낼 수 있고 복수할 수 있으나 무엇보다도 전능하고, 전지하며, 온전한 사랑이신 분으로 여겨지게 되었습니다. 곧 하나님은 우주를 계획했고 우주에 질서와 경탄스러운 것을 부여했으며 모든 것을 계속해서 통제하는 무한한 신이 된 것입니다. 한때 다신론자들이 자연의 신들에게 느꼈던 모든 감사, 두려움, 경탄은 이제 "하늘에 있는 우리 아버지"에게로 돌려졌습니다.

위험한 양면성

인류가 자연의 신들을 경건하게 섬길 때는 자연을 약탈하려는 탐욕스러운 충동을 어느 정도 통제할 수 있었습니다. 하지만 토인비가 주목했듯이, 유일신론의 등장은 "오랜 세월 계속된 이런 통제를 제거했고" 자연세계를 마음대로 취급하도록 해방시켰으며 모든 살아있는 피조물들을 지배하라고 부추겼습니다. 바로 이런 이유 때문에 그는 유일신론이, 도래하고 있는 생태학적 위기에 대해 책임이 있다고 선언했던 것입니다.

하지만 지구의 탈신성화에는 긍정적인 면도 있습니다. 그 중에서 가장 중요한 것은 경험과학의 등장을 허용할 뿐 아니라 그것을 촉발시킨 것인데, 이는 지구가 소위 성스러운 힘을 상실할 때만 자연현상들에 대한 실험이 가능할 수 있기 때문입니다. 독일의 물리학자이자 철학자인 칼 프리드리히 폰 바이체커(Carl Friedrich von Weizacker)는 1959년의 그의 기포드 강연(Gifford Lectures)인 『과학의 연관성』(*The Relevance of Science*)에서 기독교의 유일신론이 없었다면 근대과학은 현재와 같은 모습으로 전개될 수 없었음을 다음과 같이 말했습니다. "자연이 엄격하고 일반적으로 타당한 법칙들을 따라 움직인다는 개념은 기독교의 창조 개념 없이는 발생할 수 없었고, 이런 점에서 나는 근대과학을 기독교의 유산이라고 부른다."

경험과학의 놀라운 발전은 특히 19세기와 20세기에 인류에게 엄청난 혜택을 주었습니다. 하지만 최근 들어 과학은 핵무기를 통해, 그리고 이제는 유전자 조작으로 인해 경고음을 내고 있습니다. 우리는 자연을 통제하고 수정하는 인간의 능력이 너무 막강하여 미래에 파괴적인 결과들을 가져올 수 있음을 깨닫고 있습니다. 우리 시대의 주도적인 독일 신학자인 위르겐 몰트만(Jurgen Moltmann) 역시 토인비와 비슷한 이야기를 하고 있습니다. "자연의 세속화로 가는 길을 열었던 것은 서구의 '근대의 종교'였다. 자연의 힘들 사이의 조화에 대한 고대적 관점은, 한편으로는 근대의 유일신론에 의해, 다른 한편으로는 과학적 기계론에 의해, 파괴되었다. 근대 유일신론은 자연에서 신적 신비를 박탈했고 그 마법을 무효화했다."

필요한 단계

어쨌든 점차 분명해지고 있는 생태위기로 인해 우리는 유일신론, 곧 "전능한 창조주이며 지구의 통제자인 하늘에 있는 우리 아버지" 관념을 넘어갈 필요가 생겼습니다. 몰트만이 설명하는 것처럼 "근대 사회가 어떤 미래를 가지려면 자연에 대한 새로운 존중과 모든 창조된 것들의 생명에 대한 새로운 경외심이 무엇보다 필요"합니다.

하지만 어떻게 기독교가 유일신론을 넘어갈 수 있을까요? 그것은 모든 기독교적 가르침 이면에 있는 신념 아닌가요? 여기에 대한 답변은 이상하게 들리겠지만 "예! 이면서 아니요!"입니다. 그것이 '예'인 것은 목회자들과 신학자들을 포함하여 대부분의 기독교인들이 여전히 유일신론을 옹호하면서 그분만이 유일한 하나님인 것처럼 하늘의 아버지에게 초점을 맞추고 있기 때문입니다. 그것이 '아니요'인 것은 이미 5세기에 기독교는 진정한 유일신론을 포기하고 삼위일체 신관으로 그것을 대체했기 때문입니다. 실상 기독교가 유일신론이 아닌 삼위일체 신관을 받아들였고 (그로 인해 영적인 공간이 생김으로서) 이슬람은 동유럽의 기독교인들 사이에 급속히 확산될 수 있었습니다. 이슬람은 자신을 알라의 명에 의해 순수한 유일신론을 회복하는 운동으로 이해했던 것입니다.

초기 기독교회는 새로운 하나님 이미지인 아버지, 아들, 성령이라는 성삼위일체와 그것과 연관된—하나님 자신이 인간 예수 안에서 육신을 입고 오셨다는—독특하고 새로운 성육신 교리를 설득력 있게 제시해야 할 필요가 있었으나, 유대인과 무슬림들은 이 교리에 충격을 받았고, 그만큼 더 자신들의 순수한 유일신론을 강화시켰습니다. 아무튼 성육신 교리는 하늘과 땅, 신적인 것과 인간적인 것, 초자연적 세계와 자연적 세계 사이에 건널 수 없는 간극은 더 이상 존재하지 않음을 의미했습니다. 그 사이의 간격은 이제 메워졌습니다. 하나님이 지구로 내려오신 것입니다.

성육신 교리는 신적인 창조자와 피조세계, 혹은 우리가 자연이라 부르는 것 사이를 다시 연결하는 첫 번째 단계로서, 이처럼 엄격한 유일신론과 철저히 새롭게 단절함으로써 마침내 근대 세속사회로 가는 길이 열렸던 것입니다. 당연히 여기에는 긴 시간이 걸릴 수밖에 없었습니다. 다신론에서 유일신론으로 넘어가는 것이 수 세기에 걸쳐 느리고 복잡하게 이루어졌던 것처럼, 유일신론을 넘어가는 운동 역시 점진적이고 다양한 모습으로 나타났습니다.

성육신과 성삼위일체라는 쌍둥이 교리들은 너무 혁명적이어서 유대인들이나 무슬림들뿐 아니라 대부분의 기독교인들도 여기에 적응하기 어려웠습니다. 그 결과 인간 예수는 전적으로 신적인 그리스도 뒤에 감추어져서 보이지 않게 되었고, 신적인 존재로서의 그리스도 역시 힌두교 스타일의 아버지 하나님의 "아바타" 같은 것이 되어버렸습니다. 그렇게 되다 보니 성육신의 철저한 중요성은 다시 말소되고 하늘과 땅 사이의 간극이 다시 나타났습니다. 성육신 교리는 시간이 지남에 따라 중세기를 지배했던 이원론적인 실재 이해에 의해 납치되었고 사라져 버렸던 것입니다.

자연이 목소리를 낸다

하지만 이처럼 신학적으로 반동적인 분위기에서도 하나님과 자연 세계를 다시 연결하려는 용감한 시도들이 있었습니다. 가령 성 프란체스코는 기독교인들에게 자연 자체를 소중하게 여기도록 촉구했습니다. 그는 지상의 모든 피조물들을 자신의 형제와 자매로 여겨 축복했고, 잘 알려진 찬송시에서 지구를 "경애하는 어머니"라고 불렀습니다. 그는 프란체스코 수도회를 창시했는데, 이 수도원에서 경험과학으로 가는 첫 번째 실제적 발걸음들을 내디딘 로저 베이컨(Roger Bacon)이 나왔고 곧 이어 또 다른 프란체스코 수도사인 윌리엄 오컴(William of Ockham)이 나타났으며, 그의 철학은 형이상학적 사변의 종언을 가져왔습니다. 또한 인본주의적인 학자들과 예술가들이 나타나 인간 조건 안의 내재적 가치와 창조적인 잠재능력을 확언한 르네상스를 촉발하는 데 도움을 주었습니다. 이제 사람들은 자연세계와 우주를 새로운 시각으로 보기 시작했습니다. 예술가들은 인간의 손이 닿지 않는 험준한 바위산들과 자연 경관들에서 전에는 보지 못했던 아름다움과 경이로움을 발견했던 것입니다.

르네상스는 개신교 종교개혁을 이끌었으며 이 개혁운동으로 수도원들이 폐쇄되고 수천 명의 수도사들과 수녀들이 세속세계로 나오게 되었습니다. 그런 다음에 갈릴레오가 나타나 천계에 대한 과학적 탐구를 통해 하늘에 있는 것들 역시 지구 위의 물리적인 질서와 동일한 법칙을 따르고 있음을 보여주었습니다.

상당히 빠른 속도로 진행된 이런 일들로 인해 서구 기독교는—물리적 우주에 대해 점점 더 많은 관심을 갖는 것으로 특징되는—급속한 문화 변혁의 시기를 지나게 되었습니다. 이제 이원론적(dualistic) 세계관은 어쩔 수 없이 해체되고, 그것 대신 유일한 실재는 시공 연속체(the space-time continuum)라는 오늘날의 단일론적(monistic) 관점이 나타났습니다. 오늘날 이런 문화적 변화 과정은 흔히 세속화 과정이라 불리지만, 그것이 성육신 교리의 오랜 동안의 결과라는 사실은 거의 알려지지 않았습니다. 하지만 영국 성공회 신학자인 일링워스(J. R. Illingworth)는 이미 1891년에 성육신에 관한 그의 논문에서 이렇게 서술하고 있습니다. "세속 문화는 기독교와 협력하여 근대세계를 산출했다. 그것은 다름 아닌 성육신의 섭리적 연관이자 대응이다."

"하나님"은 무엇을 의미하는가?

하지만 이런 과정 속에 유일신론의 하나님에게 무슨 일이 일어났을까요? 우리가 "하늘에 계신 우리 아버지"를 넘어서 간다면 하나님에 대해 말하는 것이 무슨 의미를 가지게 될까요? 하나님에 대한 우리의 이미지는 이제 어떻게 되어야 할까요? 지난 400년 동안 서구 사회는 어느 때보다도 더 초조하게 이런 질문들과 씨름하면서 다양한 답변들을 제시했습니다. 새로운 답변들을 제시했던 사람들은 교회의 도움을 거의 받지 못했을 뿐 아니라 교회에서 무시되고 쫓겨나기도 했습니다. 이런 질문을 제기하는 것 자체를 금지했기 때문입니다.

제시된 답변 가운데 하나는 하나님은 자연세계 모든 곳에서 발견된다는 것이었습니다. 범신론이라고 알려진 이 관점은 17세기 유대인 철학자 스피노자(Spinoza)로부터 시작되었습니다. 그는 "하나님"(God)과 "자연"(Nature)을 서로 바꿔 쓸 수 있는 단어로 사용했습니다. 나는 그가 자신의 관점이 고대 이스라엘의 현자들의 태도와 비슷하다는 점을 인식했는지 모르겠습니다. 이스라엘의 현자들은 예언자들이 옹호했던 유일신론을 대부분 무시했습니다. 그들은 하나님으로부터 어떤 직접적인 메시지들을 받거나 하나님이 그들의 문제들을 해결해 줄 것이라고 기대하지 않았습니다. 그들이 하나님에 대해 말할 때면 그들은 —부분적으로는 당시의 히브리어에는 '자연'이란 의미를 가진 단어가 없었기 때문에— 이 단어를 자연세계에서 사건들이 일어나는 방식을 가리키는 상징적 이름인 양 사용했습니다.

나사렛 예수 역시 이런 현자였던 것으로 보입니다. 그렇지 않고는 "하나님이 그 해를 악인과 선인에게 비추시며 비를 의로운 자와 불의한 자에게 내려주신다"는 주장을 하지 않았을 것입니다. 따라서 우리는 이미 성경 전통에 하나님을 자연과 동일시하는 흐름이 있고 이를 통해 자연의 힘들이 가진 무도덕적(amoral) 특성을 이해하려는 시도가 있었다고 할 수 있습니다. 몇 년 전 일어난 끔찍한 쓰나미가 좋은 예가 될 것입니다. 시드니의 성공회대학 학장은 이 사건을 하나님의 심판으로 해석했는데, 아마 순수한 유일신론자들은 모두 이렇게 해석하고 싶을 것입니다. 그러나 이스라엘의 현자들은 (똑같은 사건에 대해) "이것이 자연이 작동하는 방식이며 사람은 거기에 지혜롭게 응답하는 법을 배워야 한다"고 말했을 것입니다. 실상 폭우와 홍수를 예상하는 지혜로운 사람은 집을 견고한 반석 위에 세운다는 유명한 비유에서 예수가 보인 태도가 바로 이것입니다.

하지만 하나님과 자연을 동일시하는 범신론적인 답변은 완전히 만족스럽지는 않음이 드러났습니다. 그 하나의 이유는 그것은 하나님에 대한 모든 언급을 불필요한 것으로 만들고 이로 인해 무신론으로 빠져버렸기 때문입니다. 프랑스의 과학자인 라쁠라스(Laplace)가 나폴레옹에게 했던 유명한 말이 이 사실을 잘 보여줍니다. 라플라스가 천계의 움직임들을 천문학적으로 설명하자, 나폴레옹은 그의 이론에서 하나님의 역할은 무엇인가라고 물었고, 라플라스는 "그런 가정은 필요하지 않습니다"라고 대답했습니다. 여기에서 (불필요한 설명은 제거하라는) 오컴의 면도날은 복수를 합니다. 즉 자연이 움직이는 방식에 대한 이해가 증가함에 따라 자연의 운행을 제어하는 무한한 신적 정신을 상정할 필요가 없어집니다. 천체들, 바람과 비, 지진과 쓰나미는 고정된 자연법칙을 따라 움직이며 이는 아주 무도덕적입니다. 그것들은 지상의 삶에 어떤 영향이 미칠지에 대해서는 완전히 무관심합니다.

범신론은 또한 유일신론이 답하는 것처럼 보이는 질문들, 가령 왜 자연이 여기에 이렇게 존재하는가? 왜 어떤 것은 있고 어떤 것은 없는가? 하는 질문들에 대해서는 답변하지 않습니다. 그러나 사람들은 이런 질문들에 답하고자 했고 그런 가운데 이신론(deism)이라고 알려진 답변이 형성되었습니다. 그것은 하나님이 우주의 창조자이자 제1원인이며 자연법칙들의 설계자라고 함으로써 유일신론적인 하나님을 받아들이지만 일단 모든 것을 질서 있게 작동하도록 설치해 둔 다음에는 하나님은 물리적 세계이든 인간 역사이든 관계없이 세계에 더 이상 적극적인 관여를 하지 않는다고 보았습니다. 여기에서 하나님은 더 이상 기적을 일으키지 않고, 인간의 기도에 응답하거나 인간사를 통제하지도 않게 됩니다.

그런데 범신론, 무신론, 이신론은 오랫동안 하나님의 속성으로 주장되어 온 초월적인 도덕적인 가치인 정의, 공감, 사랑 등은 전혀 언급하지 않고 있습니다. 그럼 그것들은 어떻게 설명해야 할까요?

다니엘이 심판하러 오다

이 모든 것을 합쳐서 하나의 방정식을 만든 첫 번째 사람이 루드비히 포이에르바하(Ludwig Feuerbach)입니다. 그는 1841년에 쓴 기념비적인 책 『기독교의 본질』(*The Essence of Christianity*)에서 '하나님'은 인간이 만들어낸 개념이라고 단언함으로써 당대의 독자들을 충격에 빠트렸습니다. 성경은 하나님이 그의 형상을 따라 인간들을 만들었다고 하지만, 진실은 인간들이 하나님을 자신들의 이미지에 따라 만들었다는 것입니다. (오늘날 프로이트를 모르면서도 사람들이 널리 사용하는) 투사(projection)라는 심리학적 기법을 사용하여 그는 우리의 고대 조상들은 정의, 사랑, 동정, 용서처럼 모든 인간들이 존중하고 귀하게 여기는, 인간이 만들어낸 도덕적 특징들을 무의식적으로 인간 밖에 투사했으며, 이처럼 부여된 속성들은 더 확대되어 하나님의 속성으로 간주되기에 이르렀다고 하면서 이렇게 말합니다. "하나님의 인격성은 다름 아닌 인간의 투사된 인격이다."

오늘날 이런 결론을 지극히 당연한 사실로 여기는 사람들도 있지만, 어떤 사람들은 포이에르바하 시대의 사람들과 마찬가지로 이를 격렬하게 거부합니다. 포이에르바하는 "하나님은 우리의 최고의 아이디어다"라고 말했는데 이런 주장은 흥미롭게도 그보다 800년 전에 중세 스콜라 신학자인 안셀무스(Anselmus)가 하나님의 존재에 대한 그의 유명한 "증명"을 시작할 때 했던 말과 동일합니다.

그러나 자주 간과되고 있기는 하지만 하나님에 대한 포이에르바하의 해체는 거기에서 멈추지 않습니다. 먼저 그는 기독교의 본질이 성육신 교리에 있음을 보았습니다. 그에 의하면 인간 예수를 종교의 새로운 기초로 상정한 후 그를 신적 존재로 취급하는 것은 이제 하늘의 보좌가 비었음을 뜻합니다. 바울이 말한 것처럼 예수 그리스도는 전에 하늘 아버지에게 투사되었던 기능들과 목적들에 대한 책임을 감당하는 새로운 인류를 대표하게 되었습니다.

불행하게도 포이에르바하의 다음 책인 『종교의 본질』(*The Essence of Religion*)은 대중의 즉각적 관심을 끌지 못했습니다. 이 책에서 그는 그의 이전의 책에서는 하나님의 도덕적이고 인격적인 속성들만을 다루었기 때문에 말해야 할 것이 아직 많이 남아 있다고 했습니다. 그는 하나님이 자연세계의 창조자이자 통제자로 보였기 때문에 하나님은 이전의 자연의 신들의 기능을 대체했다고 하면서 유일신론적으로 이해된 하나님은 "자연의 인격화된 본질"을 구현한 존재라고 했습니다.

여기서 포이에르바하가 말하는 것을 제대로 이해하는 것이 중요합니다. 그는 하나님 개념을 두 가지 아주 다른 실재의 질서들, 곧 (범신론자들과 이신론자들이 강조한) 자연세계와 (유신론자들이 강조한) 초월적인 인간적 가치들을 합친 것이라고 보았습니다. 포이에르바하가 보았듯이, 하나님은 자연의 본질과 인류의 본질을 투사한 것이었고, 이 때문에 유일신론적 하나님은 자연세계와 인간 조건을 이해하는 방법으로 오랫동안 사용된 것입니다.

신학을 두 영역으로 분해함

신학이 하나님에 대한 연구라면 포이에르바하의 하나님 해체는 결국 신학을 두 가지 서로 보완되는 영역, 곧 자연에 대한 연구와 인간 및 그 가치들에 대한 연구라는 영역으로 효율적으로 분해했다고 할 수 있습니다. 이 사실을 보여주는 흥미로운 예는 지난 800년 동안 서구의 고등교육 기관에서 일어난 일들입니다. 이런 기관들이 처음 설립되었을 때는 지식들 사이에 일관된 통일성이 있다고 여겨서 대학교(university)라는 이름을 붙였습니다. 그런데 중세의 대학교들은 당시 학문의 여왕으로 알려진 신학에 토대를 두었고 신학부를 중심으로 구성되어 있었습니다. 모든 지식을 하나의 통일된 형태로 탐구하고자 했던 마지막 인물은 아마도 토마스 아퀴나스였을 것인데, 그는 아리스토텔레스의 자연철학과 하나님의 계시에 의한 진리로 가정되어 온 것 사이를 조화시키고자 했고, 이를 그의 널리 알려진 미완의 작품인 『신학대전』(Summa Theologica)을 통해 시도했습니다. 하지만 그의 통합은 널리 받아들여지지 못하고 결국 붕괴되었으며, 그 자리를 근대의 다양한 학문 분과들이 차지하게 되었습니다.

학문 분과들은 이제 크게 두 그룹으로 나누어져서 물리적 학문들은 자연세계를 연구하고 사회과학과 교양학은 인간과 문화를 연구합니다. 단순한 유일신론이 보편적으로 받아들여지던 12세기에는 신학 교수들이 모든 것을 담당하고 있었는데 이제는 앞에 말한 두 그룹이 이를 대체했습니다. 더 나아가 20세기 중반에 이르러서는 이 두 그룹 사이의 균열이 너무나 심해져서 과학자인 스노우(C. P. Snow)는 널리 읽힌 그의 소설들에서 사회가 더 이상 서로를 이해하지 못하는 "두 문화"로 양극화되고 있다고 말하기도 했습니다. 다행히 20세기 말 이후에는 학자들이 상대방의 영역에 존중을 보이면서 이런 균열을 부분적으로 극복하고 있습니다. 아무튼 한때는 신학의 부분들로 시작되었던 이런 두 영역들을 간략히 살펴봅시다.

내가 앞에서 이 연속 강의의 제목을 "신-학(theo-logy)에서 생태-학(eco-logy)으로"라고 할 수 있다고 했을 때 나는 근본적인 학문분과를 생각하고 있었습니다. 나는 우리가 살고 있는 세계를 설계하고 통제하는 보이지 않는 인격적 신에게 초점을 맞추는 데서 우리가 멀리 떠나왔다고 생각합니다. 이제 우리는 물리적 우주 자체에 관심을 집중해야 합니다. 이 우주는 시간과 공간에서 거의 무한할 뿐 아니라 자체의 내적 법칙에 따라 움직입니다. 비록 때로 더 큰 차원을 포착하기도 하지만, 우리는 우리 자신들이—우리가 생태계라고 부르는 복잡한 그물망 안의 더 단순한 형태의 생명체들과 똑같이 살다가 죽는 물리적 유기체로서—자연세계의 동일한 한 부분임을 알고 있습니다. 따라서 우리의 잠재력을 모두 현실화하는 삶을 살고자 한다면 생태계를 이해하고 거기에 합당하게 응답할 필요가 있는 것입니다.

우리가 생태학으로부터 배우는 가장 중요한 것 하나는 자연의 힘들이 어떤 궁극적 목적이 있어서 그것을 따라 도덕적 계획처럼 작동하지 않고 오히려 자크 모노(Jacques Monod)가 "우연과 필연"의 과정이라 부른 것을 따라 작동한다는 점입니다. 유일신론과 달리 생태학은 우리가 결국은 모든 것이 가장 선하게 이루어지는 도덕적 세계에 살고 있다는 확신을 주지 않습니다. 자연은 인류에게 특별한 관심을 보여주지 않기 때문에, 유일신론을 넘어 갈 때는 우리에게 더 이상 의지할 어떠한 신적인 구원자도 없게 됩니다. 오히려 우리는 이제 자연의 힘들을 그들이 마땅히 받아야 하는 존중을 보이는 가운데 대해야 하는데, 이는 우리의 삶과 행복이 그것들에게 의존해 있기 때문이며, 그것들이 언제 또 어떻게 종국에 이르게 될지 모르기 때문입니다 (공룡들의 시대가 갑자기 끝난 것을 생각해 보십시오!). 그런데 자연에 대한 이런 관점은 성경전통에서 아주 낯선 것은 아닙니다. 앞에 보았듯이 이스라엘의 현자들 역시 이렇게 생각했습니다. 가령 2000년도 더 이전에 전도서의 기자는 우리 인간들이 모두 "시간과 우연"에 매여 있음을 보았습니다.

가치와 의미에 대한 우리의 탐구

이제 전통적인 교실신학이 자리를 비우고 떠나온 두 번째 지식의 분야—인간 및 그 가치와 연관되어 있는 분야—를 살펴봅시다. 우리의 고대 조상들은 인간 삶의 기본적 질문들을 물었고 그 답으로 나타난 것이 세계의 많은 문화들과 종교들입니다. 이것이 하나님 개념이 점점 더 우리의 최고의 가치들의 구현이며, 의미와 목적에 대한 우리의 탐구를 만족시키는 것이 된 이유입니다. 비록 하나님 개념이 해체되어 이제는 더 이상 사고하고 행동하는 초자연적인 존재를 가리키는 것으로는 여겨지지 않으나 "하나님"이란 개념은 여전히 인생의 의미를 발견하고자 하는 우리의 갈망에 대한 상징적 구체화로서, 또한 여전히 우리에게 강력한 힘으로 현존하는 사랑, 정의, 진리, 동정 같은 가치들과 동일한 은유로서 유용합니다.

예를 들어 신학자 고든 카우프만(Gordon Kaufman)은 이 전통적인 "하나님"이란 단어가 하나의 상징으로서는 필요하다고 말하는데, 이는 그것이 우리에게 "궁극적 기준점"을 제공하며 그로 인해 우리는 우리 자신을 위해 구성하는 정신세계의 실제적 경험을 통일하고 질서를 잡을 수 있기 때문입니다. 따라서 하나님 이미지는 한때 그분의 속성들로 여겨졌던 바로 그 가치들의 총합으로서 남게 됩니다. 간략히 말해 하나님은 우리가 추구하는 최고의 가치들을 총괄하는 상징적 이름입니다.

그런데 이런 과정은 성경 본문이 "하나님은 사랑이시다"라고 확언하고 있다는 점에서 신약시대에 이미 시작되었다고 할 수 있습니다. 근대세계에 들어와 이런 상징화는 더욱 많이 진행되었습니다. 가령 마하트마 간디(Mahatma Gandhi)는 "하나님은 진리이다"라고 말하고 있으며 레오 톨스토이(Leo Tolstoy)는 그의 책 『전쟁과 평화』에서 "삶은 하나님이며 삶을 사랑하는 것은 하나님을 사랑하는 것이다"라고 말합니다. 돈 큐핏(Don Cupitt)은 우리의 일상의 언어가 어떻게 바뀌어 가고 있는가를 연구하는 중에 사람들이 "인생," "인생이 너를 어떻게 대하고 있니?," "그게 바로 인생이야!," "나는 앞으로 나아가는 삶이 필요해," "제대로 살아!" 같은 표현들을 일상적으로 사용하고 있음에 주목합니다. 그것은 마치 우리가 한때 통상적으로 사용하던 '하나님'이란 단어를 이제는 일상의 언어생활에서 무의식적으로 "삶"이란 단어로 자연스럽게 대체하는 것처럼 보입니다.

고든 카우프만은 그의 책 『신비에 직면하여』(*In Face of Mystery*)에서 이런 결론에 도달합니다. "하나님을 믿는 것은 특정한 방식으로 한 사람의 삶과 행동을 규정하는 데 헌신함을 뜻한다. 그것은 삶의 심원한 신비들 앞에서 경건과 경외의 마음으로 이곳 지구라는 행성에서의 생태적인 제약들 안에서 충분히 인도주의적인 세계를 향해 헌신하는 것이다."

분명히 기독교의 녹색화는 역사적인 전통과 많은 부분에서 다릅니다. 이전 전통에서 인간들은 스스로를 연약한 피조물이요 외부에 존재하는 초자연적 존재의 은혜와 능력에 의존하는 자로 여겼습니다. 그러나 녹색 기독교(Green Christianity)에서 우리는 스스로를 우리의 미래와 우리 앞에 놓여 있는 생태계에 책임을 지는 존재로 깨닫습니다. 이제 우리는 스스로 선택한 행위들을 통해 한때 하나님의 속성들로 간주되었던 가치들을 구현하기 위해 살아야 하며, 이것이 성육신이 의미하는 내용입니다. 우리는 완전함으로 상징화된 하나님처럼 완전해질 필요가 있습니다. 현자 예수께서 산상수훈에서 하신 말씀처럼 말입니다.

그런데 우리가 정말 그런 정도까지 이를 수 있을까요? (물론 쉽지 않겠지만) 임박한 생태위기는 시도해 보는 것 이외의 다른 선택의 여지를 허락하지 않습니다. 다음 강의에서 우리들은 그런 시도에 포함되는 것들이 무엇인지를 탐구할 것입니다.

8장

생태적 명령, 윤리의 새로운 차원

내가 신학생이었을 때 읽은 기독교 윤리학의 교재 하나는 저명한 스위스 신학자인 에밀 브룬너(Emil Brunner)의 『하나님의 명령』(*The Divine Imperative*)이었습니다. 700쪽이나 되는 거대한 무덤 같은 이 책의 영어 번역판은 1937년에 출판되었는데 읽기 쉽지 않을 뿐 아니라 다음과 같은 이유들로 인해 오늘날의 독자들에게는 상당히 이상하게 보일만한 것이었습니다. 그것은 이혼과 피임에 대해 말하지만 오늘날 교회에서 논란이 되고 있는 동성애 문제에 대해서는 한 마디도 하지 않습니다. 그뿐 아니라 제1차 세계대전의 여진이 아직 남아 있을 때 쓰였음에도 불구하고, 이 책은 전쟁은 그 목적이 다한 뒤에도 살아남는다고 선언하지만 평화운동에 대해서는 아무런 언급이 없습니다. 여기에서 우리는 지난 70년 사이에 윤리적 주요 문제들이 아주 많이 바뀌었음을 알게 됩니다. 아무튼 내가 이 책을 언급하는 이유는 기독교 윤리는 오랫동안 하나님이 명령하시는 행위가 무엇인지 탐구하는 것 곧 "하나님의 명령"으로 여겨져 왔음을 기억나게 하기 위함입니다.

그러나 지난 강의에서 말했듯이, 유일신론이 해체되고 있다면 윤리 역시 아득한 과거에 계시로 주어진 것으로 간주되는 신적 명령에 토대를 둘 수 없습니다. 어떤 사람들은 이 점을 이제 인간은 무엇이든 자기가 원하는 대로 할 자유를 가진 것으로 해석합니다. 가령 니체는 신의 죽음(the death of God)은 기독교 사상 체계 전체의 붕괴를 유발할 것이라고 보았고, 도스토옙스키는 하나님의 부재(the absence of God)는 모든 것이 가능하게 됨을 뜻할 것이라고 불평했습니다. 그러나 그렇지 않습니다!

새로운 세대

오래 전 계몽주의가 끝날 무렵, 근대의 위대한 철학자 임마누엘 칸트(1724-1804)는 윤리의 기초를 하나님의 계시에서부터 소위 "내적인 도덕 법칙"으로 옮겼습니다. 그는 도덕적 의무감의 경험을 언급하면서 그것을 "정언명령"(categorical Imperative)이라고 불렀습니다. 그리고 이런 철저한 변화로 인해 윤리적 결단은 이전보다 훨씬 더 어려워져서 더 이상 하나님의 명령을 어떻게 해석할 것인가 하는 단순한 문제일 수 없게 되었습니다. 이제 우리들은 왜 어떤 행동들은 옳다고 판단하고 다른 것들은 틀렸다고 판단하는지를 먼저 결정해야 하는데 이는 윤리적 딜레마를 유발하는 상황의 모든 요소들을 검토한 뒤, 어떤 행동 과정이 연관된 사람들 모두의 최대 안녕을 보장해 주는가에 의해 행동을 결정해야 한다는 "상황 윤리"(Situation Ethics)라고 알려진 것으로 우리를 이끌어 갑니다.

첫 번째 강의에서 나는 전 지구적 위기로 인해 인류는 완전히 새로운 상황에 처하게 되었다고 말했습니다. 이런 상황은 이전에 결코 직면하지 않았던 그런 종류의 윤리적 결단들을 요청하지만 불행하게도 우리는 아직 이런 과업을 다룰 준비가 되어 있지 않습니다. 그 이유는 우리의 기독교적 과거에서 이런 새로운 윤리적 결단방식을 배우지 못한 탓이며, 또한 우리가 결정적인 상황 앞에 서 있음을 아직 대부분의 사람들이 깨닫지 못하고 있기 때문입니다.

이런 새로운 상황이 이전의 상황과 얼마나 다른지를 알려면, 단지 200년 전만 해도 서구세계 전체는 오직 성경이 말하는 인간의 기원들의 이야기만 듣고 살았음을 기억해보면 됩니다. 그때는 거의 모든 사람들이 하나님이 지구와 지구 위의 모든 것들을 창조했고 주관하며 또한 우리를 당신과 비슷하게 만드신 후 당신의 신적인 뜻을 계시하고 인도하시는데, 그 모든 것은 영원히 거룩한 책에 기록되었으니 이제 우리는 그저 순종하기만 하면 된다는 생각을 윤리의 기초로 받아들이고 있었습니다. 전통적인 기독교는 지금도 여전히 이런 공식을 가지고 산아제한, 동성애적 행동, 여성 안수 같은 현대적 논점들을 해결하기 위해 노력하고 있습니다.

그러나 오늘날 이성적이고 교육을 받았으며 생각 있는 사람들은 모두 성경 이야기(the bibilcal story)가 아닌 완전히 다른 새로운 이야기를 받아들이고 있습니다. 곧 그들은 "빅뱅"에서 시작하여 지구 위의 생명체들의 진화를 거쳐서 좀 더 최근에는 인간 문화의 진화까지 포함하는 우주 이야기(the universe story)를 받아들입니다. 기원들에 관한 이런 새로운 이야기는 우리가 살고 있는 거대한 우주를 완전히 다르게 이해할 뿐 아니라, 우리와 지구와의 관계 역시 완전히 다른 언어들로 서술합니다.

새로운 페이지에서부터 읽기

우리 존재의 기원에 대한 이런 근대적 이해에 의하면, 소위 인간 조건의 영적 차원이라 부르는 것은 여전히 가치가 있지만 그럼에도 불구하고 우리와 다른 생명체들 사이를 절대적으로 구별하는 것이 되지 않습니다. 떼이야르 드 샤르댕(Teilhard de Chardin)이 놀랍게 표현했듯이, 모든 물리적 물체는 영성을 향한 잠재력을 가지고 있기에 인간 경험의 영적 차원과 물리적 차원은 결코 분리될 수 없습니다. 영적인 것과 물리적인 것 사이의 이분법은 잘못된 것으로서, 우리 인간들은 정신-물리적(psycho-physical) 유기체들입니다. 이제 우리는 널리 퍼져 있는 잘못된 견해, 곧 우리 인간은 일시적으로 물질적 육체들에 갇힌 영적 존재들이라는 이해—이는 성경이 아니라 그리스 철학자 플라톤에서 왔습니다—에서 벗어나야 합니다.

더 나아가 새로운 기원들의 이야기는 우리 인간들이 이 지구 위의 많고도 다양한 생명 형태들 중 하나에 불과함을 보임으로써 우리를 원래의 자리로 되돌아가게 합니다. 미국의 카톨릭 신부 토마스 베리(Thomas Berry)가 말한 것처럼, 지구 위의 모든 것들은 다른 모든 것들과 사촌관계에 있으며, 이 점은 오늘날 모든 생명체들의 생리적 구조를 결정하고 또한 우리가 지구 위의 모든 다른 생명 형태들과 연관되어 있음을 보여주는 기제인 유전자 코드에 의해 과학적으로 입증되고 있습니다. 우리 인간들은 다른 생명들에 대해 특별한 소유권이나 지배권을 가지고 있지 않는 것입니다.

토마스 베리에 의하면, 우리의 문제는 우리가 앞에 말한 두 가지 이야기들 사이에 살고 있다는 데 있습니다. 우리는 새로운 이야기가 함축하는 것을 수용하려고 하지만, 옛 이야기에 속해 있는 많은 것들 역시—이제는 쓸모없을 뿐 아니라 제대로 작동하지 않고 있음에도 불구하고—여전히 우리의 사고에 영향을 미칩니다.

나는 오늘날 너희들 앞에 사실과 허구를 내어 보인다

옛 이야기에 의하면, 우리들은 하늘 아버지의 명령 아래 있는 자요 지구를 지배하라는 명령을 받은 자들입니다. 하지만 새로운 이야기에서는 우리가 지구 위 생명체들의 그물망에서 특별히 우월한 위치를 차지하고 있지 않으며 모든 다른 생명체들과 마찬가지로 동일한 자연의 힘들 아래 있습니다. 옛 이야기에 따르면, 폭풍우, 가뭄, 지진은 "하나님의 행위들"로서 도덕적 의미를 가지는 것으로 여겨지지만, 새로운 이야기에 의하면 자연의 힘들은 우리에게 아무런 개인적 관심을 가지지 않고 완전히 무도덕적(ammoral)입니다. 물론 그것들은 우리들의 생사를 결정할 수 있어서 그것들을 무시하면 우리는 위험에 빠지게 되지만 말입니다.

이런 힘들은 지구 위의 모든 생명체들을 진화시킨 변수들입니다. 곧 인간들은 지구의 조건들이 설정하는 범위 안에서 진화해왔습니다. 가령 우리의 신체는 지구라는 행성의 질량에 적합하게 만들어져 있어서, 목성 정도의 중력을 가진 행성들에서는 살 수 없습니다. 미래의 어느 날 먼 별나라로의 여행을 상상하는 것은 매혹적이지만 그것은 재미있는 판타지 이상의 의미는 갖지 못할 것입니다. 우리는 지구의 피조물들이며 미묘하게 균형 잡힌 자연적 힘들, 지질학적 조건들, 지구의 생태계를 구성하는 종들의 상호연관성 안에서만 살 수 있습니다. 아무튼 이제 우리의 윤리는 우리의 기원들과 우리의 생태적 고향인 자연을 새롭게 이해함으로써 하나님의 명령이 아니라 생태적 명령이라고 부를 수 있는 것과 연관되어야 합니다.

하지만 하나님의 명령에서 생태적 명령으로의 전환이 불길한 새로운 이단적 생각이라고 결론을 내리지는 말기 바랍니다. 이는 기독교 신앙에 대한 거부이기보다 그 방향을 재설정하는 것이기 때문입니다. "기독교의 녹색화"는 이제 기독교적 사고가 새로운 과학인 인류학("인류학"이 신학 용어로 비롯되었음을 아는 사람은 거의 없습니다. 그것은 인간 조건에 대한 기독교 교리를 가리키는 말이었습니다)을 포함하여 인간 과학이 밝혀준 인간종에 대한 지식과 통합되어야 함을 뜻합니다. 지난 200년 동안 인간종들 및 그들이 자연세계와 맺는 관계에 대한 이해가 너무 극적으로 바뀌었기 때문에, 포이에르바하가 보여주었듯이 신학은 아래 위가 완전히 뒤집혔다, 혹은 더 적절하게 말하면 앞뒤가 바뀌었다고 말할 수 있습니다.

공동의 지반

어떤 사람들은 생태적 명령과 보다 초기의 기독교의 인류에 관한 교리 사이에 공통점이 거의 없다고 생각하겠지만, 사실은 전혀 그렇지 않습니다. 성경의 기원 신화는 아주 놀랍게도 우리 인간들이 땅의 흙으로부터 만들어졌고 또 삶이 끝나면 다시 흙으로 돌아간다고 선언합니다. 3천 년이 지난 지금도 우리들은 장례예배에서 "땅에서 땅으로, 재에서 재로, 흙에서 흙으로"라고 말함으로써 이런 고대 이야기를 반복합니다. 물론 이제는 우리를 만들어낸 "흙"이 주로 탄소, 수소, 질소, 산소 같은 원자들로 이루어져 있음을 알지만 여전히 우리가 흙으로부터 만들어졌다는 성경적 명제는 그 모습 그대로 변함없이 유지되고 있습니다. 또한 성경의 신화는 아이들이 진흙을 가지고 무엇을 만들듯이 하나님이 우리를 빚어 만들었다고 하지만, 오늘날 우리는 인체생리의 복잡함을 알고 있습니다. 우리를 구성하는 생명 없는 원자들은 가장 섬세한 설계들 안에서 살아있는 무수히 많은 세포들과 인간 유기체를 구성하는 여러 내적 기관들이 되어 있는 것입니다.

고대 신화와 공통되는 부분은 그 밖에도 많이 있습니다. 우리들은 인간의 놀라운 내부 기관들이 주변 환경에 얼마나 철저히 의존하고 있는지를 점점 더 많이 알게 되었습니다. 성경의 신화는 아주 심원한 방식으로 이런 새로운 생태적 통찰력을 받아들이고 있습니다. 가령 성경은 하나님이 인간의 몸을 흙으로 만드신 다음 입김을 거기에 불어넣었다고 말합니다. 히브리어에서는 입김, 바람, 영, 그리고 공기는 모두 하나의 동일한 단어입니다. 우리는 이런 고대의 신화를 근대의 용어로 바꾸어 우리 인간들이 땅의 원소들로부터 만들어졌지만 올바른 대기의 도움이 있을 때만 생명을 얻고 또 유지할 수 있다고 말할 수 있을 것입니다. 실제로 우리들은 숨을 쉬지 않고는 3분도 채 견디지 못합니다.

곧 고대에 우리가 하나님의 입김에 의존해 있는 것으로 단순하게 이해된 것이 근대에는 고도로 세련된 생태학 연구로 확장된 것입니다. 다시 말해 생태계 영역은 바울의 표현을 빌리면 "우리가 그 안에서 살고 움직이고 기동하는" 하나님이 된 것입니다. 1993년에 샐리 먹페이그(Sallie McFague)는 그녀의 책 『하나님의 몸』(*The Body of God*)에서 "하나님의 몸은 단지 하나의 몸이 아니라 우리들 주변의 서로 다르고 특별하고 구체적인 모든 몸들이다"라는 놀랍고 새로운 이미지를 중심한 생태신학을 주창하면서 그것을 성육신적 신학이라고 불렀는데, 이는 우리의 선조들이 신적인 것으로 여기고 받아들인 것이 이제는 생태계 안의 우리 주변 및 우리 몸 내부에서 발견되기 때문입니다. 만일 이 말이 옳다면 우리는 살아있는 것이든 아니든 관계없이 자연계 안의 모든 "몸"을 존중하면서 그것을 어떤 목적을 위한 수단이 아니라 그 자체로 소중히 여겨야 할 것입니다. 다시 말해 우리는 예수가 했다고 전해지는, "너희가 나의 형제들 중 가장 작은 자에게 한 것이 곧 나에게 한 것이다"는 말씀을 기억해야 할 것입니다.

따라서 하늘 아버지께 드려졌던 예배는 이제는 그 무엇보다 소중한 생태계에 대한 감사에 찬 긍정으로 대체되어야 하고 하늘의 하나님에게 드려 마땅한 순종은 생태계가 요구하는 것을 행하라는 생태적 명령에 대한 헌신으로 바뀌어야 합니다. 전통적인 기독교에서 주도적인 역할을 했던 죄에 대한 교리 역시 새롭게 이해할 필요가 있습니다. 곧 아담의 불순종으로 모두가 죄인이 되고 하나님과의 비극적인 소외 상태에 빠졌다는 믿음은 우리 인간들이 우리를 낳고 살게 해준 바로 그 행성과 우리가 지금 전쟁상태에 빠져있음을 일깨우는 것으로 대체될 필요가 있는 것입니다.

숨을 크게 쉬고... 영감을 얻으라

생태적 명령을 좀 더 논의하기 위해 대기권에서 부터 시작해 봅시다. 이는 대기권이야말로 지구위의 피조물들에게 주어진 가장 중요한 변수이기 때문입니다. 우리의 선조들은 기억이 미치는 가장 오랜 옛

날부터 대기가 있음을 당연하게 여겨왔지만 근래에 이르러서야 우리는 우리 인간들이 대기에 철저히 의존해 있으며, 또한 주로 질소와 산소의 혼합으로 되어 있으며 몇 백만 년 동안 안정적이었던 그 혼합 비율에 맞추어 우리가 진화되어 왔음을 깨닫게 되었습니다. 우리가 달로 여행을 한다면 산소통을 가지고 가야만 하고 높은 산을 등정할 때 역시 산소 공급이 필요합니다. 비행기를 탈 때도 우리들은 승무원을 통해 비상시 산소 호흡기를 사용하는 법을 듣습니다.

실제로 어떤 기체들은 아주 적은 양으로도 치명적인 결과를 가져오는데 그 중 하나가 일산화탄소입니다. 그런데 내연기관이 등장한 이후 이것이 갈수록 대기 중에 쌓이고 있고, 어떤 도시들의 경우는 건강을 해칠 정도로 공기가 오염되어서 실제로 아주 위험합니다. 따라서 가장 기본적인 생태 명령 하나는 생명 유지에 필요한 우리의 가장 기본적인 요구를 훼손하는 잘못된 모든 관행을 통제하여 대기 중의 원소 구성을 원래의 안정된 상태로 되돌리는 것입니다.

이런 과업은 지구 생태계의 신비하고 놀라운 특성을 보여줍니다. 우리 인간들은 지구 위의 다른 모든 숨 쉬는 피조물들과 마찬가지로 자기도 모르는 사이에 대기 중의 기체들의 균형을 올바르게 유지하는 데 수백만 년 동안 식물들과 협력해 왔습니다. 우리는 산소를 들이마시고 이산화탄소를 내쉬는 반면 식물과 나무들은 이산화탄소를 흡수하고 산소를 내뿜는데, 이런 상보적 행위들 덕분에 대기의 구성은 안정되어 왔습니다. 이런 부분을 보면서 과학자인 제임스 러브록(James Lovelock)은 지구 전체가 하나의 유기체로서 나무껍질이 나무의 살아 있는 피부인 것과 마찬가지로 생명계는 지구의 살아있는 세포와 같다고 보아서 지구를 고대 그리스 신화에 나오는 어머니 지구의 이름을 따서 가이아(Gaia)라고 불렀습니다.

 물론 러브록은 지구가 생각을 하거나 계획을 세우는 존재라는 것은 아니고 다만 지구가 살아있는 시스템이 가지는 것과 같은 특성들을 가지고 있음을 말하고자 했습니다. 실상 지구의 외피는 바이러스에서 거대한 고래까지, 대양의 아주 작은 해조류에서 거대한 미국 삼나무까지, 모두 각자의 특정한 생태 시스템을 따라 살면서 동시에 대기, 대양, 지표면의 바위 및 토양과 깊이 연관되어 있는 모든 종류의 생명 형태들로 구성되어 있습니다. 모든 것들은 서로 간의 미묘한 균형들의 복잡한 그물망들 가운데 진화해왔기 때문에, 지구는 스스로 모든 것을 포괄하는 자기 조절적인 시스템을 만들어낸 것처럼 여겨지는 것입니다. 우리 몸이 세균들을 방어하는 면역체계와 체온을 일정하게 유지하는 자동 온도 조절장치를 가지고 있듯이, 지구 역시 스스로를 조정하고 기후를 일정하고 쾌적하게 유지하고 대기 중의 산소양을 적절히 보존하고 바다의 소금의 양을 알맞게 조절하는 것 같아 보입니다.

 따라서 우리 인간들이 가령 대기 중의 이산화탄소를 과도하게 증가시키는 방식으로 이런 균형들을 깨뜨리는 것은 비유컨대 에이즈 균이 사람들을 공격하는 것처럼 지구의 조절 시스템을 공격하는 것입니다. 이 경탄스러운 생태계에 참여하는 존재들인 우리는 그것을 이해하고 존중하며 강화하고 균형을 유지하기에 합당한 행동들을 하라는 생태적 명령 앞에 서 있습니다.

 지구는 약 35억 년 동안 살아있고 계속 진화하는 시스템이며, 우리 인간들은 이런 무대에 아주 뒤늦게 찾아온 존재들입니다. 우리가 생태계를 심각하게 위협하면 그것은 한 사람의 면역체계가 침입해온 박테리아를 제거하듯이 의도하지는 않았지만 우리들을 그 시스템에서 제거해버릴 것입니다. 사람이 중력법칙을 무시하면 죽게 되듯이 생존에 필요한 생태 조건들을 우리가 고의나 아니면 무심결에 무시해버리면 인류 전체가 멸종될 수 있는 것입니다.

생명체의 진화와 지구가 피조물들의 삶에 가하는 제약에 대한 우리의 지식이 증가하면서 우리들은 과거에 신적 계시들로 여겨져 온 것들을 보완하거나 대체할 수 있는 새로운 계시들을 갖게 되었습니다. 불행하게도 많은 사람들이 과거의 신적인 현현들(divine epiphanies)에 대해 너무 많은 관심을 보이다 보니 현재 나타나고 있는 세속적인 계시들(secular manifestations)을 제대로 보지 못합니다. 그것이 이 강의들의 첫 시간에 말한 것처럼 우리 시대의 징조들을 읽는 데서 우리가 교회 밖의 예언자들에 많은 부분을 의지하게 된 이유입니다.

그런데 이런 일은 실상 별로 놀랍지 않습니다. 유대-기독교 전통의 새로운 성장과 발전은 언제나 전통의 중심부가 아닌 주변부에서 시작되었기 때문입니다. 예수 역시 제사장이나 랍비학교에서 교육을 받은 사람도 아닌, 그저 방랑하는 현자였습니다. 마찬가지로 새로운 계시들을 처음으로 알게 된 사람들, 곧 근대 세속세계의 선구자들 역시 기독교 사회의 중심이 아닌 외각에 있던 사람들이었습니다.

세속의 예언자들

서구 문화의 세속적 가지들로부터 나온 이런 예언자들은 오늘날 책과 강연, 저항운동들을 통해 생태적 명령을 선포하고 있습니다. 그들은 적절한 수준으로 인구를 유지하고 낭비와 파괴로 점철된 생활방식을 포기하며 공기와 물의 오염을 막고 지구의 재생 불가능한 자원들을 보존하고 재생 가능한 에너지원들을 사용하자고 도전합니다. 다행히 많은 개인들과 자발적 집단들, 지방자치 단체, 국가, 그리고 국제기구들이 이런 생태적 명령들을 받아들이고 있습니다. 보존과 환경주의는 오늘날 무척 바람직한 사회적 목표들로 인정받고 있습니다.

토마스 베리는 이런 운동들이 인간 의식 안에서 거대한 바다 같은 변화가 시작된 것이며 인간답게 되는 것의 의미를 새롭게 이해하게 하는 것이라고 환영합니다. 그는 생명에 대한 이런 철저한 재평가와 그로 인한 새로운 가치에 대한 감각으로 인해 우리는 자기중심적인 세계들로부터 빠져나올 뿐 아니라 각자 국가에 대한 충성심까지 넘어서게 될 것이라 믿습니다. 우리는 이것을 녹색의식(green consciousness)의 등장이라고 부를 수 있을 것입니다.

녹색의식은 오늘날 무척 다양한 모습으로 세계 속에 나타나고 있습니다. 국내 및 국제 수준들에서 정부 부처들과 위원회들이 환경 보존에 힘을 쏟고 있습니다. 수많은 주요한 국제회의들이 개최되었고 "그린피스"(Greenpeace)나 "새와 숲 협회"(Bird and Forest Society) 같은 새로운 조직들이 만들어졌습니다. 우리는 또한 여러 단일 이슈 운동들이나 우리의 가장 기본적인 종교적 어휘의 하나를 다시 살려내려는 적극적인 응답들을 봅니다. 곧 우리는 "마나푸리를 구원하라"(Save Manapouri), "검은 로빈새를 구원하라"(Save the black robin), "푸른 눈 펭귄을 구원하라"(Save the blue-eyed penguin) 같은 슬로건에서 "구원"(salvation)이란 말을 듣게 됩니다. "성소/피난처"(sanctuary)란 말 역시 세속적 옷을 입고 다시 나타난 종교적 용어로서 그것은 원래 신적 현존이 나타나 약하고 상처 입은 사람들에게 보호를 제공하는 거룩한 장소를 의미했습니다. 이제 위험에 빠진 식물군을 구조하려 할 때 우리는 "새의 피난처" "물고기의 피난처" "야생동물의 피난처"라고 말하는데 이런 현실은 기독교의 성육신 교리가 가진 지상적이고 육신적인 성격을 보여줍니다. 어쨌든 기독교의 믿음과 실천이 영혼의 구원에 더 집중할수록 그것은 그 가장 고유하고 중심적인 교리를 상실하게 될 것입니다.

동일한 이유로 기독교인들은 오랫동안 정치의 지상적 세계로부터 동떨어져 왔습니다. 하지만 녹색의식은 필연적으로 정치적으로 표현될 수밖에 없습니다. 뉴질랜드는 이런 정당이 처음 나타난 국가들의 하나로서 1970년대에 그것은 "가치들 정당"(Values Party)이라고 불렸습니다. 그 이후 녹색당들(Green Parties)이 서구세계 곳곳에서 일어나 정부의 모든 결정에 녹색의식을 반영할 것을 요구하고 있습니다.

더 넓은 지평

그러나 생태 명령은 정부의 힘으로 이룰 수 있는 것보다 더 많은 일을 할 것을 요구합니다. 다국적기업들은 어떤 단일 국가나 정부의 통제를 벗어나 있을 뿐 아니라 때로 국가정책에도 영향을 미칩니다. 불행하게도 그들은 녹색의식을 잘못된 증거에 근거해 있는 일시적 유행이며 위험한 선동에 불과하다고 무시하려고 합니다. 물론 환경 이슈들에 대한 이러한 저항은 생태의식이 동유럽의 공산주의의 몰락 이후 전 세계가 광범위하게 받아들인 자본주의 이면의 경제 원리들과 상충하고 있다는 점에서 충분히 이해가 됩니다.

자본주의는 한 국가의 안녕은 산업, 기술력, 경제발전으로 인해 산출된 부 곧 1인당 국민총생산(GNP)의 총합에 의지하고 있음을 최우선 원리로 삼으며, 이런 생각은 자연스럽게 한 국가의 안녕은 경제성장에 절대적으로 의지하고 있다는 생각으로 귀결됩니다. 이로 인해 사람들은 경제성장을 보통 국가정책들의 성공과 실패를 측정하는 기준으로 사용합니다. 근대의 경제적 정통주의는 이런 행동 수칙들을 자본주의에 기본적일 뿐 아니라 인간이 자연세계와 맺는 규범적 관계로 여깁니다.

이런 상태에서 서구적 형태의 자본주의는 생태 명령에 제대로 응답할 수 있을까요? 어떤 사람들은 이미 정반대 현상이 일어나고 있다고 예언하고 있습니다. 이들에 의하면 자본주의의 근본원리들은 결국 지구 생태계에 파괴적이기 때문에 자본주의는 세계를 깊은 구렁텅이의 끝자리로 몰고 갈 수밖에 없다고 합니다. 1989년에 허만 데일리(Herman Daly)는 『공동선을 위하여: 공동체, 환경, 그리고 지속가능한 미래를 향한 경제 방향의 재정립』(*For the Common Good: Redirecting the Economy toward Community, the Environment, and a Sustainable Future*)을 출판했습니다. 세계은행에서 일한 이 전임 경제학자는 신학계에서—하나님을 하늘의 아버지로 보는 개념에서 벗어나 신적 실재를 진화 그 자체의 과정에서 발견하는 신학인— 과정신학의 전문가로 널리 알려진 존 캅(John Cobb)과 공동으로 이 책을 저술했습니다. 이 두 사람은 경제학자들이 사용하는 이윤과 손실에 대한 표준 시스템이 심각한 문제를 가지고 있다고 주장했습니다. 가령 태양열 에너지 시스템들은 석탄, 석유, 혹은 우라늄에 토대를 둔 에너지 시스템들과 비교해 보면 비경제적인 것처럼 보이지만 생산, 재생 불가능한 자원의 소비, 폐기물 처리, 환경에 미치는 손실 같은 전체 비용을 생각하면 그것들은 결코 비싸지 않습니다.

그들에 의하면 GNP를 계산하는 회계 시스템 역시 아주 잘못된 결과를 낳을 수 있습니다. GNP는 유용하지만 단기계획을 위한 것이고 장기적으로 보면 그것은 잘못된 기대를 가져옵니다. 무엇보다도 이런 계산은 한 나라의 경제를 주변 환경들과 분리될 수 있는 자기 완결적 시스템으로 보고 있다는 문제를 가지고 있습니다. 하지만 진실은 그것은 그것이 의존하고 있는 더 큰 생태 시스템의 하부 시스템으로 여겨져야 합니다. 모든 경제활동은 원재료들에 기반을 두고 이루어지기 때문에 여타 다른 요인들이 가져오는 부정적인 영향을 무시하는 GNP 계산은 잘못된 것입니다. 따라서 이런 부분들까지 고려하면 우리가 말하는 경제성장은 실상 경제후퇴로 판명될 수 있습니다.

'실제' 수치들을 사용하기

허먼 데일리와 존 캅은 지구 위의 인간의 현재의 행복 상태에 대한 균형 잡힌 그림을 만들어내기 위해서는 지구에 속해 있는 한 두 개의 부차적 시스템이 아닌 전체 생태 시스템을 고려해야 한다고 하면서, 이처럼 전체 시스템을 고려하는 경제성장에 대한 대안적인 벤치마크인 "지속 가능한 경제 복지 지수"(the Index of Sustainable Economic Welfare, ISEW)를 만들어 미국 경제에 적용했습니다. 표준적인 GNP 통계로 판단하면, 미국의 개인소득은 실질 가치로 환산해서 1976년 이후 매년 25%씩 성장했습니다. 그러나 ISEW에 의하면, 같은 기간 동안 미국인들의 안녕(well-being)은 실제적으로 10% 감소했음이 드러납니다.

오늘날 녹색의식은 널리 확산되고 있지만 이것이 국내적이나 국제적 수준에서의 정치적 노력과 계획이, 필요한 결과들을 얻게 할 수 있을지는 확실하지 않습니다. 가장 강력한 힘을 가진 몇몇 나라들은 교토 의정서를 받아들이지 않았으며, 심지어 이곳 뉴질랜드에서도 탄소세(carbon taxes)에 대해 많은 저항이 있습니다. 우리는 녹색의식을 강제로 확산시킬 수 있을지 또 반드시 그렇게 해야만 하는지에 대해 의구심을 갖고 있습니다. 예를 들어, 중국은 한 가정에 자녀를 한 명만 낳게 하는 식으로 급격히 팽창하는 인구 문제를 해결하기 위해 많은 노력을 하고 있지만, 다른 곳에서는 이런 과도한 입법을 전체주의적인 발상이라고 거부합니다. 이렇게 되면 제한된 능력 밖에 갖지 못하고 있는 민주정부들은 생태위기를 충분히 해결할 수 없지 않을까요? 그래서 녹색의식이 사회의 저변에서부터 샘솟듯 일어나게 하는 것이 필요합니다. 그렇다면 어떻게 그렇게 되도록 동기부여를 할 수 있을까요?

동기들과 주선율들

동기는 보통 개인적 이익에 호소할 때 강화됩니다. 하지만 개인적 이익이 사실상 우리가 봉착해 있는 문제들의 뿌리가 아닌가요? 당연히 그렇습니다! 하지만 개인적 이익은 다른 데서도 올 수 있고 여기에서 우리는 개인적 자기이익과 집단적인 자기이익을 구별할 필요가 있습니다. 후자는 사람들이 때로 전체를 위해서 개인적 이익을 희생하는 경우에 볼 수 있듯이 가족과 부족 연합을 영속적으로 강화시켜 왔습니다. 집단적인 자기이익이 주도하게 되면 가족의 명예와 부족의 생존이 개인의 욕구들보다 더 중요하게 됩니다.

불행하게도 이런 이타적인 집단적 응집성으로 인해 부족 사이의 갈등과 인종 내부의 전쟁이 역사 속에 계속되어 왔습니다. 하지만 우리는 이제 이를 넘어 전 지구적 연합으로 나아가야 합니다. 물론 우리는 아직 이 문제에 대해 제대로 준비되어 있지 않습니다. 국가적 수준에서의 부족주의는 여전히 강력하여 생태위기를 해결하려는 노력을 방해합니다. 그러나 부족적인 자기이익 앞에서 개인적 이익을 조절해야 하듯이, 부족적인 자기이익 역시 생태적 자기이익 앞에 양보해야 마땅합니다. 우리 모두는 자신들뿐 아니라 후손들을 위해서도 지구 생태계를 유지하는 데 기본적인 관심을 가져야 합니다. 전체 인류는 마땅히 한데 뭉쳐야 하는 것입니다.

기독교 역시 "유대인이나 이방인이나 자유인이나 노예나 남자나 여자나 모두 그리스도의 안에서 하나다"라는 말씀처럼 모든 인간들을 하나의 몸 곧 그리스도의 몸으로 하나 되게 하는 목적을 가진 운동으로 시작했습니다. 하지만 기독교는 로마의 멸망 이후 로마황제의 로마의 평화(Pax Romana)와 비슷한 특징을 보이면서 인류의 연합이라는 비전을 서서히 잃어갔으며, 죽음 이후의 영적인 삶을 우선적으로 생각하게 되었습니다. 그때 이후 전체의 이익에 대한 생각은 약해졌으며, 지옥에서 벗어나 천상에서 자리를 확보하기 위해 기독교를 받아들이라는 압박 속에 사람들은 개인적인 자기이익을 더 강화해 왔습니다. 기독교는 피안에서의 영혼의 구원을 제공하고자 하는 가운데 이 세상에서의 자신의 영혼을 잃어버렸고, 결국 "교회는 너무 천상에 마음이 뺏겨서 지상에서는 아무 쓸모가 없다"는 냉소주의자의 무시하는 말을 듣게 되어 버렸습니다.

하지만 이 세상 너머의 세계에서의 개인적 불멸을 희망하는 것은 기독교가 여러 가지 구원의 종파들 및 신비종교들과 싸우고 또 영향을 받는 가운데 기원후 2세기와 3세기에 형성된 것으로서, 이런 믿음은 기독교 본연의 모습에서 이탈한 것이자 개인적인 자기이익에 굴복한 결과입니다. 따라서 기독교는 녹색의식의 동기를 제공하기 위해서라도 자신의 진정한 뿌리를 다시 발견해야 합니다.

새롭고 더 좋은 희망

이미 구약시대의 우리의 영적인 선조들은 자신들이 죽을 수밖에 없는 존재임을 받아들이는 것을 배우고 있었는데, 이는 영적으로 큰 진보였습니다. 왜냐하면 고대 이교세계에서 내세에 대한 믿음은 그것이 어떤 종류이든 거의 보편적으로 퍼져 있었기 때문입니다. 이와 대조적으로 이스라엘의 현자들은 백성들에게 "자신들의 날의 수를 세어보고 마음에 지혜를 얻으라"고 도전했습니다. 초대교회 역시 필멸성(mortality)을 수용했음이 분명한데, 이는 가장 초기의 기독교의 묘비명인 "망자 편안히 쉴지어다"(*Requiescat In Pace*)에서 잘 나타납니다. 무덤에서 망자는 세상 끝까지 조용히 잠들어 있다가 신화적인 마지막 심판에 모두 일어나리라고 믿었던 것입니다.

기독교인들의 믿음의 이런 가장 초기 형태는 오늘날에도 여전히 아주 높게 칭송되는 그런 불멸성(immortality)의 단서가 됩니다. 실상 다음 세대까지 계속 살아가는 능력은 개체 차원이 아닌 종들의 능력으로 이런 것이 생태학이 관심을 가지는 불멸성입니다. 생태적 불멸성은 우리가 불멸성에 대한 전통적인 기독교적 개념에서 발견하는 것보다 훨씬 큰 이타성을 요청합니다. 곧 자기 위주의 희망이 아니라 "친구를 위하여 목숨을 버리는 것보다 더 큰 사랑은 없다"는 제4 복음서의 주장과 같은 이타성이 필요합니다.

따라서 불멸성은 개인과 연관되기보다 종 전체와 연관되며 무엇보다 먼저 진화하고 있는 지구 위의 생명의 그물망과 연관되는 특성입니다. 우리 인간들은 개인적으로는 지상의 다른 피조물들과 마찬가지로 죽을 수밖에 없는 존재들입니다. 그러나 우리는 경외감을 불러일으키는 생명의 그물망 안에 태어나고, 선조들이 만든 진화 중인 인간 문화를 이어받는 큰 특권을 받았기에 이런 풍요로운 문화와 지구 생태계를 후손들에게 가능한 최선의 상태로 넘겨줄 책임이 있으며, 이런 것이 우리의 유일하고 적절한 역할이자 운명입니다. 이것이 하나님을 마음을 다하여 사랑하고 이웃을 자기 자신처럼 사랑하라는 명령의 생태적 모습입니다. 우리는 우리 자신의 사적 이익보다 우리의 자녀들과 손자손녀들 그리고 앞으로 올 모든 세대들을 위해 이런 생태적 명령에 응답해야 합니다.

나는 지금까지 생태학으로 인해 기독교인들의 믿음과 도덕적 행동에 일어나야 할 근본적인 변화들을 간략히 살펴보았습니다. 이제 마지막으로 이러한 녹색 기독교를 가장 잘 촉진하고 또 축하할 수 있는 예식들과 예전들이 있다면 어떤 것들인지 하는 문제를 살펴보겠습니다.

9장

예전과 축제들의 녹색화

아놀드 토인비(Arnold Toynbee)는 1976년에 그의 마지막 책 『인류와 어머니 지구』(*Mankind and Mother Earth*)를 출판했습니다. 이 책에서 그는 "우리는 지금 생명계 역사의 분기점에 서 있다... 마음의 변화가 일어나지 않으면 인간은 자신의 악마적인 물질적 능력과 탐욕이 가져올 재난으로부터 스스로를 구할 능력이 없을 것 같다"라고 쓰고 있습니다.

토인비가 경고했던 그런 마음의 혁명적 변화는 주로 종교에 의해서 발생하는, 그런 동기를 필요로 합니다. 물론 그는 전통적이고 초자연주의적인 종교의 부흥을 기대하지는 않았습니다. 그는 종교를 "인간이 맞닥뜨리게 된 현상들의 신비함에 대한 인간의 필연적 응답"으로 이해했습니다. 실제로 이것이 모든 종교가 시작된 방식입니다.

기원들로 돌아감

하지만 이런 영성이 어떻게 오늘날 같은 전 지구적이며 세속적인 시대에 발생할 수 있을까요? 또한 그것이 가능하다면 이런 일은 어디에서 오게 될까요? 모든 종교는 단번에 만들어지기보다 언제나 이미 있던 어떤 것들로부터 진화해왔습니다. 따라서 미래의 종교 역시 과거의 신앙들로부터 발생할 것이며 어쩌면 기독교나 이슬람 같은 종교뿐 아니라 그 이전에 있었던 것들, 곧 차축시대 이전의 자연종교들로부터도 나올 수 있을 것입니다. 따라서 개신교 종교개혁자들이 교회의 개혁을 위해 원시 기독교라고 생각했던 것으로 되돌아갔듯이 우리 역시 좀 더 이전, 곧 차축시대 이전의 종교들로 되돌아가 볼 필요가 있습니다.

이렇게 보면 우리는 그 종교들이 완전히 소멸되지는 않았음에 놀라게 될 것입니다. 기독교의 다양한 층위들의 표현 아래에는 자연에 초점을 맞추는 종교의 잔영이 여전히 남아 있습니다. 가령 유럽의 대성당들의 눈에 잘 뜨이지 않는 모퉁이들에는 자연의 영을 상징하는 조그만 녹색 남자의 부조상이 새겨져 있고 일주일의 이름에도 고대 독일의 신들의 이름이 남아 있습니다. 곧 일요일(Sunday)이란 이름은 태양신(sun-god)에서 왔고, 월요일(Monday)은 월(moon-god)에서 왔으며, 수요일(Wednesday)은 보단(Woden-고대 영어에서 북유럽의 신 Odin에 해당하는 이름)에서, 토요일(Saturday)은 사투르누스(Saturn-로마 신화에 나오는 농경의 신)에서 나왔습니다.

이런 유물들은 로마 카톨릭의 신부들이 미신적인 이교주의의 흔적들을 깨끗이 지우려고 노력했음에도 아직 남아 있습니다. 유일신론 신봉자들은 자연의 신들을 없애기 위해 모든 노력을 기울였고, 인간 종들을 자연세계로부터 분리시킨 후 인간 종 자체에만 관심을 쏟았습니다. 카톨릭 신부인 토마스 베리는 이렇게 말합니다. "우리 문제의 많은 부분은 우리의 사고가 제한되어 있었던 데서 일어난다. 우리는 우리 각자에, 곧 개인적인 권력 확대에 집중했다... 지구라는 행성에 대한 감각은 결코 우리 정신에 들어오지 않았다."

기독교는 저 위 하늘에 마음을 두라고 가르쳤으며 지구를 타락한 세계이자 결국은 멸망할 것으로 여겼기 때문에, 특히 중세기에는 많은 사람들이 영적으로 자신들의 궁극적 구원을 준비하기 위해 이 세계를 떠나 수도원과 수녀원으로 들어갔습니다. 개신교는 그 뒤 수도원들을 폐쇄하고 기독교를 세속화하는 큰 발걸음을 내디뎠지만 여전히 이 세계를 마귀가, 부주의하고 조심하지 않는 사람을 유혹하고 시험에 빠지게 하는 곳으로 보았는데, 이런 생각은 오늘날도 여전히 나타나고 있습니다. 실상 근본주의는 지금도 기독교의 녹색화가 필요하다고 말하는 사람들에 대해 마귀 짓을 하고 있다고 말합니다.

세계를 지배할 것인가 아니면 사랑할 것인가?

실상 에밀 브루너 같은 수준 높은 신학자들도 자연세계에 너무 많은 관심을 보이지 말라면서 이렇게 쓰고 있습니다. "인간은 하나님의 형상으로 창조되었기 때문에 지구를 자신에게 복종시켜야 하고 모든 다른 피조물들을 지배해야 한다... 인간은 자연 위로 올라섰을 때 비로소 자신의 신적 운명을 실현할 수 있다."

따라서 지구의 가치를 재발견하고 어떻게 그것을 돌볼 것인가를 가르치는 일이 주로 교회 밖의 세속적 예언자들과 목소리들에게 넘겨진 것이 그다지 놀라운 일이 아닙니다. 2000년 전에 바울이 "하나님은 어리석은 자를 들어서 지혜로운 자를 부끄럽게 하신다"고 주장했듯이, 오늘날 어머니 지구는 정치와 종교의 공인된 지도자들을 부끄럽게 하면서 좌파들, 환경보호자들, 멸시받는 이단자들에 의존하고 있는 것입니다.

최초의 환경 보호론자는 앞에서 말했듯이 이제는 성 프란체스코로 존경받는 한 남자로서 그는 이미 13세기에 기독교 녹색화의 선구자가 되었습니다. 물론 자연에 대한 그의 언급이 여전히 하늘 아버지에게 영광을 돌리는 맥락에서 이루어진 것은 사실입니다. 그러나 오늘날 우리는 그와 달리 무한한 우주와 생명의 신비, 그리고 자연의 힘들에 우리가 의존해 있음을 자유롭고 충분히 말할 수 있으며, 이것이 고든 카우프만(Gordon Kaufman)이나 샐리 맥페이그(Sallie McFague)가 한 일입니다. 1997년에 맥페이그는 그녀의 책인 『초, 자연적 기독교인들: 어떻게 자연을 사랑할 것인가』 (*Super, Natural Christians: How We Should Love Nature*)에서 기독교 전통과 자연세계를 효율적으로 연관시켰습니다. 또한 여성학자들인 로즈마리 래드포드 류터(Rosemary Radford Reuther), 카렌 암스트롱(Karen Armstrong), 앤 프리마베시(Anne Primavesi)는 녹색 신학(green theology)을 설명하고 대중화하는 데 앞장서고 있습니다.

도약하기 위해 한 걸음 물러섬

기독교를 자연세계와 다시 연결하는 최선의 길은 아마도 주요한 기독교 축제들을 검토하여 그것들의 자연적 기원을 추적하는 데 있을 것입니다. 모든 축제들은 원래 한때 신들로 경배되었던 천체들의 움직임들과 연관되어 있습니다. 가령 성경의 첫 몇 장들을 저술했던 유일신론자들이 해와 달이 피조물임을 선포하고 그것들의 창조가 네 번째 날에야 겨우 이루어졌다고 말함으로써 의도적으로 그 가치를 저하시켰음을 기억해 보십시오. 해가 만들어질 때까지 사흘이 지나야만 한다는 것은 분명히 해를 무시하는 것입니다!

달이 차고 기우는 것과 해의 궤적의 변화는 흘러가는 시간을 하루와 일 개월과 일 년으로 나누게 했고 모든 종교적인 제의들의 시간 구조도 여기에 준하여 결정되게 했습니다. 하지만 해와 달은 원시인들에게뿐 아니라 우리들에게도 여전히 시간을 알려주는 것들로 남아 있습니다. 자주 무시되기는 하지만 우리 자신의 몸에도 생체 시계가 들어 있어서 해와 달과 매일의 축제들을 지킬 때 우리들은 지구의 리듬을 따르게 되고 신체적으로나 정신적으로나 건강하게 살아갈 수 있게 됩니다. 그러니 이런 리듬들을 중요하게 여기는 건강 프로그램들과 뉴 에이지 종파들은 겉보기와 달리 그렇게 이상야릇한 것만은 아닌 것입니다.

우리가 알고 있는 가장 오래된 축제들은 새해와 새 달의 나타남을 축하하는 것입니다. 성경전통에서 새로운 달의 축제는 특히 중요했기에 구약성경에 자주 나타납니다. 하지만 예언자들은 그것을 자연숭배의 유물로 보고 제거하고자 했으니, 가령 이사야는 하나님이 이스라엘의 새 달 축제들을 혐오하시며 어리석은 짐으로 여긴다고 선언합니다.

이런 축제들의 기원은 반(半)유목 생활을 하던 히브리 족장들에까지 거슬러 올라가는데도 그것이 이사야 시대까지 존속되고 있었다는 점은 무척 흥미롭습니다. 달은 사막에서 야간여행을 하는 사람들의 길을 밝혀줄 뿐 아니라 이글거리는 태양의 뜨거운 열기보다 한결 친절해 보였습니다. 그 이후의 아라비아 사람들도 똑같이 느꼈으며 이 사실은 이슬람에게 달이 왜 그렇게 중요했는지를 설명해줍니다. 이슬람 세계는 태양력을 결코 사용하지 않았으며 오늘날에도 태양력보다 11일이 적은 12개월로 된 태음력을 사용하고 있습니다.

달과 해의 주기가 서로 잘 맞지 않는다는 사실은 오랫동안 태음력을 사용하는 문화권에서 큰 난제였습니다. 우리는 이 문제를 단순히 양력의 한 해를 서로 다른 날수를 가진 열 두 개의 달로 나누고 이렇게 하여 실제 달의 주기에 기초한 달들을 사용하지 않음으로써 해결합니다. 하지만 고대 이스라엘 사람들은 이 문제를 다른 방식으로 해결했는데 유대인들은 오늘날까지 이 방식을 따르고 있습니다. 곧 그들은 이슬람처럼 12개월로 된 한 해를 지키지만 이슬람과 달리 그들의 음력체계를 진짜 태양력과 일치하도록 매 3년마다 13번째 달을 넣는 바빌론 시스템을 채택함으로써 이 문제를 해결했습니다.

가나안 달력

고대 히브리인들은 가나안 땅에 들어가면서 태양력을 받아들여야 했습니다. 그들 역시 가나안 사람들과 마찬가지로 태양과 긴밀하게 연관되어 있는 농경문화에 적응해야 했기 때문입니다. 이스라엘 사람들은 태양에 기초한 계절의 형태에 적응하려고 함과 동시에 많은 신월(new moon) 축제들이 보여주듯이 달의 주기들 역시 계속 지켜나갔습니다. 가나안 사람들은 한 해를 50일씩 일곱 기간들로 나누는, 오늘날 50일력(pentecontad calendar)이라 부르는 아주 복잡한 달력을 발전시킨 것으로 보입니다. 각각의 50일은, 일곱 번씩 일곱 번에 하루가 더해진 것으로 되어 있었습니다. 7이란 숫자는 성스러운 것으로 여겨졌는데, 이는 네 번의 달의 (대략) 7일 주기들과 다섯 개의 행성 및 해와 달이라는 일곱 개의 천체들 때문에 그렇게 여겨졌습니다. 신년 첫 날에 이어 일곱 번의 50일이 뒤를 따랐고 네 번째와 일곱 번째 다음의 7일의 간극 사이에는 장막들의 축제와 누룩 넣지 않은 떡의 축제를 지켰습니다. 이렇게 50일력을 언급하는 이유는 그런 전통의 일부분이 오늘날까지 부활절과 성령강림절 사이에, 혹은 희년에서 50이라는 숫자가 나타나고 있기 때문입니다.

그 외에도 고대 가나안적인 관행들에서 살아남은 것들로, 조금 후대의 것이기는 하지만, 춘분 때의 누룩 넣지 않은 떡의 축제와, (50일 후의) 첫 번째 열매, 그리고 가을 추수축제 농경축제들이 있습니다. 이스라엘 백성들은 이런 축제들을 자연과의 그 원래적 연관에서 분리시켜 그들의 문화사 속의 기본적 사건들에 대한 축제들로 변모시켰습니다. 가령 첫 번째 열매의 축제는 모세가 시내 산에서 율법을 받은 것을 기념하는 오순절이 되었고, 장막(혹은 천막)이란 이름으로 남아 있는 모임은 오늘날에는 광야생활의 길고 긴 여정을 기념하는 것이 되었습니다.

기독교는 유대교로부터 분리되어 나온 후, 이 중 첫 번째 두 가지를 기독교적 축제로 바꾸었습니다. 예수가 유월절 축제 중에 십자가에서 처형되었기 때문에, 이전에는 봄의 축제였던 것이 이제는 예수 그리스도의 죽음과 부활을 기념하는 것이 되었고, (원래 첫 열매들의 축제였던) 유대인의 유월절은 성령의 오심의 표시로 여겨지게 되었으며, 부활절 예전들은 시간이 지남에 따라 기독교의 모든 축제 중 가장 중요한 것이 되었습니다. 성 금요일 역시 한 해 중 가장 거룩한 날이 되고, 부활절 주일은 가장 즐거운 날로 바뀌었습니다.

그것이 더 바뀌어감에 따라...

부활절 축제의 기원이 가나안이었던 유럽이었던 간에, 여기에서 중요한 것은 그것이 봄의 축제와 연관되어 있다는 점입니다. 서구 기독교는 그것을 이스터(Easter)라고 부름으로써 봄의 이방의 여신인 이오스트레(Eostre)의 이름을 지금도 보존하고 있습니다. 더 나아가 기독교의 목사들은 좋아하지 않지만, 이 세속시대 부활절의 가장 대중적인 상징들은 부활절 달걀과 부활절 토끼인데 이것들 역시 유대인의 유월절과 기독교의 예수의 죽음과 부활에 대한 기념보다 훨씬 이전부터 있었던, 기억조차 잘 되지 않는 봄의 축제들로부터 기인한 것입니다.

기독교와 자연을 다시 연관시켜 토인비가 요청했던 그런 종교가 되게 하는 최고의 방법은 자연을 축하하는 것에 뿌리를 둔 주요한 축제들의 기원들로 되돌아가는 것입니다. 미래의 생태적 영성은 우주의 경이와 생명의 신비를 경축할 것이며, 생명을 낳고 계속 지탱해주는 자연 과정들을 소중히 여길 것입니다. 그것은 사람들이 자연세계의 풍요함과 아름다움에 감사하도록 할 것이며, 우리 모두에게 주어진 생태적 명령에 적극적으로 응답하도록 할 것입니다.

이 사실이 부활절에 의미하는 바를 생각해봅시다. 많은 기독교인들이 부활절을 죽은 사람이 기적적으로 다시 살아난 사건으로 이해하는데, 데이비드 젠킨스(David Jenkins) 주교는 이런 이해를 부활절을 싸구려 심령 과학 소설(science fiction)로 바꾸어버린 조잡한 모방이라 부릅니다. 그러나 부활절은 이보다 훨씬 깊은 뜻을 지니고 있습니다.

35년 전에 나는 『부활: 희망의 상징』(Resurrection — A Symbol of

Hope)이란 책에서 부활절 메시지의 오랜 전개과정을 추적했습니다. 이 책에서 나는 부활이 기독교의 고유한 것이 아니라 이미 그 전부터 고대 중동의 종교에 깊이 퍼져 있었으며, 기독교인들은 부활절 메시지를 창조하지 않았고 오히려 그것을 사용하여 예수의 비극적 죽음을 적극적인 희망의 언어로 재해석했다고 말했습니다.

죽음에서 생명이 나오게 되었다

부활절의 원래 메시지는 역설의 형태로 표현할 수 있습니다. 곧 모든 생명은 죽음으로 끝나지만 거기에서 다시 새로운 생명이 나온다는 것입니다. 죽음 다음에 부활이 온다는 주제는—오늘날 우리가 신화라고 부르는 이야기들인—신에 대한 이야기들에서 오랫동안 발견되어 왔는데 그 중 주된 것은 죽었다가 다시 사는 신의 이야기입니다.

고대인들이 이런 이야기들을 한 이유는 이것이 그들 삶의 경험이었기 때문입니다. 그들은 해가 매일 서쪽에서 죽고 다음 날 아침 새로운 생명을 받아 다시 태어나고, 또한 달도 매달 차고 기울어지면 잠시 동안 전혀 보이지 않는 것을 보았습니다. 그것이 잘 알려진 "삼일 만에"라는 성경구절의 기원입니다.

또한 그들은 한 해의 계절들에 주목했습니다. 여름에 열매가 익으면 가을의 추수가 있고 이후 초목들이 죽는 겨울이 찾아오지만, 봄이 오면 죽었다고 생각했던 것들이 다시 살아나는데 이것이 부활절 축제가 봄에 이루어진 이유입니다. 봄이 되면 그 어느 때보다 더욱 놀랍게 죽음 다음에 부활이 새로운 생명으로 나타나니까요.

사실은 식물뿐 아니라 인간들의 삶 역시 죽음으로 끝납니다. 시편

기자의 말처럼, 우리는 풀처럼 잠시 무성하지만 곧 시들고 죽습니다. 하지만 한 세대는 가도 다음 세대가 이를 계승합니다. 죽음과 부활은 인간의 생명을 비롯하여 지구 위의 모든 생명을 만들어내는 기본적인 직조이며, 이 때문에 고대 중동지역의 사람들은 많은 세기들에 걸쳐 부활절을 축하했고 고대 이스라엘 사람들 역시 그들의 글들을 통해 이 점을 반영하고 있는 것입니다. 호세아는 다음과 같이 말합니다.

> 이제 주님께 돌아가자.
> 그가 우리를 찢으셨으나 이제는 치료하실 것이다.
> 그가 우리를 치셨으나 우리의 상처들을 묶어주실 것이다.
> 이틀 뒤에 그는 우리를 살릴 것이다.
> 제 삼일에 그가 우리 생명을 회복시킬 것이다.
> 우리는 그의 면전에서 다시 살 것이다.

이스라엘의 부활

그러나 이스라엘 사람들은 이런 주제를 그들 자신의 역사를 해석하는 데 사용했습니다. 강력한 제국들의 계속되는 지배 속에 민족 전체가 거의 멸절되는 것을 목도하면서 그들은 고대의 부활의 희망을 가져왔는데, 이 점을 잘 보여주는 것이 계곡에 가득 찬 마른 뼈 환상 속에서 이스라엘의 부활의 희망을 표현하는 예언자 에스겔의 말씀입니다. "이 뼈들은 이스라엘 모든 집의 뼈이다! 주님이 말씀하신다. 보라 내가 너희들의 무덤들을 열고 너희들을 무덤에서 일으킬 것이다. 내가 나의 영을 너희들 가운데 넣을 것이며 너희들은 살아날 것이다.

내가 너희들을 너희들의 고국에 둘 것이다."

예언자는 자연세계에서 관찰되는 갱신을 그의 민족의 지속적인 운명에 적용했으며 일단 이렇게 되자 그때부터 "부활" 경험은 이스라엘 백성들이 위기를 만날 때마다 전면에 등장하고 적용됩니다. 기원 전 2세기 중반의 지배자들은 유대인을 박멸하고 그들의 전통을 없애려고 했습니다. 이때 기록된 다니엘서에서 우리는 큰 영감을 불러일으키는 다음과 같은 약속을 읽게 됩니다. "큰 환난의 때가 올 것이나 너희 백성들은 구조될 것이다. 땅의 티끌에서 자는 사람들이 깨어 일어날 것이고 그들 가운데 지혜로운 자들은 영원히 별과 같이 빛날 것이다."

실상 죽은 자들로부터의 부활이라는 부활 신앙은 기독교가 시작될 무렵 유대인 공동체들 가운데서 많이 논의되고 있었습니다. 예수는 이런 정황 가운데 일하셨고, 이 문제를 두고 동료 유대인들과 논쟁했습니다. 따라서 그가 십자가에서 순교자로 죽었을 때 그의 추종자들은 예수가 그들을 위해 대변해 주었던 것들은 결코 사라지지 않을 것이라는 확신을 표현할 적절한 언어를 이미 가지고 있었습니다. 곧 예수는 죽음에 머물러 있지 않고 살아났다는 것입니다! 예수의 부활에 대해 기록된 가장 초기의 증언은 바울에게서 발견되는데, 그는 "이제 사는 것은 내가 아니요 그리스도께서 내 안에서 사신다"라고 장엄하게 선언하며 바로 이 때문에 그는 이런 경험을 함께 한 기독교인들의 공동체를 "그리스도의 몸'이라고 부르고 있습니다. 역사적 예수는 죽었지만 그가 대변했던 모든 것은 아주 분명히 살아있을 뿐 아니라 이제 교회 자체가 부활한 그리스도의 구체적 모습이 되었다는 것입니다.

해 아래 새 것은 없다

물론 첫 번째 기독교인들의 부활 경험들은 과거의 자연 축제들의 경험과는 아주 다른 성격의 것이라고 주장하는 사람들도 있을 것입니다. 그러나 첫 번째 기독교인들은 그렇게 생각하지 않았습니다. 실상 제4 복음서는 이런 내용을 예수의 입을 통해 다음과 같이 표현합니다. "내가 진실로 진실로 너희에게 이르노니 한 알의 밀이 땅에 떨어져 죽지 아니하면 그대로 있을 뿐이다. 하지만 죽으면 그것은 많은 열매를 맺는다." 달리 말해서, 예수의 죽음은 새로운 생명으로 움터 오는 한 씨앗의 죽음과 유사한 것으로 이해되고 있는 것입니다. 로마의 초기 교황인 클레멘트(Clement of Rome)의 다음의 말도 생각해 보십시오. "어떻게 창조주께서 계속해서 부활을 펼쳐주시는지 잘 살펴보자. 그 중 하나의 예가 주 예수 그리스도께서 죽음에서 다시 살아난 것이다. 모든 때에 규칙적으로 발생하는 부활을 살펴보자. 밤과 낮은 부활을 보여준다. 밤에는 자러 가지만 아침에는 일어난다. 날이 떠나면 밤이 다가온다. 곡식도 살펴보자. 씨 뿌림이 어떻게, 어떤 식으로 이루어지는가? 씨는 땅에 떨어져 죽는다. 그런 다음 하나님의 놀라운 섭리에 의해 밀알 한 알의 죽음에서 훨씬 많은 열매들이 자라난다."

초기 기독교인들조차 예수의 죽음으로부터의 부활을 자연에서 관찰되는 죽음과 부활의 한 부분으로 볼 수 있었다면, 오늘의 우리는 더욱 자유롭게 그렇게 할 수 있을 것입니다. 이제 우리는 지구 위의 생명들이 자신들을 끊임없이 갱신하는 경탄스러운 능력을 가지고 있음을 볼 수 있습니다. 그뿐 아니라 한때는 생명이 없던 지구에서 수없이 다양한 형태의 생명 진화가 이루어졌는데, 이 사실 자체가 이미 가장 위대한 부활의 기적이라고 할 수 있습니다.

이야기는 여기에서 그치지 않습니다. 천문학자들은 지금도 계속 진화하고 있는 우주의 경이와 신비를 보여주고 있습니다. 천문학자들에 의하면, 최초의 은하계들과 별들은 그것들 안에 생명 탄생에 꼭 필요한 탄소나 여타 화학 원소들을 가지고 있지 않았습니다. 이런 더 복잡한 원소들이 만들어지기 전에 초신성(supernovas)이라 알려진 별들이 폭발하고 죽어야 했으며 그런 연후에야 그것들의 조각들로부터 행성들과 더 고등한 화학원소들이 태어날 수 있었다고 하는데, 이 모든 과정 역시 거대 규모의 죽음과 부활이라고 부를 수 있을 것입니다.

하나의 거대한 추동력

따라서 우리는 우주 전체가 죽음과 부활이라는 기본적인 현상에 깊이 관여되어 있다고 말할 수 있습니다. 무생명에서 생명이 나오고, 죽음에서 부활이 나온다는 부활절 주제는 이미 시간의 시작부터 작동하고 있는 것입니다. 그것은 우주의 본성에 이미 내재해 있을 뿐 아니라 지구라는 행성에 사는 모든 생명체들의 근본적 원리입니다 그리고 우리가 알다시피 이러한 생명의 원천은 분명 계속해서 축하할 만한 가치를 가지고 있습니다.

이런 생태시대는 녹색 기독교가 부활절 축제들에게 부활절의 영원한 메시지를 회복하는 데 얼마나 놀라운 기회를 제공하는지요! 그것은 임박한 생태위기 앞에서 희망을 가져다 줄 수 있습니다. 우리의 몸이 병에 걸려도 놀랄 만한 회복력을 가지고 있듯이, 지구는 그 자체의 항상성을 다시 발견하고 회복하며 갱신하는 놀라운 능력을 가지고 있습니다. 우리는 우리 인간들뿐 아니라 자연, 그리고 우주 안에 창조적 능력이 들어 있어서, 새로운 지구는 바로 그런 힘으로 우리 인간들이 근래 들어 그것을 위협함에도 불구하고 죽음을 넘어서 부활할 수 있다고 말할 수 있습니다. 그렇다면 우리는 힘든 중에도 용기를 가질 수 있을 것입니다. 우리가 부활절을 이렇게 축하하게 된다면, 지구의 가치 있는 미래에 대한 희망 역시 회복할 수 있는 것입니다.

이제 크리스마스에 대해 생각해 봅시다. 지난 1500여 년 동안 12월 25일은 예수 그리스도의 생일로 축하되어 왔지만, 실상 이 날이 정말 그 날인지는 아무도 모릅니다. 오늘날은 예수가 어느 해 어느 날에 태어났는지 알 수 없다는 점이 널리 받아들여지고 있습니다. 어쨌든 이 날은 약 5세기 경 기독교인들이, 북반구의 경우 동지에 지키던, 이미 있던 자연 축제를 받아들여 기독교화한 것입니다. 원래 이 날은 태양이 하늘 위로 높이 솟아올라 더 길고 따뜻한 날을 가져오는 것을 기념하는 축제였습니다. 이런 축제는 부활절 주제의 다른 변형으로 그 슬로건은 "불패의 태양"(*Sol Invictus*)이었는데 기독교인들은 이 땅을 찾아오시는 예수 그리스도와 연관시켜 새로운 희망의 축제를 갖는 것이 이런 표현에 특히 적합하다고 보았던 것입니다.

크리스마스 축제는 오늘날 부활절보다 더 많이 알려져 있는데, 이는 특정한 사람들이 의도적으로 그렇게 만들어 왔다기보다 전체 사회가 무의식적으로 그 성격을 오랫동안 조금씩 바꾸어 왔기 때문입니다. 물론 이 날을 구원자로 여겨진 분의 생일로 축하하기를 원하는 사람은 여전히 그렇게 할 자유가 있습니다. 하지만 대부분의 사람들에게는 이 날이 더 이상 이런 의미가 아닙니다. 천사들의 합창, 목자들, 베들레헴의 말구유, 세 명의 동방박사 같은 외적인 모습들은 여전히 남아 있지만, 크리스마스는 이제 평화와 선의를 표현하면서 선물을 주고받는 날이며 무엇보다도 멀리 떨어져 있던 가족들이 함께 모이는 날이 되었습니다. 그리고 이런 가족의 유대는 더 격려되고 확장되어야 합니다. 그것은 자연의 아주 중요한 어떤 것을 기념하기 때문입니다. 곧 우리 인류 및 인류 문화의 진화는 가족 속에서 양육되어온 수 세대 동안의 사람들 덕분에 가능하게 되었는데, 이는 축하할 가치가 있는 것입니다.

하지만 우리 뉴질랜드 사람들처럼 남반구에 살고 있는 이들에게는 이런 연례 축제들이 다소 문제가 있습니다. 가령 부활절은 원래 봄의 축제지만 우리는 가을에 지킵니다. 크리스마스는 어둡고 추운 계절 곧 가족들이 불타는 난로가의 모닥불 주위로 가까이 모이는 겨울에 어울리지만 우리의 계절은 그렇지 않습니다. 그래서 남반구에 사는 우리 중 어떤 선구자적인 사람들은 6월 21일을 겨울 동지축제로 지키자고 하는데, 이런 시도는 요즘 같은 생태시대에 적절해 보입니다. 뉴질랜드가 공화국이 된다면 우리는 영국 여왕의 생일 주간을 유월의 세 번째 월요일인 겨울 동지의 축제로 대체할 수 있을 것입니다. 이렇게 할 때 그것은 그리스에서는 플레이데스(Pleides)라 부르고 마오리 족 사이에서는 마타리키(Matariki)라고 부르는, 북동부 지평의 별무리들이 나타나는 첫 번째 달을 축하하는 마오리 족의 신년 축일인 마타리키와 일치하게 됩니다.

재창조의 날

근대에 이르기까지 그리스도 교회는 우리 축제들의 공적인 옹호자이자 보호자 역할을 했지만, 시간이 지남에 따라 축제들은 불행하게도 자연세계와 분리되어갔습니다. 특히 교회는 인간 삶을 타계적인 관점에서 해석했기 때문에 생태시대에 절대적으로 필요한 영적인 인도를 제공하려면 교회는 그 메시지의 상당부분을 잊어버리든지 아니면 역설적으로 그 속에 들어 있는 가장 기본적인 메시지를 다시 발견하고 경험하는 것을 배워야 합니다. 곧 교회는 자신이 선포하는 주님처럼 생태시대에 요구되는 새로운 활력으로 부활하기 위해 이전의 삶에 대해 죽을 준비가 되어 있어야 하는 것입니다.

무엇보다도 교회는 너무 늦기 전에 그 가장 빈번한 축제인 주일예배의 방향을 새롭게 설정할 필요가 있습니다. 우리는 앞에서 7일로 이루어진 한 주일은, 고대 가나안 사람들이 농경 달력의 기본 단위를 그렇게 정한 데서 유래했음을 보았습니다. 그것이 뒤에 유대인, 기독교인, 그리고 무슬림 전통에서도 살아남은 주된 이유는 7일 중 하루를 휴식의 날로 지켰기 때문입니다. 그것은 역사 속에서 유대인의 안식일, 기독교인의 주님의 날, 무슬림의 거룩한 날, 오늘날의 세속적인 휴일 등으로 다양하게 지켜졌지만, 일주일의 하루를 쉬는 날로 사용하는 원래의 선한 목적은 계속 유지되었습니다. 원래 그것은 인간뿐 아니라 동물들, 더 나아가 땅에게도 노동으로부터의 휴식을 주고자 했습니다. 실상 자연의 과정들 역시 그 열매를 인류에게 계속 만들어 주려면 휴식이 필요합니다. 안식년이 있다는 사실은 고대 가나안 농민들이 땅을 그냥 쉬게 하는 일의 가치를 이미 알고 있었음을 뜻합니다.

어쨌든 일주일에 7일이 있고 그 중 하루가 휴식의 날이 되는 것은 우리가 고대 가나안 사람들에게 물려받은 가장 지속적인 문화적 선물입니다. 안식일이 과도하게 세속화되었음에도 불구하고, 이 날은 일에서 벗어나 휴식하는 날이라는 생각은 우리 문화 안에 견고히 자리 잡았고, 기독교와 이슬람교의 영향 아래 이제는 전 세계적으로 지켜지고 있습니다. 하지만 동시에 그것과 연관되어 있는 유대교, 기독교, 이슬람 안에 있는 적극적인 영적인 방향성을 우리가 잃어버리지 않도록 조심해야 합니다. 오늘날 우리는 휴식이 정신과 몸에 새로운 에너지를 가져오기에 정신노동과 육체노동을 포함하여 노동보다 휴식을 더욱 가치 있게 생각합니다. 그런데 유대인, 기독교인, 그리고 무슬림은 휴식뿐 아니라 다양한 예배 형태들을 통해 이루어지는 영의 재창조를 중요하게 여겨왔습니다.

실상 삶을 가장 충실하게 살려면 정기적으로 우리는 자신을 점검하고 목적들을 분명히 하며 실수들을 인정하고 새로운 시작을 살펴보는 기회를 가져야 합니다. 그리고 이것이 유대인, 기독교인, 무슬림이 행했던 이전의 다양한 영적인 실천들이 하고자 했던 것입니다.

새로운 예배의 순서

우리가 봉착하고 있는 생태위기에 건설적으로 응답하려면 주일예배를 녹색의식에 따라 새롭게 설정해야 하는데, 이것은 아주 작은 변화로도 이루어질 수 있습니다. 먼저 예배는 여전히 경배, 곧 우리들에게 궁극적 가치가 있는 것을 긍정하는 모양을 취할 것입니다. 토마스 베리가 다음과 같이 지적하듯이 말입니다. "하늘의 별들, 해와 천체의 것들, 바다와 대륙에 있는 것들, 모든 살아있는 나무들과 꽃들, 바다에 있는 다양한 생명 표현들, 숲의 동물들과 공중의 새들로 인해 경탄하고 존경할 수 있다. 살아있는 종들을 함부로 죽이는 것은 신적인 목소리를 영원히 침묵시키는 것이다."

우리의 문화적 기원들을 성찰하는 것 역시 여전히 의미가 있는데 이는 성경 읽기를 통해 이루어집니다. 또한 여전히 묵상을 위해 시간을 낼 필요가 있는데 이는 기도가 제공하는 부분입니다. 설교에 의해 이루어지는 정신적 자극 역시 본래적 부분으로 남을 것입니다. 변화해야 하는 것은 형식이지 내용은 아닙니다. 생태 영성은 우리의 관계성의 본질에 초점을 맞추되 인간 사회 속에서 인간끼리 서로 관계 맺을 뿐 아니라 생태계 안의 모든 살아있는 생명 형태들 및 자연의 힘들과 관계 맺는 것을 강조할 것입니다.

찬송을 부르는 것 역시 여전히 중요한 역할을 할 것입니다. 우리는 찬송이 아무런 실제적 중요성이 없다고 생각할지도 모르나 그렇지 않습니다! 개신교 종교개혁의 급속한 확산은 북유럽 전체에서 설교단의 강론이나 교리적 저술들보다 공동체 속의 찬송을 통해 이루어졌고 실상 찬송이 새로운 정신을 전달하는 데 훨씬 더 큰 영향을 행사했습니다. 교황 우르반 3세(Pope Urban III)는 마르틴 루터가 교회로 찬송을 부르게 함으로써 이단이 되게 한다고 불평했습니다. 웨슬리 형제들이 주도한 복음주의 부흥운동 역시 찬송가들을 통해서 확산되었습니다. 오늘날까지 교회에 출석하는 사람들의 종교적인 믿음은 그들이 듣는 설교보다 그들이 부르는 찬송가에 의해 더 많이 이루어지고 있으며, 이 점에서 종교는 가르쳐지기보다 포착된다는 말이 맞는 것입니다. 이미 좋은 찬송가들이 많이 작곡되었는데, 그 중의 상당수는 뉴질랜드의 가장 많이 알려진 찬송가 작사자인 셜리 머레이(Shirley Murray)에 의해 만들어졌습니다.

개혁된 주일학교 예배 역시 우리가 인간의 삶에 가치 있다고 여기게 된 모든 것, 가령 건강한 인간관계들과 풍요로운 인간 문화의 유산들의 중요성을 축하할 수 있을 것입니다. 교회 출석이 감소하고 있는 오늘날 교회에서 사용되는 언어들이 한참 뒤떨어져 있음에도 불구하고 사람들이 여전히 교회에 가는 이유 하나는 그들이 그곳에서 발견하는 교제와 상호 격려 때문입니다.

실천에서의 변화

우리는 이 점에서 기독교인들이 성만찬, 주의 만찬, 미사, 혹은 성찬 등의 여러 이름으로 부르는 중심적인 예전을 축하하는 방식에서 이미 발생하고 있는 큰 변화를 주목해볼 필요가 있습니다. 지난 4세기 동안 이 예전은 (중세의 그것과 달리) 제단에서 하나님께 드려지는 희생 제의에 대한 기념이 아니라 공동식사를 함께 나누는 것으로 더 많이 이해되어 왔으며, 제2차 바티칸 공의회 이후에는 로마 카톨릭 교회까지 이런 방향으로 움직여 왔습니다. 이 예전은 나그네에 대한 환대를 중요하게 여기는 고대 셈족 유목민들로부터 유래했습니다. 그것은 좋을 때도 있고 그렇지 않을 때도 있었지만, 여전히 서로 간의 친교의 풍성하고 성스러운 특성을 축하하고 양육하는 것이 될 수 있습니다.

20세기 들어 가장 크게 변화되어 온 것은 장례예배로서 그것은 이제 내세로 보내는 공식적인 "환송"의 측면이 급속하게 없어지고, 이 세계에서 살았던 삶에 대한 축하가 되고 있습니다. 유아세례 역시 근래 들어서야 변화되고 있지만 역시 효과적으로 바뀔 수 있습니다. 이전의 유아세례가 원죄를 씻는 것이었다면 이제는 한 가정에 새로운 생명이 찾아옴을 환영하는 것이 될 수 있습니다. 견진예식 역시 성년이 된 사람들이 그들의 동료 인간들과 생태계에 대한 어른으로서의 책임성을 인정하는 예전이 될 것입니다.

과거의 종교 행위들이 생태시대의 필요에 맞추어 개혁되듯이, 과거의 예전들과 동일하면서도 현재의 삶과 관련성이 있는 많은 형태들이 새롭게 만들어져 널리 사용될 것입니다. 과거의 위대한 유산의 하나는 우리가 십계명이라고 알고 있는 것입니다. 십계명은 한동안 하나님의 영감을 받은 글로 여겨졌기에 오래 유지되었고 또한 빈번히 그리로 돌아가야 한다는 요청이 있었습니다. 그러나 그것이 과거에 아주 적절한 것이었다고 해도 그 적합성은 생태시대에 많이 약화되었습니다. 적어도 십계명의 "명령"이라는 단어는 더 이상 적절하지 않습니다. 오늘날 우리는 내적 확신에 근거하여 행동을 선택하는 자유로운 사람들이기 때문입니다. 그럼에도 불구하고 녹색 기독교가 생태적 명령에 응답할 때, 그것은 과거의 신조들을 대신하는 그런 문장들을 만드는 데 도움이 될 수 있을 것입니다.

따라서 이제는 결단하기를

따라서 이제 나는 우리의 후손들에게 물려줄 건강한 세계를 건립하는 데 도움이 되는 열 가지 결단들(Ten Resolutions)을 제시하고자 합니다.

1. 스스로 진화해 가는 우주에 대한 경외 앞에 서는 시간을 가지도록 합시다.

2. 이 행성의 살아있는 생태계에 대해 경탄하도록 합시다.
3. 모든 생명 형태들이 궁극적 가치를 가짐을 인정합시다.
4. 지구의 생태 시스템의 균형을 보존하는 생활방식을 개발합시다.
5. 어떤 생명체 종자이든, 그 미래를 위험에 빠트리는 모든 행동들을 억제합시다.
6. 모든 살아있는 생명체들의 미래를 극대화하는 데 헌신합시다.
7. 도래하는 전 지구적 사회의 필요들을 우리 자신, 우리 부족, 우리 사회, 국가보다 더욱 중요하게 여깁시다.
8. 우리를 사회 집단들로 결속시키는 인간관계들의 가치를 배워나 갑시다.
9. 우리가 전수 받은 문화유산 전부를 존중하고 감사하는 법을 배웁시다.
10. 우리 종들과 지구 위의 모든 생명체들의 미래에 대해 책임을 지는 자기희생적인 방식을 받아들입시다.

이런 것들이 녹색 기독교의 대략적인 모습입니다.

제3부

세속성에 대한 찬양

10장

"세속적"이란 말의 의미

이번 연속 강의의 제목인 "세속성에 대한 찬미"는 1509년에 쓰인 한 권의 책에서 힌트를 얻었는데, 그 책은 르네상스 시대의 가장 저명한 학자였던 에라스무스(Erasmus, 1466-1536)의 『우신 예찬』(*In Prais of Folly*)입니다. 그는 네덜란드 사람으로 유럽의 여러 지역에서 살았고 활동했습니다. 그가 이 작은 책을 썼을 때 그는 토마스 무어 경(Sir Thomas Moore)의 런던 집에 머물고 있었고 이로 인해 이 책의 라틴어 제목은 집 주인의 이름으로 하는 말장난을 보이고 있습니다(책의 라틴어 제목인 *Moriae Encomium*은 "우신 예찬"뿐 아니라 "무어를 찬미하여"라는 뜻도 있습니다). 그는 이 150쪽 짜리 책을 한 주 만에 썼지만, 그 주된 내용은 그가 이탈리아에서 영국으로 말을 타고 여행하는 동안 이미 만들어졌습니다.

유머가 많은 사람

어리석음의 여신이 전하는 긴 연설 형태의, 유머와 조소가 가득한 이 책에서 에라스무스는 당시 교회의 관행, 수도원의 활동, 스콜라신학을 무자비하게 비판합니다. 가령 그는 이 여신의 입을 통해 수도사들에 대해 이렇게 말합니다(에라스무스 자신도 수도사였습니다). "그들은 천상의 청중들의 귀를 무한한 기쁨으로 즐겁게 해주고 있다고 착각하는 가운데 이해하지도 못하는 시편들을 교회의 당나귀들처럼 반복해서 시끄럽게 암송한다."

에라스무스는 이 책을 큰 의미 없이 가벼운 마음으로 장난하듯 썼기에 심각한 논문으로 할 수 없는 이야기들을 교회를 향해 마음껏 할 수 있었습니다. 하지만 그의 글은 "임금님은 벌거벗었다"고 고함 친 동화 속의 어린아이 같은 효과를 가져왔고, 결국 역설적이게도 이 작은 풍자의 책이 그의 가장 유명한 책이 되었습니다.

에라스무스는 철학자나 신학자이기보다 성서학자나 언어학자였으나 오늘날 그는 근대의 많은 종교사상의 영적인 선구자로 간주되고 있습니다. 그는 당대의 스콜라신학이 일상생활과 완전히 동떨어져 있음에 대해 조롱을 퍼부었으며, 근사한 신학적 치장들보다 산상수훈과 윤리적 종교에 대해 더 많은 관심을 가졌습니다. 무엇보다 그는 교회가 철저히 개혁되어야 함을 날카롭게 의식하고 있었습니다.

사람들은 "에라스무스는 달걀을 낳았고 루터는 그것을 부화시켰다"는 말을 종종 합니다. 하지만 마르틴 루터의 도전적인 행동들은 개혁 활동이라는 갑작스러운 결과를 낳은 반면, 에라스무스는 그런 것과 거리를 두었는데 그 이유 하나는 그가 부드럽고 소심한 사람이었기 때문입니다. 신부의 사생아로서 그는 가정의 기쁨과 위로를 알지 못했고 일평생 사랑과 인정을 갈구했습니다. 나의 선생님이었던 존 디키(John Dicike)는—오늘날 어떤 사람은 이를 "정치적으로 무감각한" 농담이라고 할지도 모르지만—에라스무스가 시집 안간 고모들의 긴 계열을 이어받은 것처럼 보인다는 농담을 한 적이 있습니다.

에라스무스는 처음에는 루터의 주장에 공감했지만 시간이 지나면서 루터의 "극단주의와 거친 태도"를 싫어하게 되었습니다. 또한 그는 같은 네덜란드 사람이자 학창 시절 친구였던 새로 선출된 교황인 아드리안 7세(Adrian VI)를 자극하고 싶은 마음이 없었습니다. 아드리안은 개신교 종교개혁을 촉발시켰던 면죄부 판매를 멈추고자 했던 개혁적 교황이었습니다. 불행하게도 그는 그가 맞서야 했던 여러 크고 많은 어려운 문제들과 씨름하다가 교황직위에 오른 지 1년 만에 죽어버렸는데 그가 교황으로 계속 있었다면 교회 역사는 아마 많이 달라졌을 것입니다.

"우신 예찬"을 쓴 같은 해에 에라스무스는 루터의 주장을 반박하는 "자유의지에 대하여"라는 제목의 논문을 썼습니다. 그는 펠라기우스파들이 견지했던 인간의 도덕적 능력에 대한 과도한 확신을 비판했지만 아우구스티누스가 말했고 루터가 옹호했던 주장, 즉 인간은 본래적으로 희망 없는 조건에 처해 있다는 주장도 똑같이 거부했습니다. 이로 인해 루터는 화가 많이 났고 에라스무스가 제시하는 개방적인 중도적 방식을 정죄하는, 네 배나 긴 응답의 글을 썼습니다. 그는 "우리는 극단까지 가야 한다. 우리는 자유의지를 완전히 거부하고, 모든 것을 신에게 돌려야 한다"는 결론을 내립니다. 에라스무스는 그의 비판자들이 이런 극단적인 입장들 사이의 중도적 입장을 선택하도록 설득할 수 없음을 알았고, 또한 개신교와 카톨릭이 모두 자신을 정죄하는 것을 보고는 공적 논쟁의 자리에서 물러나 버렸습니다.

이제 여러분들은 내가 이 강의 시리즈에서 에라스무스로부터 빌려온 것이 그저 제목의 몇 글자만이 아님을 깨달았을 것입니다. 나는 오늘날의 종교 논쟁의 주된 영역이 어떤 것인지를 암시하기 위해 고대의 논쟁에서의 그의 역할을 간단하게 서술한 것입니다. 오늘날 카톨릭과 개신교 사이에는 이전과 같은 격렬한 갈등은 없습니다. 서구 종교 문화의 이 두 영역 사이에는 16세기와 17세기에는 전혀 없었던 상호 존중과 이해가 상당부분 있습니다.

더 많은 것들이 바뀌고 있으며

오늘날 종교적 갈등은 중요한 세계종교들 사이에서보다 자신들을 종교인(religious)이라 부르는 사람들과 세속인(secular)이라 부르는 사람들 사이에서 일어나고 있습니다. 그리고 오늘날의 이런 거대한 분열은 종교개혁 시대의 프로테스탄트와 카톨릭 사이의 갈등과 비슷합니다. 당시에는 카톨릭과 개신교가 모두 자신이 궁극적인 진리를 소유했다고 주장하면서 상대방을 사탄의 하수인이라고 격렬하게 정죄했는데, 오늘날에는 이런 일이 전통적 종교들을 따르는 사람들과 전투적인 세속주의자들(secularists) 사이에서 일어나고 있습니다. 이들은 서로 비꼬면서 상대방을 인류의 선한 미래를 위해 반드시 침묵시켜야 할 위험한 열광주의자들로 취급합니다. 기독교인이든 무슬림이든 근본주의자들은 세상적인 것은 모두 사탄이 한 짓이며 자신들이 보기에 하나님이 계시하신 궁극적이고 영원한 진리들을 훼손하는 것으로 여기는 반면, 전투적 세속주의자들은 모든 전통적인 종교적 믿음체계들과 실천들을 시대착오이자 반드시 근절해야 할 유해하고 기괴한 미신들로 여깁니다. 최근에 이런 극단주의적인 세속주의를 보여주는 책들이 계속 출판되었는데, 곧 리처드 도킨스(Richard Dowkins)의 『만들어진 신』(*God Delusion*, 이한음 역), 크리스토프 히친스(Christopher Hitchens)의 『신은 위대하지 않다』(*God is not Great*), 샘 해리스(Sam Harris)의 『종교의 종말』(*The End of Faith*, 김원옥 역) 등입니다.

오늘 나는 옛날의 에라스무스처럼 이 문제를 탐색하되 이런 갈등 사이를 조정하는 입장을 발전시키고자 합니다. 에라스무스가 그의 시대의 전통적인 믿음체계들과 실천들을 조롱했듯이, 나 역시 전통적인 기독교의 많은 부분이 도킨스의 정곡을 찌르는 비판을 받을 만하다고 생각합니다. 우리가 성경에서 발견하는 이야기들, 명령들, 교리들의 어떤 부분은 도덕적으로 무척 역겹기 때문에 이렇게 주장하는 것을 주저해서는 안 됩니다. 또한 교회가 확언하고 예전으로 실천하는 교의의 많은 부분 역시 진정한 종교이기보다 미신이라고 말하는 편이 더 낫습니다. 나는 미신을 한때 적절했던 문화적 맥락보다 더 오래 살아남은 모든 신념이나 실천으로 정의합니다. 이런 교의들과 예전들이 낡아지고 미신처럼 된 것은 그것들이 우리의 공동의 지식과 경험으로부터 사라져 버린 지 이미 300년이나 400년이 되어버린 과거의 세계에 대한 관점을 반영하도록 만들어졌기 때문입니다.

하지만 전투적인 세속주의자들 역시 문제입니다. 이들은 과거의 종교들과 연관된 모든 것을 전반적으로 거부하는 가운데 이런 전통들에 의해 함양되어온 유익한 영적이고 도덕적 가치들까지 마치 아기를 목욕물과 함께 버리듯 버리고 있으며, 도킨스 역시 이 점에서 상당한 잘못을 범하고 있습니다. 물론 그는 자신을 구조하려고 시도하기도 합니다. 그의 책 마지막 부분에서 그는 자신이 "비교적 최근의 수십 년 동안 사람들이 드러내고 있는 성경에 대한 무지로 조금 놀랐다"고 하면서 자신은 우리의 문화적 과거의 "보물 같은 유산"을 놓치지 않을 멋진 계획을 만들 것이라고 합니다.

나는 근본주의자들과 전투적인 세속주의자들이 모두 세속성(secularity)을 잘못 이해하고 있음을 보임으로써 이들 사이의 중도적 입장이 가능함을 나타내 보이려고 합니다. 근본주의자들은 세속성을 그들의 신앙과 삶의 방식을 대적하는 것이라고 여기지만 나는 그들에 반하여 세속성에 대한 찬양 비슷한 것을 말하고자 합니다. 전투적 세속주의자들도 마찬가지여서 이들은 세속주의가 정말 무엇을 의미하는지 오해하고 있는 가운데 종교와 연관되어 있는 모든 것에 전쟁을 선언하고 있으며, 이러다 보니 "세속적" 세계는 대개 "반-종교적임"을 의미하게 되었습니다. 그러나 원래 그런 것은 아니었습니다.

더 많은 것을 설명할 필요가 있다

이를 위해 먼저 "세속적"이란 말의 어원으로 돌아갈 필요가 있습니다. 이 단어는 라틴어 '새쿨룸'(*saeculum*)에서 온 것으로 "한 시대" 혹은 "한 생애"라는 뜻인데 시간이 지남에 따라 "우리가 살고 있는 이 시대 혹은 세계"를 의미하게 되었습니다. 라틴어가 중세 기독교왕국의 학문적 공용어(*lingua franca*)였던 시절 '새쿨룸'은 대개 "한 세대에서 다른 세대로," "영원 무궁히" 같은 성경구절에서 발견되는 히브리어 '올람'(*'olam*)이나 그리스어 '에이온'(*aeon*)을 번역한 단어였습니다. 중세 라틴어에서 이 구절은 *ad saecula saeculorum*(영원무궁히)가 되어 미사 예전에서 낭송되었습니다. 이와 함께 수도원이나 수녀원에 사는 사람들은 엄격한 공동생활의 규칙을 따라 살기 때문에 "종교적"(the religious)으로 알려졌고, 교구 신부들은 그들의 모든 신실한 교구민들과 마찬가지로 세상 속에서 살고 일하기 때문에 "세속적"(the seculars)으로 알려졌습니다.

따라서 "세속적인 것"의 의미를 다시 알아차리기 위해 우리는 그 가장 가까운 동의어가 "이 세상적인"(this-worldly)이며 반대어가 "타계적인"(otherworldly) 임을 알 필요가 있습니다. 분명코 근대세계는 이-세계, 곧 물리적이며 가시적인 세계에 대한 지식과 이해를 꾸준히 증가시켜 왔습니다. 특히 갈릴레오, 뉴턴, 아인슈타인의 발견들로 인해 하늘에 있는 "다른 세계"는 우리의 시-공간 우주의 "이 세계"에 흡수되어 왔고 그 가운데 보이지 않고 가상적인 "다른 세계"에 대한 관심이나 확신들은 점차 약화되어 마침내 "그는 너무 타계적이어서 이 땅에서는 쓸모가 없다"는 농담까지 만들어지게 되었습니다.

"세속화"(secularization)는 바로 이런 "다른 세계"에 대한 관심에서 "이 세계"에 대한 관심으로의 전환과정을 표현하는 단어로서 대략 1864년경에 명백한 문화적 변화과정을 기술하기 위해 처음 사용되었습니다. 그 후 100년 뒤에 신학자인 하비 콕스(Harvey Cox)는 그의 널리 알려진 『세속 도시』(*The Secular City*)에서 "세속화"를 "사람이 그의 관심사를 저 세계에서 이 세계와 현재의 시간으로 돌리는 것"이라고 아주 간결하게 서술했습니다.

하지만 관심사를 다른 세계들로부터 이 세계와 현재로 돌리는 것이 반드시 종교에 관여하지 않음을 뜻하는 것이 아님을 분명히 할 필요가 있습니다. 가령 이스라엘 예언자들은 이 세계와 깊이 관련 맺고 있었습니다. 그들은 누가 들어도 알아들을 수 있는 분명한 말로 시장터에서 정의를 외쳤고 나라들 사이의 평화를 요구했습니다. 다시 말해, 세속화 과정을 반-종교적 운동으로 생각해서는 안 됩니다. 실제로 그것은 종교의 미래를 열려있는 질문으로 남겨둡니다.

현상 수배: 세속의 성인들

이런 사실은 이미 1850년에 하지슨(W. B. Hodgson)이 "세속적인, 종교적인, 그리고 신학적인"이란 강의에서 잘 지적하고 있습니다. 이 강의에서 하지슨은 "'세속적'이란 말은 영원이나 오고 있는 삶이 아니라 이 지구 위의 세속(Saeculum) 혹은 시대(Age), 혹은 삶의 기간(period)을 의미한다. 그것은 종교적인 것(religious)의 반대말을 뜻할 수 없다. 어떤 것이 세속적이라는 사실은 그것이 또한 종교적이라는 것을 배제하지 않는다"고 말했습니다.

하지만 이 문제를 좀 더 명확히 하려면 종교를 구성하는 것이 무엇인지 간략하게라도 살펴볼 필요가 있습니다. 오늘날 우리는 급격하고 광범위한 문화적 변화 가운데 살기 때문에 대개는 종교를 과거로부터 알려져 온 어떤 것이라는 아주 좁은 의미로 이해하며 신학자들 역시 이 점에서 예외가 아닙니다. 예를 들면, 20세기의 위대한 신학자 칼 바르트는 현대의 기독교 신앙을 설명하는 중에 기독교는 종교가 아니라고 선언했고, 디트리히 본회퍼 역시 그의 스승인 바르트를 따르면서 "종교 없는 기독교"(religionless Christianity)라는 용어를 만들기도 했습니다(이 용어는 뒤에 더 적절하게 "세속적 기독교"[secular Christianity]란 말로 번역되었습니다).

심지어 옥스퍼드 사전 역시 "종교는 초자연적 통제력, 특히 순종을 요구하는 인격적 신에 대한 인간의 지각이다"라고 종교를 너무나 협소하게 정의하고 있습니다. 이 사전은 다섯 번째이자 마지막 정의에서야 겨우 "종교는 한 사람이 그렇게 하도록 매여 있다고 느끼는 행동이다"라고 하여 만족할 만한 정의를 제시합니다. 이 정의는 라틴어 '렐리기오'(*religio*)가 기원한 어근이 "묶는다"(to bind)는 의미를 가지고 있다는 점에서 종교라는 단어의 어원에 충실한 정의라고 할 수 있습니다.

"종교"란 단어와 연관된 혼란을 인정하면서 캔트웰 스미스는 1962년에 『종교의 의미와 목적』(*The Meaning and End of Religion*, 길희성 역)이라는 제목의 작지만 아주 중요한 책을 썼습니다. 이 책에서 그는 초자연적인 차원을 가진 특정한 신념체계들과 실천들을 가리키는 이 용어에 대한 대중적인 사용이 실은 상당히 근대적 이해임을 보여주었습니다. 실상 "종교"라는 말의 어원은 그것이 원래 어떤 특정한 신념체계들을 가리키는 것이 아니라 사람들이 자신들의 가장 중요한 관심사들에 보이는 헌신이나 경건의 정도를 가리키는 것임을 보여주는데 이런 이유 때문에 이 단어는 이전에는 오늘날 흔히 쓰이는 "세계의 종교들"처럼 복수 형태로는 결코 사용되지 않았던 것입니다.

순수한 종교와 더럽혀지지 않음

따라서 '렐리기오'(*religio*), 곧 "종교"는 기본적으로 성실성이며 더 구체적으로는 "정말 중요한 것에 대한 성실한 관심"을 의미했습니다. 폴 틸리히가 종교를 "궁극적 관심, 곧 모든 다른 관심사들을 예비적인 것으로 만들고 인생의 의미와 연관된 질문에 대한 답을 그 안에 가지고 있는 관심에 붙잡힌 상태"라고 정의했을 때 그는 종교에 대한 고전적인 이해를 다시 회복한 것입니다. 이탈리아의 근대 종교학자인 카를로 델라 카사(Carlo Della Casa)는 좀 더 단순하게 "종교는 인생을 해석하고 살아가는 총체적인 방식이다"라고 표현하기도 했습니다.

캔트웰 스미스는 이 용어와 연관되어 있는 혼란들을 피하기 위해 "종교"와 "종교들"에 대해 말하는 대신에 종교적이 될 수 있는 우리 사람들의 능력에 관심을 집중하자고 제언합니다. 그리고 만일 종교가 이런 의미로 이해된다면, 진리에 대한 관심 때문에 전통적인 신 이해를 격렬히 거부하는 리처드 도킨스 같은 무신론자는 사실상 믿는다 하면서도 하나님에게 반쯤만 헌신하는 명목상의 기독교인들보다 더욱 종교적이라고 할 수 있는 것입니다.

더 나아가 스미스는 종교를, 우리가 선택하거나 거부할 수 있는 신념체계들, 예전들, 거룩한 경전들, 도덕적 법전들 등으로 이루어진, 어떤 "객체적인 것"으로 생각하는 것을 그만두어야 한다고 주장합니다. 그는 이처럼 복잡하고 개인적이지만 동시에 공통적인 요소들을 종교적인 탐구를 하는 사람들이 특정한 길을 걸어가면서 만든 "축적된 전통"이라고 부르면서 이를 종교적 탐구 자체와 혼동하지 말라고 하는데, 이는 그것이 특정한 신앙의 길을 걸어간 사람들의 집단적인 행동에 불과하기 때문입니다. 이런 축적된 전통은 인간 실존의 본래적인 종교적 차원의 산물로서, 언제나 계속되는 종교적 탐구 그 자체에 비해 언제나 부차적인 것으로 남아 있어야 합니다.

사람들은 인간 실존의 질문들을 심각하게 대할 때면 언제 어디서나 자신들이 종교적임을 보여주었고, 자신들에게 궁극적 가치가 있는 것으로 생각한 것들에 대해서는 그것들이 무엇이든 항상 응답해왔습니다. 이렇게 볼 때 진정으로 무종교적인 사람은 삶을 사소하거나 무의미한 것으로 취급하는 사람입니다. 이는 결국 종교적 현상이란 다름 아닌 인간 실존의 근본적인 본성을 성찰할 때 발생하는 인간 경험이기 때문입니다. 아주 드문 예외를 제외하면 모든 장소, 모든 시대의 사람들은 인간 삶의 요구들에 응답해왔습니다. 그들은 인생을 의미 있는 것으로 만들고자 하면서 의미와 목적을 찾았고 그 성취를 희망해왔는데, 이런 의미에서 본다면 인류는 과거에도 종교적이었고 미래에도 여전히 종교적일 것입니다. 이를 의심할 아무런 이유는 없습니다. 비록 점점 더 많은 사람들이 과거의 종교적 형태들에 만족하지 못하고 그것들이 우리가 지금 들어가고 있는 새로운 문화적 시대와 별다른 연관을 맺지 못한다고 보지만 이것은 여전히 사실입니다.

당신은 어디에 살고 있는가?

이제 우리 시대를 새로운 시대로 구별하는 문화적 특성들을 살펴보도록 합시다. 나는 이 점을 우리가 살고 있는 세계를 보고 이해하는 방식 곧 우리의 세계관과 연관하여 설명하려고 합니다. 우리는 모두 동일한 세계에 살고 있을까요? 그렇기도 하고 아니기도 합니다! 상식은 우리가 모두 동일한 세계에 살고 있다고 말합니다. 하지만 우리가 "저기 바깥에 있는 세계"로 보거나 이해하는 것은 우리 두뇌 속의 정신적인 이미지입니다. 그것은 우리가 무의식적으로 해석해온 세계로서 이렇게 해석된 "현실"이 우리의 세계관입니다. 실제로 우리는 언제나 객관적인 우주로부터 한 걸음 떨어져 있습니다. 삶의 방식으로 우리가 응답하는 세계인 "우리의 세계"는 (그것이 무엇이든 간에) 그 자체로 실제로 존재하는 현실이 아니라 우리의 언어와 문화의 격자를 통해 이해되고 해석된 현실입니다. 곧 우리의 정신 속에 "알고 있고"

다른 사람들과 이야기를 나누는 유일한 세계는 이미 우리에 의해 해석된 세계인 것인 것입니다.

따라서 우리는 모두 나름의 세계관을 가지고 있으며 그 세계관은 우리 모두가 독특하고 서로 조금씩 다르듯이 사람에 따라 아주 조금씩 다릅니다. 그것은 우리가 살면서 축적해온 정신적인 이미지들의 복잡한 꾸러미로 우리 마음속에 존재합니다. 우리의 세계관은 두 가지 주된 원천에 의해 형성됩니다. 하나는 주로 시각, 촉감, 청각 같은 감각기관들을 통해 획득한 개인적 경험이며 다른 하나는 우리의 감각들을 통해 받아들인 자료들의 외양에 대한 우리의 해석입니다. 예를 들면 우리는 언어를 통하여 우리가 본 것에 이름을 부여하며 이렇게 함을 통해 우리는 심리적인 안전감과 아울러 권력을 행사하게 됩니다. 곧 우리는 어떤 것에 이름을 부여함으로써 그것을 안다고 느끼면서 그것을 우리의 세계 안에 받아들이는 반면, 이름 지을 수 없는 것은 신비하고 낯설며 위험할 수 있는 것으로 여기는 성향을 가지고 있습니다.

하지만 우리는 마주치는 대상들을 이름 짓는 것보다 더 많은 일을 합니다. 우리는 그것들을 서로 연관시켜 하나의 통일된 세계를 만들고 그 안에서 의미와 목적을 찾는데 이는 주로 우리가 태어나서 자란 문화에 의존해서 그렇게 합니다. 그리고 문화들은 언어뿐 아니라 그 안의 사람들이 공유하고 또한 세대에서 세대로 전수하는 일반적인 세계관에 따라 서로 구별됩니다.

이 점이 왜 우리가 점점 전 지구적이고 세속적이 되어 가는 새로운 문화적 시대에 살고 있는지를 설명해줍니다. 우리의 다양한 공동의 세계관들은 계속 철저한 변화들을 겪고 있습니다. 나는 서구 유럽에서 태어나 전 세계로 퍼져나갔던 새로운 세계관을 간략히 살펴봄으로써 왜 우리 시대의 사람들이 16세기에 살았던 그들 선조들과 아주 다르게 세계를 보게 되었는지를 말해 보고자 합니다.

새로운 세계를 구성함

1600년 이후 형성되어온 새로운 세계관의 주된 단계들은 다음과 같습니다. 먼저, 코페르니쿠스와 갈릴레오의 영향이 무척 컸습니다. 그들은 우주시대의 선구자들로서, 우리 인류의 집인 지구라는 행성을 우주의 중심에서부터 우리 마음의 눈으로 담기에는 너무나 광대무변한 물리적 우주 안의 사소하고 거의 중요하지 않은 처소로 바꾸어버렸습니다. 전 세계의 모든 교육 받은 사람들은 이제 우리 인간들이 시공간적 우주에 살고 있음을 알고 있습니다.

둘째로, 갈릴레오의 망원경은 달이 지구와 거의 같은 물질로 이루어져 있음을 명확히 보여주었고 이런 발견은 곧 해와 별들과 초신성들도 지구와 동일한 전체의 한 부분이라는 확신을 갖게 했습니다. 또한 뉴턴 이후 우리들은 거의 무한한 물리적 우주가 자연의 동일한 기본 법칙들을 따라 작동하고 있음을 알게 되었습니다. 이 말은 우리가 한때 **초자연적인** 우주 공간의 영역으로 여겼던 것이 이제는 **자연의** 영역 속으로 들어오게 되었다는 말입니다. 다시 말해 "이 세상"이 갑자기 확장되어 전통적으로 "저 세상"으로 간주되고 있던 것들을 삼켜버리게 되었는데 이것이야말로 세속화의 복수였습니다!

하늘들, 혹은 머리 위의 하늘은 오랫동안 하나님의 영역으로 생각되었기 때문에 주기도는 "하늘에 계신 우리 아버지"로 시작합니다.

하늘은 또한 복 받은 사람들의 거주지로 여겨져 왔습니다. 하지만 갈릴레오의 발견들은 하나님이 거룩한 거주 공간을 박탈당했음을 의미했고, 죽은 자의 영혼들은 가야 하는 실제적 장소를 잃어버리게 되었음을 뜻했습니다. 우리들 대부분은 이 점을 의심의 여지없이 받아들이게 되었고, 첫 번째 러시아 우주인이 우주 공간에서 하나님의 아무런 흔적도 볼 수 없었다고 말한 것을 당연한 말로 여기게 되었습니다. 심지어 요한 바오로 2세조차도 할 수 없이 "천국은 어떤 **장소**가 아니다. 그것은 마음의 상태이다"라고 말하기에 이르렀습니다. 하지만 교회는 이미 갈릴레오 시대부터 그의 주장들이 엄청난 후폭풍을 가져올 것이기 때문에 그를 침묵시키는 것이 좋다고 생각했습니다.

다음 몇 세기 동안 유럽인들 전체의 마음에 점차적으로 발생했던 것은 내가 직접 들은 어떤 파푸아 뉴기니 사람의 개인적인 이야기와 비슷합니다. 그에 의하면, 그의 부족 사람들은 그들의 죽은 사람들이 죽은 다음에도 엄청나게 큰 산맥 너머의 어떤 계곡에 살고 있다고 믿어왔습니다. 그런데 낯선 백인들이 찾아와 그를 이런 신비한 계곡으로의 여행에 데려갔고 그는 그것이 자신의 고향 마을과 비슷할 뿐 아니라 죽은 조상들은 어디에도 없음을 보고 경악과 충격에 빠졌습니다. 이 파푸아 뉴기니 사람에게 그날 일어났던 일은 유럽인들이 갈릴레오의 발견들의 중요성을 이해하게 되면서 지난 3세기 동안 모두의 마음속에 천천히 일어난 것과 비슷합니다.

우리의 세계관을 갈릴레오와 그 이후의 천문학자들의 발견에 근거하여 바꾸는 데는 거의 400년이 걸렸습니다. 하지만 우리가 세계관에서 두 번째 근본적 변화에 적응하는 데는 이보다 훨씬 적은 시간으로 충분했습니다. 이 중요한 기념비는 주로 찰스 다윈으로 인해 왔습니다. 다윈은 인간 종들이 지상의 다른 모든 생명 종들과 연관되어 있음을 보게 했고, 이로 인해 지구가 더 이상 우주의 중심이 아니듯 인간 종들 역시 더 이상 우리 조상이 오랫동안 생각해 온 반(半)동물, 반(半)신 같은 특별한 피조물이 아니게 되어버렸습니다. 곧 우리 인간들은 자신들이 이 행성 위에 발생했던 수천만 종들 중 하나이며 복잡하면서도 여전히 신비로운, 진화하는 자연세계의 한 부분임을 깨닫게 된 것입니다.

우주에 닻을 내리다.

갈릴레오와 다윈은 우리의 세계관들에 일어났던 철저한 변화들에 대해 책임이 있는 과학자들의, 새롭게 일어나는 흐름을 대변하는 중요한 두 명에 불과합니다. 이제 경험과학은 자연법칙들의 발견을 통해 자연세계의 운행을 (하나님 같은) 어떤 외적 힘을 상정하지 않아도 설명할 수 있게 만들었고, 이런 일이 이루어질수록 하나님이 기적을 행할 여지는 줄어들었습니다. 물론 잠시 동안은 과학자들 역시 그들의 체계에서 설명되지 않는 어떤 간극을 인정했고 뉴턴 역시 그러했습니다. 하지만 "이 세계"가 점점 더 자체 설명적이 됨에 따라 오랫동안 전능하고 인격적인 창조주로 이해되어 온 하나님에 대한 그림은 사라져버렸습니다. 그리고 이 모든 것이 세속화 과정의 한 부분이었습니다.

경험과학이 특히 19세기 중반부터 20세기 중반 사이에 급속히 발전하고 또 널리 확산됨에 따라 종교와 과학은 갈등관계에 들어갔고 서로를 힘겨운 대적으로 여기게 되었습니다. 그런데 이런 갈등은 부분적으로는 과학과 종교에 대한 대중적인 오해에 기인합니다. 이제 이 주제를 조금 다루어봅시다.

오늘날 과학을 말할 때 우리는 그것을 여러 가지 시험들을 거쳐서 경험론적으로 입증되는 지식의 체계로 이해합니다. 이런 시험들을 적용하는 방법들이 점진적으로 향상되고 그 범위가 확산되었으나 그로 인해 "과학"이란 말이 여전히 기본적으로 지식을 의미함을 잊어버리면 안 될 것입니다.

경험과학의 고전적인 시기는 우리가 문화적 지식이라고 부를 수 있는 긴 기간 다음에 나타났습니다. 모든 문화는 역사 속에서 지식을 축적하여 그것을 다음 세대로 전수했고 그런 지식은 일반적인 경험의 시험을 통과해서 살아남았습니다. 그러나 그런 지식의 타당성에 대한 확신은 때로 과거의 권위에 근거하여 확보되었습니다. 이처럼 문화적으로 전달된 '지식체계'에는 세계의 기원에서부터 질병들에 대한 의학적 판단까지 모든 것이 들어 있었습니다. 이런 것들을 종교나 과학이라고 말하는 것은 시대착오적일 것입니다. 왜냐하면 이런 근대적 구별은 경험과학이 나타나면서 비로소 시작되었기 때문입니다.

하나님은 그의 일거리를 잃어버렸는가?

창세기의 첫 장을 사례로 이 점을 살펴보고자 합니다. 이곳에서 우리는 하나님이 6일 동안 빛에서 인간까지 모든 존재하는 것들을 만들었다고 읽습니다. 그런데 이런 진술은 과학적 지식도 아니고 종교적 지식도 아닙니다. 그것은 하나의 문화 이론(a cultural theory)으로서 유대적 맥락에서 기인했고, 창세기 2장과 3장에 보존되어 있는 좀 더 이전의 유대의 기원 이야기보다 상당히 많이 진보한 것입니다.

창세기 1장이 말하는 가설의 중요성을 이해하려면, 그것을 근대 과학의 빛으로 살펴볼 필요가 있습니다. 오늘날 물리학자들은 네 가지 기본적인 힘들, 즉 중력, 전기력, 약력, 강력을 말합니다. 그들은 이 모든 힘들을 하나로 연결할 수 있는 소위 통일장 이론(the Grand Unified Theory)을 찾고 있는데 만일 성공한다면 소위 '모든 것의 이론' (a Theory of Everything)을 발견하게 될 것입니다. 그리고 이것이 바로 창세기 1장이 말하고자 하는 것입니다. 곧 창세기 1장은 왜 모든 것이 그런 모습으로 있는지를 하나님이라 불리는 하나의 근본적인 힘을 언급함으로써 해명하고자 하는 것입니다. 이 이론은 이 근본적인 힘에 의해 빛, 낮과 밤, 한 해의 계절들, 그리고 모든 생명이 창조되었다고 합니다.

이런 이론은 기원전 450년경에 고대 바빌론에서 처음 시작되었고 시간이 지남에 따라 그 이전의 좀 더 원시적인 다른 설명들을 대체했습니다. 익명의 이 저자는 한참 후대 사람인 아인슈타인과 마찬가지로 당시의 탁월한 유대 "과학자"라고 불릴 수 있습니다. 그의 시도는 아주 훌륭하여 그 후 2500년 동안 그것을 듣는 거의 모든 사람을 설복시켰습니다. 그것은 오늘날에도 아주 단순하고 깔끔하게 정돈되어 있기 때문에 많은 사람들에게 설득력 있게 들립니다. 기독교 근본주의자들은 여전히 "창조과학"과 "지적설계" 같은 설명들과 보조적인 이해로서 이런 생각을 옹호합니다. 그런데 그들이 옹호하는 것은 종교적 지식도 과학적 지식도 아님을 아는 것이 중요합니다. 그것은 한때 탁월했으나 오늘날에는 경험과학자들이 사용하는 시험들을 통과하지 못하는 고대의 문화적 지식일 따름입니다.

새로운 세대 경륜

갈릴레오, 다윈, 그리고 과학 일반의 결과로 발생해온 세계관은 이제 전 세계에 퍼져가고 있습니다. 이것은 물리학, 화학, 지질학, 생물학, 우주학 같은 지적 학문들이 세계 모든 곳에서 동일하기 때문입니다. 그것들은 국가를 초월하며 이전에 전통 문화들 속에 전수되어 온 지식들을 넘어섭니다. 모든 사람들이 세계관의 원 자료를 구성하는 동일한 기본적인 인간 지식을 빠르게 습득하고 있습니다. 다시 말해서 모든 것이 세속적이며 전 지구적이 된 것입니다.

세속적 지식은 경험과학에 의해 획득되고 검증된, 물리적이고 가시적 세계에 대한 지식입니다. 이런 종류의 배움을 통해 세계에 작동하는 기본 법칙들을 더 잘 설명하게 됨으로써 사람들은 세계를 더 많이 이해하게 되었고, 이로 인해 **초자연**이라고 부를 수 있는 것의 여지는 갈수록 줄어들었습니다. 실제로 점점 더 많은 사람들에게 초자연이란 개념은 그들의 세계 이해에서 완전히 사라지고 있습니다.

이제 나는 우리가 이런 새로운 세속세계 안에서 받아들이고 즐길 수 있는 많은 개인적이고 사회적 혜택들에 대해 말한 다음 그런 것들이 종교와 영성에 가져오는 결과를 살펴볼 것입니다. 하지만 바로 다음 강의에서는 세속세계가 어떻게 기독교왕국에서 나왔는지에 대해 말할 것입니다. 오늘날의 세속세계는 창조적인 기독교 사상가들의 선구적인 노력의 결과인 것입니다.

11장

세속시대의 등장

20세기 초반에 저명한 시인 엘리엇(T. S. Eliot)은 그의 "바위로부터의 합창들"에서 다음과 같이 썼습니다.

이전에 결코 일어나지 않았던 어떤 일이 일어나고 있는 듯 보인다. 언제, 어떻게, 어디에서 그랬는지 알지 못하지만, 사람들은 다른 신들을 위해 하나님을 떠난 것이 아니라 신 없음을 위해 하나님을 떠났다. 이런 일은 과거에 결코 일어나지 않았다.

엘리엇의 말처럼 이런 "어떤 일"은 갑자기 일어나지 않았습니다. 그것은 오랫동안 자기 길을 가던 문화적 변화였지만 근래 들어 가속도가 붙었고 그것이 금방 도래할 것이 분명해졌습니다. 『대영백과사전』(*The Encyclopedia Britannica*)은 이런 현상을 세속화라고 부르면서 다음과 같이 서술합니다. "다른 세상성/타계성(other-worldliness)에서 이 세상성(this-worldliness)으로 옮겨지는 사회 속의 운동. 중세기에는 종교인들이 세상일들을 멸시하고 하나님과 내세를 묵상하는 성향이 강했다. 이런 중세적 성향에 대한 강한 반발로서 르네상스 시대의 세속화는 인본주의의 발전으로 모습을 드러내었고 인간의 문화적 발전과 이 세계에서의 성취 가능성들에 더 큰 흥미를 보이기 시작했다. 세속화를 향한 운동은 근대 역사과정 전체에 걸쳐 진행되었다."

정말 옛날 종교

이제 세월이 지나 과거를 뒤돌아볼 수 있게 되면서 우리는 세속화 과정을 근대세계를 주도했던 모든 위대한 종교전통들이 시작된 기원전 800-200년까지의 첫 번째 차축시대까지 추적할 수 있게 되었습니다. 그런데 이런 위대한 세계종교들은 그 안에 그 자체의 해체를 가져올 세속화의 씨앗들을 품고 있었습니다. 이는 역설적일 뿐 아니라 말이 안 되는 것처럼 보입니다. 어떻게 그럴 수가 있을까요?

적어도 10만 년은 지속되었던 첫 번째 차축시대 이전 시기의 고대의 우리 인간 조상들은 어떤 종교도 갖지 않았습니다. 그들이 의지해서 살았던 것은 각 부족이나 인종집단이 천천히 축적해 온 미로와 같은 신화들과 예전들이었고, 이런 지식체계를 통해 그들은 자신들이 보이지 않는 영들과 신들이 통제하는 세계에 살고 있음을 알았습니다. 영들과 신들은 도움을 주기도 하고 적대적이기도 했으며, 아주 예측 불능이었고 인간들은 아직 자신들의 것이라고 부를 만한 세계에 살고 있지 않았습니다.

차축시대 이전의 사람들은 세계를 이해하고 응답하게 했던 신화들과 예전들이 신화적인 기원들의 시기, 곧 태초의 시간으로부터 불변하는 형태로 주어졌다고 믿었습니다. 그것들은 불변하는 세계의 진리를 구현한 것이기에 있는 그대로 준수되고 또한 다음 세대에 전수되어야 했습니다. 이런 점에서 차축시대 이전의 문화들은 현상 유지(status quo)를 정당화하고 보존했던 원초적인 보수주의의 전형적 모습을 보였습니다. 이 시기는 변화를 거부하는 문화 시스템이 창조적인 탐구를 향한 인간의 모든 내적 충동을 심각하게 억압하는 때였습니다.

그리고 이것이 차축시대가 그토록 예외적인 현상인 이유입니다. 카렌 암스트롱(Karen Armstrong)은 그녀의 최근의 책 제목을 『축의 시대』(The Great Transformation, 정영목 역)라고 했는데 이는 차축시대가 조로아스터, 붓다, 공자, 이스라엘의 예언자들, 그리고 그리스의 위대한 철학자들 같은 탁월한 영혼들이 그들이 물려받은 문화적 지식에 대해 의문을 갖기 시작한 시대였기 때문입니다. 그들의 성찰들이 아주 창조적이고 생산적이었기 때문에 그들은 (적어도 부분적으로라도) 고정된 문화라는 감옥에서 인류를 해방하는 사람들이 되었고, 그 가운데 중요하고 새로운 특성들을 가진 전통들이 태어났습니다.

용감한 신세계

첫째, 이전의 문화들이 신들에 초점을 맞춘 반면, 새로운 전통들은 모세, 붓다, 공자, 플라톤, 예수, 마호메트 같은 사람들을 존중하기 시작했습니다. 이런 역사 속의 인물들은 새로운 문화들에서 핵심적인 역할을 한 신화들이 분명하게 보여주듯, 탁월하고 높아진 지위를 갖게 되었습니다. 차축시대 이전 문화들의 신화들에서는 초우주적인 세계(supra-mundane world)를 배경으로 **신들**이 주된 역할을 한 반면, 첫 번째 차축시대와 그 이후에는 이 세계(this world)에 근거해 있던 **역사**

적인 인물들이 중요한 역할을 하고 있습니다. 유대교의 모세는 이스라엘 백성들을 자유로 인도했고 시내 산에서 신의 율법을 받았으며, 불교의 고타마는 보리수나무 아래에서 깨달음을 얻었고, 기독교에서 예수의 십자가 처형은 하나님의 은혜의 원천이 되었으며, 이슬람의 마호메트는 가브리엘 천사로부터 쿠란을 받았습니다. 차축시대 이후의 전통들의 기본적인 신화들은 다른-세계의 초자연적 사건들이 아닌 인간 역사 속의 사건들과 사람들에 집중합니다. 또한 사람들이 의미있게 살아가도록 하는 신화들을 이 세계 내에 설정함으로써 세속화 과정의 첫 단계들을 시작합니다.

둘째, 근대의 세속세계의 특징인 개인적인 자유와 책임성에 대한 인식 역시 이 시기에 발생했습니다. 차축시대 이전에는 사람들의 기본적인 신념들이 그들이 태어난 문화의 본래적 요소들과 똑같다는 점에서 종교에 대한 선택권이 없었습니다. 그러나 차축시대 들어 불교인, 기독교인, 무슬림이 되기 위해서는 의도적인 선택을 해야 했습니다. 이런 선택 행위는 기독교의 세례와 견진성사가 보여주듯이 이 세 가지 전통들의 예전적 실천의 한 부분이 되었습니다. 더 나아가 사람들은 이런 새로운 전통들을 받아들이는 것처럼 그것들을 거부할 수도 있었습니다. 이처럼 선택이 가능하게 되었다는 점에서 한 사람의 운명은 이제 신들이나 다른 외적인 힘에 의존함 없이 적어도 부분적으로라도 자신의 손에 달려 있게 되었습니다.

셋째, 인간의 선택이 중요하게 됨으로써 문화의 나머지 부분 역시 전례 없이 빠른 속도로 변화되고 발전했습니다. 차축시대 이전의 문화들이 변화를 싫어한 반면, 차축시대 이후의 종교전통들은 변화를 선도했을 뿐 아니라 앞으로 더 많은 변화가 있을 것을 예상했습니다.

기독교는 하나님 나라의 도래를, 이슬람은 전 세계의 모든 사람들이 형제가 되는 것을 기대했습니다. 새로운 종교적 문화들은 시간 속에 시작점을 가졌을 뿐 아니라 차축시대 이전의 문화들이 하지 못했던 형태로 삶과 역사들을 드러내었습니다.

하지만 옛 것에서 새로운 것으로의 최초의 문화적 변혁이 이루어진 다음에도 새로운 것을 불신하는 고대적 태도는 여전히 남아 있어서 그 자체를 다시 주장하기 시작했습니다. 곧 사람들은 새로운 계시들 자체를 최종적이며 절대적인 것으로 여기에 된 것입니다. 이제 토라는 유대인들이 언제나 준수해야 할 613 가지 법들을 담게 되었고 기독교의 성경은 영원한 진리의 저장소로 여겨졌으며 쿠란은 무슬림들이 절대 의문시하지 않는 계시된 하나님의 말씀을 담고 있는 것으로 간주되었습니다.

당신은 선한 운동을 멈추게 할 수 없다

그럼에도 불구하고 새로운 문화적 분위기와 차축시대에 나타났던 질문과 창조성을 영원히 억압할 수는 없었으며 이로 인해 많은 혼란이 일어났습니다. 이런 혼란은 주로 기독교 전통에서 계속 발생했습니다. 근대 세속세계가 서구의 기독교왕국으로부터 발생했다는 것은 논란의 여지가 없는 사실이지만, 이 점만으로는 왜 세속세계가 다른 지역 가령 이슬람 세계나 불교 세계가 아닌 서구에서 태어났는지를 설명할 수 없습니다.

물론 인간 역사는 물리적 세계를 지배하는 인과율에 따라 단순히 작동하지는 않으며, 중요해 보이지 않는 사건들이 때로 중요한 역사적 운동들을 촉발시키기도 합니다. 하지만 그런 일반적 원리를 인정한다고 해도, 왜 근대 세속주의가 기독교 세계에서 발생했는지는 설명이 필요합니다. 이를 이해하려면 유대-기독교 전통에 더 주도적으로 나타나는 고유한 몇 가지 특징들을 살펴볼 필요가 있습니다. 이제 나는 세속화는 유대-기독교 전통의 특정한 요소들의 논리적 결과이며, 이 점은 비록 오늘날의 대부분의 기독교인들이 그렇게 여기지 않을 뿐 아니라 오히려 세속화를 두려워해야 하고 극복해야 하는 대적으로 여기고 있음에도 불구하고 사실임을 말하고자 합니다.

이미 1967년에 나는 『새로운 세계 속의 하나님』(*God in the New World*)에서 새로운 세속 문화의 씨앗들은 유대-기독교 전통에서 발견될 수 있다고 주장했습니다. 가령 나는 성경을 위대한 세계종교들의 거룩한 책들과 구별되게 하는 것은 그것이 가진 역사에 대한 관심임을 지적했습니다. 케임브리지 대학의 역사학자인 허버트 버터필드(Butterfield)는 구약성경에 대해 이렇게 말합니다. "우리는 여기에서 운명과 씨름하고 역사를 해석하며 의미를 인간 드라마 안에서 발견하고자 하는 가장 위대하고 의도적인 시도들을 보게 된다." 실상 구약성경이 말하는 하나님의 주된 모습은 자연세계의 창조자가 아닌 역사의 주님입니다. 이런 식으로 성경은 보이지 않는 신들의 영역에서 우리가 삶을 영위하는 역사 속의 이-세상의 장면으로 관심을 돌렸습니다.

옛 질서는 변했다

신학자 하비 콕스(Harvey Cox)는 그의 널리 읽힌 『세속 도시』(*The Secular City*)에서 세속화는 구약성경이 세계 역사에 미친 영향의 합당한 결과라고 주장합니다. 그에 의하면, 히브리인들의 창조 교리는 자연세계의 탈마법화(disenchantment)의 시작이었고, 모세의 인도 가운데 출애굽으로 표현된 이집트에서의 히브리인들의 반란은 정치의 비신성화(desacralization)의 시작이었으며, 형상들에 대한 숭배 금지 명령은 그의 용어를 빌리면 "가치들의 비신성화"(deconsecration of values)였습니다. 신약학자인 루돌프 불트만(Rudolf Bultmann) 역시 "기독교 자체는 그것이 세계를 비신성화 했다는 점에서 세계의 세속화를 발전시킨 결정적인 요인이었다"고 주장합니다. 사회학자 피터 버거(Peter Burger)도 "세속화의 뿌리는 이스라엘 종교의 가장 초기의 이용 가능한 자료들에서 발견된다"고 주장합니다. 이상의 말들을 종합해 보면, 근대 세속화는 기독교적인 서구에서 태어난 것으로 보이지만, 그 뿌리는 기독교가 발생한 고대 유대교의 유산에 근거해 있다고 할 수 있습니다. 기독교는 히브리 성경(구약)을 경전으로 보존하는 가운데—그 유산의 많은 부분이 종교개혁 때까지 잠자고 있었으나—결코 유대적 기원들로부터 분리되지 않았습니다.

기독교인들은 역사에 대한 유대적 관심의 영향 속에서 역사를 그리스도 이전과 그리스도 이후로 나누었고, 역사의 끝이자 새로운 세계의 도래를 마음속으로 그렸습니다. 역사를 이 세계에 대한 의미 있는 이야기의 펼쳐짐으로 보았기 때문에, 기독교 서구는 우주적이고 생물학적인 진화에 대한 더 확장된 이야기를 할 수 있었고, 근대세계는 삶과 현실의 내재적인 측면들로서 변화와 발전을 받아들일 수 있었습니다.

그뿐 아니라 기독교는 처음부터 고대 이스라엘에 현존하던 세속화 하는 힘들의 연속으로 해석될 수 있는 신앙 항목인 성육신이라는 독특하고 중심적인 교리를 주장했습니다. 초기 기독교인들이 성육신을 통해 확언하고자 했던 것은 나사렛 예수가, 인류와 하나님이 만나는 지점이라는 확신이었습니다. 곧 예수는 온전히 인간이었지만 하나님의 모든 권위로 말했으며 인간의 모습으로 모든 신적인 특성들—하나님의 은혜와 진리—를 구현했다는 것입니다. 이런 식으로 볼 때 성육신 교리는 초월하신 하나님이 물리적 세계 **밖이 아니라 안에서**, 곧 인간의 조건 안에서 발견될 수 있음을 말하는 점에서 세속화의 다음 단계로 간주될 수 있습니다.

천천히 서두르기

하지만 이런 생각은 대부분의 기독교인들이 받아들이기에는 너무 대담한 것이었기에, 시간이 지남에 따라 기독교는 성육신을 그 원래 의도를 부정하는 식으로 해석되기 시작했습니다. 이렇게 된 데는 신학적인 갈등도 한 몫 했습니다. 곧 예수를 한때 인간의 **모습**을 했으나 결코 **완전히** 인간인 적이 없었으며 땅 위의 일을 마친 다음 곧 그의 천상의 집으로 되돌아갔던, 땅 위를 걸었던 영원하고 신적이며 초자연적인 인물로서 보는 고대적 관점(소위 "영지주의적 이단")을 완전히 뿌리 뽑기는 현실적으로 불가능했던 것입니다.

기독교 사상은 플라톤의 영향 아래 있었기 때문에 사실상 이런 이원론적인 세계관의 방향으로 나아가는 것 외의 다른 길은 없었고, 이로 인해 결국 예수는 인간 설교자와 교사로서가 아니라 다른 영역에서 우리의 세계를 잠시 찾아온 신적인 존재로 여겨지게 되었습니다. 이런 관점이 기독교 사상과 경건을 지배하게 되자, 성육신적 언어의 본래적인 동력은 우리가 여기에서 그것의 세속화의 함의들이라고 부르는 것을 포함하여 희미해지고 약해졌습니다.

이처럼 세속화 과정은 잠시 지체되기는 했습니다. 하지만 아리스토텔레스의 자연철학이 다시 발견되어 플라톤의 우위성이 도전받게 되면서 그것은 다시 시작됩니다. 기독교 사상가들은 아리스토텔레스에 대한 지식을 기독교적 서구에 아라비아 숫자 시스템 같은 과학 지식을 전해준 스페인의 무슬림 학자들을 통해 얻게 되고, 이렇게 아리스토텔레스의 자연철학이 소개되면서 그 당시 막 설립된 유럽의 대학들에서는 큰 지적 변동이 일어납니다. 알베르투스(Albertus)와 그를 뒤이은 토마스 아퀴나스(Thomas Aquinas)는 이런 분위기 속에서 전통적인 기독교 교리들과 아리스토텔레스의 자연세계에 대한 철학을 통합함으로 교리적인 갈등을 해결하고자 했고, 세속화 과정은 이런 가운데서 계속 진행되었습니다.

나는 자연적 진리와 초자연적 진리를 구별했다는 점에서 아퀴나스가 중세의 라틴어 용어인 **초자연**(*supernalis*)이라는 단어를 처음 만들어낸 사람일 것으로 생각합니다. 그는 자연적 진리는 자연세계와 연관되고 관찰과 이성적인 추론에 의해 파악되지만, 초자연적인 진리는 인간의 발견 너머에 있고 신적인 계시에 의존한다고 보았습니다.

근대성을 향한 굴곡

진리를 이처럼 두 영역으로 분리하게 됨으로써 뒤에 살펴보겠지만 경험과학의 등장이 용이하게 되었습니다. 이스라엘의 예언자들은 자연의 어떤 부분도 신격화하려 하지 않았고, 기독교인들 역시 자연세계에 대해 그 유용성 외에는 거의 관심을 보이지 않았습니다. 그들은 자신들이 결국은 멸망으로 운명 지워진 타락한 세계에 살고 있다고 생각했습니다. 자연에 대한 이런 부정적인 태도를 역전시킨 최초의 인물은 성 프란체스코(1181-1226)였습니다. 그는 새나 동물들을 형제와 자매로 대할 뿐 아니라 지구를 어머니라고 말함으로써 자연을 드높였는데, 이렇게 보면 그가 설립한 수도회에서 경험과학의 첫 번째 옹호자가 나온 것도 놀랄 일이 아닙니다. 이것은 로저 베이컨(Roger Bacon, 1214-1292)의 경우도 마찬가지여서 그는 큰 열정과 에너지를 가지고 실험적 행위에 참여했던, 모든 사람들이 경이롭게 여긴 인물이었습니다. 그는 자연의 일련의 사건들을 관찰함으로써 그것들 모두를 설명하는 일반 법칙을 찾을 수 있다는 확신 속에 과학적 방법론의 개요를 발전시켰고, 이를 "보편적인 실험적 원리"라고 불렀습니다. 그에 의하면, 실험은 그런 원리를 확증하거나 배제하는 방식으로 진행되어야 했습니다.

로저 베이컨은 대단한 천재였으나 놀랄 정도로 단순할 수 있었고 이후의 기준으로 보아도 감탄할 많은 것을 남겼습니다. 어쨌든 그의 저술들을 통하여 "실험과학"이라는 용어가 서구에서 널리 사용되게 되었습니다. 그는 모든 과학을 포괄할 뿐 아니라 신학으로도 조직화할 수 있는 보편적인 지혜를 만들려고 노력했습니다. 그런데 그를 움직였던 것은 깊은 기독교적 확신이었습니다. 베이컨은 자연세계를 더 많이 알수록 기독교의 진리를 더 많이 확신할 수 있다고 믿었는데, 이는 베이컨뿐 아니라 19세기까지 많은 과학자들이 공유하고 있던 믿음이었습니다.

결국 아퀴나스가 자연적 진리와 초자연적 진리를 명확하게 구별했을 때 그는 부지중에 경험과학의 도래를 위한 문을 연 셈이 된 것입니다. 물론 아퀴나스는 계시된 진리를 우위에 놓기는 했습니다. 하지만 시간이 흐름에 따라 플라톤의 영향을 약화시키고 초자연적 진리라는 개념에 도전하는 철학이 다음 세기에 역시 프란체스코 수도사였던 오컴의 윌리엄(William of Ockham, 1300-1349)을 통해 나타났습니다. 이 활기차고 독립적 사상가는 유명론(nominalism)이라 알려진 새로운 철학의 확산을 주도했습니다.

당대의 주도적인 철학은 플라톤에 기초하여 변하거나 소멸하지 않고 영원히 실재하는 이데아나 보편 개념만 존재한다고 주장했습니다. 예를 들어, 탁자란 관념은 첫 번째 탁자가 만들어지기 전에 이미 존재했고 그것은 모든 탁자가 사라져버려도 여전히 존재할 것이라고 보았습니다. 이런 "실재론적"(realist) 입장에 반대하면서 유명론자들은 정말 존재하는 것들은 보편자들(universals)을 예시하는 구체적인 개별적 대상들이라고 주장했습니다. 이들은 보이지 않는 보편자들은, 사람들이 관찰하는 개별적인 대상들을 성찰함으로써 마음속에 만들어지는 개념들이나 이름들(nomina)에 불과한 것으로 보았습니다.

1층의 현실

실재론과 유명론 사이의 격렬했던 철학적 논쟁이 우리 현대인들에게는 그저 추상적이고 학문적인 문제로만 보입니다. 하지만 세계에 대한 이런 두 가지 이해 방식들 사이의 투쟁은 매우 큰 결과들을 가져왔습니다. 곧 유명론자들은 가시적 세계에 더 많은 관심을 기울였고 모든 물리적 힘들을 과학적으로 시험하고 확증하려고 했으며 그 가운데 세속화의 흐름은 더욱 강력해졌던 것입니다.

이런 경험적인 사고 과정으로 인해 오컴은 인류가 하나님의 계시 이외에는 하나님에 대한 믿을 수 있는 지식을 얻을 길은 없다고 단언했습니다. 이렇게 함으로써 그는 철학과 신학 사이를 분리시켰고, 토마스 아퀴나스가 힘들여 이룬 종합을 파괴했습니다. 그에게는 신학과 철학이 두 개의 서로 분리되어 있는 지적 분야들이었습니다. 신학은 신이 계시한 내용을 탐구하고 설명하는 것으로 신앙에 의해서만 이루어질 수 있는 반면, 철학은 인간 이성에 의해 검토되고 이해될 수 있는 실재의 측면들을 탐구하며 경험적 수단들로 확언됩니다. 그런데 이때의 철학에는 물리학도 포함되어 있음을 기억해야 합니다. 실제로 백 년 전만하더라도 물리학은 대학들에서 자연철학(Natural Philosophy)이라고 불렸습니다.

어쨌든 14세기의 많은 사상가들은 자신들이 갈림길에 서 있음을 감지했습니다. 오컴의 유명론은 이미 **고대의 길**(*via antiqua*)과 대비되는 **근대의 길**(*via moderna*)이라고 불리고 있었고, 당시 기독교 정통주의에 심각한 위협으로 여겨졌습니다. 실제로 오컴은 교회에서 파문되고 프란시스코 수도회에서도 쫓겨났습니다.

오컴의 운명은 그렇게 되었지만 유명론은 14세기 대학의 최고의 지성들의 마음을 사로잡았습니다. 그것은 르네상스와 개신교 종교개혁의 선구가 되었을 뿐 아니라 17세기 경험론자 존 로크(John Locke)의 혁신적인 철학에 큰 영향을 미쳤고, 근대의 과학적 방법론의 토대들을 견고하게 했으며, 더 나아가 신적 계시의 정당성을 파괴하는 결과를 낳았습니다. 20세기의 카톨릭 철학사가인 프레드릭 코플스톤(Fredrick Copleston)은 유명론의 성공을 개탄하면서도 그것을 다음과 같이 올바르게 평가합니다. "자연에 대한 철학을 위한 길이 준비되었다. 그것이 반드시 반기독교적일 필요는 없었으나 어쨌든 자연을 그 자체의 내적 법칙들에 따라 작동하는 이해할 수 있는 전체로 강조하게 되었다."

인간의 진보

르네상스를 이끈 사람들은 인간의 조건을 훨씬 더 높은 것으로 재평가했기 때문에 오늘날 인본주의자들(humanists)이라고 알려져 있습니다. 아우구스티누스 이래로 고전 기독교는 인류의 죄 많은 본성을 강조했고 하나님의 은혜 없이는 거의 아무것도 이룰 수 없다고 생각했습니다. 그러나 인본주의자들은 인간 상황을 긍정적으로 보았고, 인간 속에 들어 있는 자연적 능력, 주도성, 창조성을 높이 평가했습니다. 그 가운데 중세를 특징짓고 위대한 고딕 첨탑으로 상징되던, 하늘을 수직 방향으로 앙망하던 모습은 지구의 아름다움과 인간 노력의 가치를 인정하는 수평적 응시로 대체되기에 이르렀습니다.

인본주의자들은 물리적 세계에 큰 흥미를 가지기 시작했습니다. 그 중의 한 명이 "르네상스적 인간"의 모델 같은 사람이라 할 수 있는 쿠사의 니콜라스(Nicholas of Cusa, 1400-1464)입니다. 그는 추기경이고 신학자이면서 수학자, 직접 환자를 보는 의사, 실험 과학자, 철학자이기도 했습니다. 그는 자신의 연구를 통해 만물의 통일성을 확신했고 하나님에 대해 더 많이 알려면 자연을 연구해야 한다고 보았고 실제로 경험적 탐구를 통하여 지식을 늘릴 것을 격려했습니다. 그는 모든 것은 하나님 안에 있고 하나님은 만물 안에 있다는 생각, 즉 오늘날

범재신론(panentheism)이라 불리는 입장을 가졌습니다.

르네상스는 개신교 종교개혁에 직접적 영향을 미쳤습니다. 나는 이 강의 시리즈를 위대한 인본주의 학자인 에라스무스와 그의 개혁에 대한 요청에 대해 말하면서 시작했습니다. 그러나 불행하게도 종교개혁 당시 카톨릭과 개신교 기독교인들 사이의 쓰라린 갈등과 그로 인한 분열은 신학적 관점에서 싸우는 가운데 이루어짐으로써 인본주의 운동 역시 부정적 영향을 받았습니다. 그러나 그 운동은, 이상하게도 설교자들보다 셰익스피어의 영향 때문에 더 많이 확산되기는 했지만, 어쨌든 계속 확산되었습니다.

그러나 개신교의 몇 가지 특징들 역시 이후의 세속화에 영향을 미쳤습니다. 먼저 개신교는 연옥(Purgatory) 교리를 없애버렸고, 이로 인해 우리가 이 세계에서 하는 일들의 중요성이 더 강조되었습니다. 다시 말해서, 죽음과 동시에 우리들은 최후의 심판을 맞게 되고 다시는 죄를 정화할 기회를 갖지 못하게 되니 이 땅에서 더욱 바로 살아야 한다는 가르침이 주어진 것입니다. 실상 칼빈은 일터에서 열심히 일할 것을 강조했는데, 많은 사람들은 이런 가르침이 근대 자본주의의 모판이 되었다고 봅니다. 그러나 세속화를 향한 가장 극적인 발걸음은 수도원들을 강제로 해산한 것이었는데, 이로 인해 수만 명의 수도사들과 수녀들이 생활을 해결하기 위해 세상에 뛰어들게 되었습니다.

다가오는 이성의 승리

경험과학이 철학으로부터 진화해 나왔음을 생각한다면, 우리들은 영국 과학의 아버지로 철학자 프란시스 베이컨(Francis Bacon, 1561-

1626)을 높여 말하지 않을 수 없습니다. 그는 자연과학을 자료를 평가하고 실험을 통해 입증함으로써 자연의 신비들을 배워가는 하나의 체계적 연구로 시도한 첫 번째 사람이었습니다.

베이컨의 원리들에 자극받은 사람들은 1660년에 런던에서 "왕립학회"를 세웠는데 그 전체 이름은 "자연에 대한 지식 증진을 위한 영국의 왕립학회"(The Royal Society of London for the Promotion of Natural Knowledge)였습니다. 이 단체는 과학과 기독교 전통이 아직 가까이 있음을 보여주고자 했는데, 참여한 사람들의 상당수가 목회자들이었습니다.

곧 앞에서 요약한 것처럼 역사가, 과학자, 철학자, 사회학자, 그리고 신학자들은 지난 200년간 근대 세속세계와 서구의 기독교 사이에 내적이고 본래적인 연관성을 있음을 말하고자 했던 것입니다. 몇 가지 예들이 이 점을 잘 보여줄 것입니다. 철학자이자 과학자인 바이체커(C. F. von Weizacker)는 그의 기포드 강좌(Gifford Lecture)에서 근대과학의 등장은 성경이 말하는 창조 교리를 배경으로 하지 않고는 이해할 수도 없고 설명할 수도 없다고 했습니다. 그는 이 개념을 "기독교가 근대정신에 준 선물"이라고 하면서, "근대세계는 그 묘한 성공의 상당부분을 기독교적 배경에 빚지고 있다"고 합니다. 그에 의하면 근대세계는 "기독교의 세속화의 결과"입니다.

철학자인 알프레드 화이트헤드(Alfred North Whitehead) 역시 『과학과 근대세계』(*Science and the Modern World*)에서 근대과학의 기원을 길게 논의하는 중에 자기의 확신을 피력했습니다. 그는 근대의 세계관은 "단지 하나의 원천만을 기원으로 가지고 있다. 그것은 분명코 여호와의 인격적 에너지와 그리스 철학자의 합리성으로 인식된, 하나님은 이해가능하다는 중세의 확신으로부터 왔다. 과학의 가능성에 대한 믿음이 있었기에 근대 과학이론이 발달하게 되었는데 그것은 중세 신학에서 무의식적으로 기인한 것이다"라고 합니다.

아마도 이런 종류의 언급들 중 가장 놀라운 것은 1883-90년 사이에 일링워스(J. R. Illingworth)의 목사관에 모여 신학을 토론했던 일군의 영국 학자들의 말일 것입니다. 그들은 "자신들이 살고 있는 시대는 가장 심원한 변화가 일어나고 있는 시기이며 새로운 관점들로 풍부할 뿐 아니라 신학의 새로운 발전이 요청되는 시대"임을 확신했습니다. 그들은 자신들의 에세이들을 담은 책의 제목을 따라 『세상의 빛』(*Lux Mundi*) 그룹으로 알려졌는데, 이 책은 2년 만에 12쇄를 찍었고 내가 학생일 때도 여전히 논의되고 있었습니다.

아무튼 오늘날의 기독교인들은 이미 1889년에 주도적인 신학자들이 다음과 같이 말하고 있었음을 알면 놀라게 될 것입니다. "지난 몇 년 동안 기독교 사상가들은 우리 시대의 위대한 과학적 일반화인 진화론을 점차로 받아들이게 되었다." 이 책에 실린 모든 에세이들은 성육신 교리에 집중하면서, 예수를 세상의 빛으로 확언하는 것이 어떻게 새로운 과학 일반, 특히 생명체들의 진화 이야기와 조화될 수 있는지를 다루고 있습니다.

물론 이 책의 많은 부분은 이제는 아주 낡은 것이 되었을 뿐 아니라 고대 교부들, 아퀴나스, 종교개혁 사상가들을 많이 인용하고 있어서 읽기가 쉽지 않습니다. 하지만 이 책이 가진 강점을 두어 가지 생각해보려고 합니다. 일링워스는 그의 역사 이해의 결론부에서 "성육신의 종교는 인류의 종교가 되었다"면서 다음과 같이 말합니다. "세속 문명이 기독교와 협력하여 근대세계를 산출했다는 것은 사실이다.

세속 문명은 기독교의 관점으로 보면 성육신과 섭리론적으로 연관되며 그것에 대응한 것이다." 더 나아가 그는 이렇게 말합니다. "세속 사상은 곧잘, 전문화되고 잘못되고 왜곡된 기독교의 악을 교정하고 바로잡는 역할을 했다."

그렇다면 왜 기독교의 공적인 대변인들이 그렇게 자주 근대 세속세계를 조심해야 할 대적으로 여길까요? 그 부분적인 이유는 그들이 우리의 과거의 문화를 충분히 연구하지 않았기 때문이며, 다른 한편으로는 공적인 자리에 있는 고위 성직자들이 나무는 보되 숲은 보지 못하고 있기 때문입니다.

또한 진리가 너희들을 자유하게 할 것이다

기독교가 유대교에서 나왔다는 것과 근대 세속세계가 기독교로부터 나왔다는 것 사이에는 흥미로운 유사성이 있습니다. 기독교를 시작한 것은 유대 제사장들과 서기관들이 아니었습니다. 오히려 그들은 기독교에 강하게 반대했습니다. 기독교는 유대인들의 종교적 삶의 변두리에서 출생했습니다. 정치적인 정당성을 가지고 있던 예루살렘의 위계질서는 예수를 두려워했고 멸시했지만 그럼에도 불구하고 예수는 결코 그의 유대적 뿌리들로부터 거부당하지 않았습니다. 바울 역시 그리스 문화, 특히 스토아주의의 영향을 받았지만 끝까지 그의 유대적 유산을 자랑스럽게 여기던 헬라화 된 유대인이었습니다.

마찬가지로 근대 세속세계를 출범시킨 것은 기독교 주교들이 아니라 기독교적 삶과 실천의 변두리들에 있던 사상가들이었습니다. 비록 그들은 곧잘 기독교 정통주의에 의해 축출되었지만, 그 어떤 의미에서도 반(反)기독교적인 사람들은 아니었습니다. 근대 세속세계의 선구자들 가운데 가장 저명한 사람들에는 성 프란체스코, 로저 베이컨, 오컴의 윌리엄, 마르틴 루터, 코페르니쿠스, 지오르다노 브루노(Giordano Bruno), 프란시스 베이컨, 존 로크, 아이작 뉴턴(Issac Newton), 데이비드 스트라우스(David Strauss), 그리고 루드비히 포이에르바하 등이 포함됩니다.

더 나아가 우리는 기독교가 단순히 유대교의 연장이 아니라 그 철저한 변혁이었듯이, 근대 세속사회도 기독교왕국(Christendom)이 기독교 후기 시대(post-Christian age)로 변형된 것임을 알아야 합니다. 여기에서 기독교 후기(post-Christian)는 반기독교(anti-Christian)가 아니라 오히려 기독교시대가 변형된 형태로 지속되고 있는 것임을 강조할 필요가 있습니다.

물론 기독교가 기독교-후기의 세속세계를 출생시킬 수밖에 없었음은 하나의 역설이어서, 사회학자인 피터 버거는 이 점을 "기독교는 그 자신의 무덤을 파는 자가 되었다"고 말합니다. 그러나 그것은 기독교 전통의 중심에 놓여 있으며 예수의 죽음과 부활에 의해 상징화된 주제 곧 오직 죽음에서만 새로운 생명이 나온다는 것보다는 역설적이지 않습니다. 기독교는 옛 시대는 끝났고 새 시대가 시작된다고 선포하는 가운데 출생했습니다. 이제 2천 년이 지난 다음 우리들은 이런 "새로운 시대" 속에서 승리주의적인 기독교왕국이 급격하게 쇠퇴하고 죽어가는 것을 목도하고 있으며 또한 새로운, 세속적인 기독교 후기 시대가 도래하는 것을 보고 있는 것입니다.

되돌아보면 우리는 문화적 역사의 여러 단계들 속에 남겨진 유대-기독교 전통의 흔적을 추적할 수 있습니다. 이스라엘 예언자들은 유대-기독교 전통을 다신론에서 유일신론의 단계로 이끌었고, 나사렛 예수의 영향은 그 성육신적 단계를 만들었으며, 제2 차축시대의 선구적인 기독교 사상가들은 그 세속적 단계를 출범시켰습니다. 이런 각각의 전환기에 문화는 급속한 변화를 경험했습니다. 경계선을 넘어 근대의 세속세계로 향해 가는 도중에 우리들은 새로운 단계의 해방을 경험하며, 외적 권위의 속박에서 점차 풀려나 자유롭고 자율적인 사람들이 되어 갑니다. 이제 다음 강의에서 나는 세속시대의 도래로 인해 주어진 유익함과 위험성, 그리고 책임성의 문제를 다루어 보겠습니다.

12장

세속사회의 가치

사람들은 때로 뉴질랜드가 서구에서도 가장 세속적인 국가라고 주장하는데, 이는 교회 다니는 사람들의 숫자가 역사상 가장 적어서 이렇게 판단하는 것만은 아닙니다. 유럽의 경우도 교인 숫자는 역사상 가장 줄어들었습니다. 그 이유는 뉴질랜드가 유럽적 문화에 의해 형성된 어떤 국가들보다 더 많이 기독교적 과거로부터 벗어나 있기 때문입니다.

물론 이런 주장에는 논란의 여지가 있지만 만일 사실이라면 세속성(secularity)이 우리가 당연히 여기는 생활방식의 한 부분이 되어 있다는 점에서라도 그것의 가치들을 진지하게 살펴보아야 할 것입니다. 세속사회에 사는 것의 중요성을 바로 판단하려면 200년이나 300년 전으로 되돌아가서, 영국에서 건너 온 우리 선조들이 살았던 기독교왕국(Christendom)과 비교해 볼 필요가 있습니다. 그 당시의 유럽사회 전체는 오늘날보다 훨씬 더 기독교적 권위의 영향 아래 있었습니다. 오늘날에도 어떤 사람들은 그런 상태가 더 좋다고 되돌아가고 싶어 하는데 이런 마음은 충분히 이해가 됩니다.

반짝이는 것이 다 금은 아니다.

하지만 고전적인 기독교왕국이 그렇게 좋기만 했을까요? 시간이 지나면 과거는 언제나 실제 있던 모습보다 더 좋아 보입니다. 물론 그 당시에는 오늘날 우리가 슬프게 생각하는 그런 방종함은 없었습니다. 하지만 이는 대안적인 다른 생활방식이 존재하지 않아서 그렇게 된 측면도 있습니다. 교회와 국가라는 두 개의 강력한 조직체들이 사회적 기풍을 만들고 또 서로 협력해서 인간사회를 유지했기 때문입니다. 또한 지금보다 사회의 현상유지(status quo)에 더 많은 힘을 쏟았고 오늘날 사람들이 누리는 개인적 자유와 개인적 창조성의 여지가 별로 없어서 그렇게 보이기도 했습니다. 그 시절에는 명확하게 규정된 선을 넘어서는 사람들은 즉시 추방, 투옥, 혹은 축출 등으로 처벌되었습니다. 처형이 빈번이 이루어졌고, 가벼운 범죄를 저지른 경우에도 오스트레일리아 같은 속지로 종신형을 받고 이송되었습니다. 기독교 교의와 다른 의견을 공적으로 표명하는 것은 심각한 도전이었고 신성모독적인 것은 모두 중벌을 받았던 것입니다.

이전의 수상이자 뒤에 총독이기도 했던 케이트 홀리오크(Kaith Holyoake)의 친척인 조지 홀리오크(George Holyoake, 1817-1906)의 예를 생각해 보십시오. 젊은 시절에 그는 영국의 개혁자인 로버트 오웬(Robert Owen)의 사회주의적 이상들에 매혹되었고 1841년에 영국에서 신성모독을 했다는 죄목으로 마지막으로 감옥에 갇힌 사람이 됨으로써 이상하게 구별되는 사람이 되었습니다. 이 스물네 살 먹은 이상주의자의 죄목은 사회개혁의 필요성을 논의하던 대중 집회에서 세계사의 관리자(하나님)는 약속한 것과 달리 가난한 사람들을 돌보지 않았다는 점에서 월급을 절반만 받아야 한다고 경박스럽게 말한 것뿐이었습니다.

건강한 실용주의

신성모독죄의 판결을 받은 홀리오크는 글루세스터 가울(Gloucester Gaol)에서 6개월 동안 감금되어 있어야 했고, 이 기간을 보낸 후 그는 자신의 입장을 규정하기 위해 "세속주의자"(secularist)라는 용어를 만들었습니다. 그는 "무신론자"라는 말보다 이 단어를 더 좋아했고, 그의 남은 생애 전체를 그가 알고 있는 기독교를 대체하는 것으로서의 세속주의를 확대하는 데 바쳤습니다. 그는 "세속주의자"를 "이 세상에서의 경험에 의해 검토될 수 있는 논제들에 우선적 관심을 보이는 사람"이라고 정의했습니다. 그에 의하면 "세속주의자의 원리는 저 세상과 연관된 것이 아니라 **이 삶에서의** 의무들에 우선순위를 두는 것"입니다.

홀리오크는 기독교에 대해 완전히 반대한 것은 아니었습니다. 그가 하고자 했던 것은 일상을 교회의 통제에서 해방하여 더 많은 사람들이 사회정의를 고양하고 평등한 기회를 갖도록 하는 것이었습니다. 그는 종교와 도덕 사이를 명확히 구별했습니다. 그는 "종교적인 꿈을 꾸는 사람들은 초자연적 도움을 기대하도록 내버려두라… **우리는** 사람이 사람에게 할 수 있는 일이 무엇인지를 찾아보도록 하자"고 말했습니다.

영국에서의 세속주의의 등장과 발맞추어 뉴질랜드에서도 자유사상 연합체들이 확산되었는데, 이 점이 뉴질랜드가 세계에서 가장 세속화된 국가라는 평판을 갖게 된 주된 이유일 것입니다. 이런 자유 연합체들은 1870년과 1900년 사이에 크게 번성하여 자체적인 건물과 주일학교들을 가졌습니다. 1881년의 인구조사에 의하면, 자유사상가로 등록한 사람들이 24000명이 넘었는데, 그 지도자 중 한 명인 로버트 스타우트(Robert Stout)는 빅토리아대학교 대학(Victoria University College)의 사실상의 설립자였고, 20년 동안 뉴질랜드대학교(University of New Zealand)의 학장이었으며 1899-1927년 사이에는 대법관을 역임하기도 했습니다.

젊은 국가인 뉴질랜드가 홀리오크가 옹호한 세속주의적 정책들을 채택하게 되었다는 첫 번째 명확한 표시는 1877년의 교육법이었습니다. 이 법은 "무료이며 세속적이며 의무적인" 것으로 여겨진 국가 차원의 초등교육 제도를 세웠습니다.

오늘날 우리는 국가가 아이들을 위해 공식적인 교육 프로그램을 제공하는 것을 당연하게 여기지만, 국가가 교육의 책임을 져야 한다는 생각은 19세기에는 아주 낯설었습니다. 영국에서 19세기 초까지 존재하던 학교들은 교회가 설립한 것들이었고, 학비를 낼 수 있는 사람들만 갈 수 있었습니다. 이 때문에 로버트 라이크스(Robert Raikes)는 1780년에 가난한 집 아이들이 공장에서 일하지 않는 날을 택해 일주일에 하루를 읽고 쓰는 것을 가르치려는 의도로 주일학교 제도를 만들기도 했던 것입니다.

꿈을 입법화 하다

물론 이때 아이들이 읽기를 배워야 하는 주된 책은 성경이었는데 이는 당시의 모든 교육이 교리 교육과 성경 지식 함양을 지향하고 있었기 때문입니다. 옥스퍼드 대학교와 케임브리지 대학교의 입학시험에서는 종교적 지식과 믿음을 테스트했을 뿐 아니라 영국 국교회의 남자 신도들만 시험을 칠 수 있었습니다.

이것이 1840년 이후 유럽의 이민자들이 뉴질랜드로 올 때의 상황이었습니다. 이곳에서 처음 세워진 학교들 역시 교회가 세운 것들로서 자신들이 속한 기독교 교단의 색깔 아래서 아이들을 가르쳤습니다. 가령 오타고(Otago) 지역의 아이들은 웨스트민스터 소요리 문답을 마음으로 배워야 했습니다. 하지만 영국 전역에서 이민자들이 오게 되면서, 뉴질랜드는 그들이 떠나온 영국보다 더 다양한 사회가 되어갔습니다. 개신교 교단들은 자신들의 신념과 예전을 지키려는 가운데 많은 혼란과 종교적 분쟁들을 경험했는데 그 상당부분은 개신교 교인들과 카톨릭 교인들 사이의 분쟁이었습니다.

1870년경까지 교회가 후원하는 학교들은 급격히 늘어나는 학생들 때문에 정부 보조금을 얻고자 했습니다. 하지만 이런 일이 어떻게 그처럼 종교적으로 다양한 공동체에서 이루어질 수 있었을까요? 만일 국가가 교육에 대한 책임을 떠맡지만 교과내용은 기독교를 포함해야 한다면, 어떤 기독교를 가르쳐야 할까요? 뒤돌아보면 뉴질랜드를 세속국가로 발전시킨 것은 결국 비록 곧잘 쓰라린 경쟁과 적개심을 유발하기는 했지만, 이런 종교적 다양성 덕분이었다고 말할 수 있습니다.

뉴질랜드에서의 종교적 다양성에 대한 문제는 1877년 국가 교육 시스템이 "의무적이며 세속적이고 무상 교육"이 되어야 한다고 결정을 내림으로써 일단락되었습니다. 개신교인들은 이 교육법을 완전히 좋아하지는 않았지만, 자기들이 보기에 악한 카톨릭 교회에도 보조금을 주는 것을 막기 위해 마지못해 이 법을 받아들였습니다. 개신교 교회들은 이제 자신들이 아이들에게 읽고 쓰는 것을 가르쳐야 할 필요가 없기 때문에, 대신 주일학교 제도를 통해 종교교육을 할 수 있으리라고 기대했습니다. 반면에 로마 카톨릭 교회는 교과과정이 종교적인 것과 세속적인 것으로 분열되는 것을 원하지 않았기 때문에, 카톨릭 교회 안의 사람들을 위한 완전한 교육 시스템을 제공하는 데 드는 무거운 경제적 부담을 감당했습니다.

완불: 사회적 안정성

1877년의 교육법으로 인해 뉴질랜드는 종교적인 알력을 피하면서 점점 더 세속적인 나라가 되어 갔습니다. 젊은 국민들 대부분을 교육하기 위해 선택한 방법을 통하여 근대 세속국가의 기초가 놓인 것입니다.

물론 뉴질랜드는 영국에서 온 이민자들이 지니고 온 많은 기독교적 관습들 때문에 여전히 기독교적 흔적들을 많이 보이고 있습니다. 지금도 국회는 기도로 시작하며 재판정에서도 진실만을 말하겠다는 맹세를 성경 위에 손을 얹고 합니다. 주일은 휴식의 날로 오랫동안 준수되었고, 지금도 다른 날과 구별되며 기독교의 거룩한 날들 역시 휴일로 남아 있습니다. 하지만 영국이나 스코틀랜드처럼 국교회는 없으며— 가장 규모가 큰 성공회가 그 비슷한 역할을 하기는 하지만— 교회는 더 이상 국가에 대해 종교적이거나 도덕적 논점들에 대한 지시를 할 수 없습니다. 교회의 위치는 로비집단 정도로 격하되었고, 그 영향력도 시간이 지남에 따라 현저하게 줄어들고 있습니다.

다시 말해서 19세기의 뉴질랜드는 은연중 기독교 국가로 평가되었으나, 20세기에는 더 이상 그렇지 않습니다. 그것은 기껏해야 기독교적인 문화유산을 지닌 세속국가로 서술됩니다. 실상 이런 유산의 가장 중요한 측면은 우리가 보유하고 있는 가치들에서 발견됩니다. 그것들의 형태는 300년 이전에 표현된 것이기는 하지만 자주 기독교적 가치들로 여겨집니다. 지난 150여 년의 뉴질랜드의 역사는 그 어떤 나라의 역사보다도, 기독교 후기 세속사회가 특별히 기독교적 사회로부터 어떤 분명한 사회적 혁명을 거치지 않고서도 진화해 올 수 있는지를 보여주는 역사라고 할 수 있습니다.

비록 세속사회에 본래적으로 내재되어 있는 가치 때문에 뉴질랜드를 세속적인 곳으로 유지할 책임이 우리에게 있다고 주장하지만, 나는 여기에서 "세속적"이란 단어의 의미에 대해 말한 첫 번째 강의의 내용을 한 번 더 말해야 하겠습니다. 세속사회는 "이 세상"을 지향할 뿐 보이지 않는 "저 세상"을 지향하지 않습니다. 세속사회는 **자연적이고 인본주의적인 이상들**의 인도를 따르며, 더 높은 영역에서 온 계시에 의해 주어진 소위 가정된 **초자연적인 것들**의 인도를 따르지 않습니다.

이런 세속 사회의 내적 가치들은 국가의 구조가 종교적으로 중립적이라는 사실에 기인합니다. 진정으로 세속적인 사회는 시민들에게 최고의 개인적 자유를 제공하며, 어떤 특정한 종교나 이데올로기와 자신을 동일시하지 않습니다. 그것은 특정한 종교적 입장을 옹호하거나 방어하지 않지만, 그렇다고 해서 종교를 쫓아내려고 하지도 않고 다만 다른 시민들에게 해로운 행동만 강제적으로 통제하려고 합니다.

세속사회는 그것이 인간에 의해서든 신에 의해서든 특정한 형태의 독재에 의해서가 아니라, 시민들 전체에 의해 다스려진다는 점에서 완전히 민주적이며, 이런 점에서 세속국가는 신정국가(theocracy)와 완전히 정반대입니다.

외골수 낙관주의자는 결과에 의해 정당화된다

이것이 철학자 존 스튜어트 밀(John Stuart Mill, 1806-73)이 1859년에 그의 유명한 논문인 『자유론』(On Liberty)을 출판했을 때 가졌던 관심이었습니다. 그것은 "세속국가 이론에 대한 최초의 근대적 해명"이라고 불려 왔습니다. 그는 서로 충돌하는 사상들의 상호 교류가 있을 때만 진리가 자유롭게 발생한다고 주장하면서, 다양한 불일치를 허용하는 열린사회(open society)를 요청했습니다. 밀은 모든 민주주의자들과 마찬가지로 우리 인간들은 모두 지혜롭고 선한 결정을 내릴 능력이 잠재적으로 있다고 믿었습니다.

아마도 그는 인간의 조건에 대해 너무 낙관적이었다고 할 수 있을 것입니다. 그가 말한 이상적인 세속사회는 완전히 성취될 수 없을 것입니다. 하지만 그런 이상을 달성하기 위해 계속 노력해야 하는 것 역시 사실입니다. 또한 우리는 200년 전의 기독교왕국의 시대에는 있지 않았던 그런 환경들, 곧 우리가 이곳 뉴질랜드에 이미 심어놓은 세속적 요소들로 인해 기뻐해야 할 것입니다.

세속국가에서 사는 삶의 첫 번째 가치는 개인적 자유, 곧 국가나 과거로부터 내려온 성스러운 저술들의 묶음 같은 외적인 원천에 의해 강제된 믿음이 아니라 스스로 주체적으로 생각하는 자유입니다. 제한된 테두리를 넘어서서 생각할 수 있는 자유가 있을 때 우리가 원래 가지고 있던 창조성은 제대로 개발될 수 있을 것입니다. 또 다른 중요한 자유는 자신의 생각을 보복당할 두려움 없이 표현할 수 있는 자유입니다. 세속국가는 사실에 부합되기만 하면, 대중매체들이 그런 정보를 널리 전할 수 있는 자유를 옹호합니다.

각자 원하는 대로 생각하고 행동할 수 있는 자유에는 당연히 자신에게 가장 만족스러운 것이면 어떤 종교적 믿음과 실천이라도 선택하고 탐구할 수 있는 종교의 자유도 포함됩니다. 로버트 스타우트(Robert Stout)가 자유사상가들을 대신하여 한때 교회들을 향하여 한 연설이 있습니다. "우리들은 당신들을 공격하지도 축출하려고 하지도 않을 것입니다. 우리들은 단지 비교 종교학이라는 새롭게 발전하는 학문의 맥락에서 당신들에게 **설명할** 것입니다."

세속국가의 두 번째 가치는 인권에 대한 분별과 옹호입니다. 고전적 기독교왕국은 결코 인간의 권한들을 인정하지 않았고 대신 하나님과 왕과 국가와 동료 인간들에 대한 책임에 초점을 맞추었습니다. 이 모든 것들은 성경에 봉인되어 있는 것으로 여겨졌기에 이전의 절대군주들은 자신들이 "하나님이 내리신 왕들의 권한"을 가졌다고 주장할 수 있었습니다.

물론 기독교인들이 매사에 네 이웃을 네 몸 같이 사랑하라는 황금률을 따라서 산다면 인권에 대해 구태여 말할 필요조차 없을 것이라고 할 수 있을 것입니다. 하지만 그렇게 하지 않기 때문에 이런 권한은 보호되어야 합니다. 그리고 이런 이유 때문에 세속국가는 시민들을 외적 위협으로부터 보호할 뿐 아니라 그들의 인간으로서의 권한들을 국내의 여러 위협들로부터 방어하는 역할을 해야 합니다.

세속국가의 세 번째 가치는 다양성에 대한 존중으로 기독교인들이 한때 연약함의 표지로 생각한 관용은 이제 하나의 미덕이 되었습니다. 이전 시대의 사람들은 왕과 교회의 지도와 전통과 신적 권위로 오랫동안 지속되어 온 규범에 동조하도록 기대되었습니다. 실제로 아주 근래에 이르기까지 영국 국교회에 속하지 않는 사람들은 비동조주의자로 간주되었고, 규범으로부터 너무 멀리 떨어져 있는 사람들은 용납되지 않았습니다. 하지만 세속사회는 다양성에 적극적인 가치를 부여합니다. 그것은 시민들이 어떤 이상적인 모델의 모습을 획일적으로 따르기를 기대하지 않습니다. 물론 세속사회 역시 인간 행동에 제약을 두기는 하지만, 이것은 시민들의 인권을 보장하려는 의무에서 기인하며 실상 다른 사람들의 안전과 평안을 침해하는 행동은 용납되지 않습니다. 하지만 그런 정도만 지키면 우리는 세속국가가 폐쇄된 사회들보다 인간 행동에 훨씬 더 많은 자유를 허용한다고 자랑스럽게 말할 수 있습니다.

실상 사회의 세속화가 진행되어감에 따라 우리는 더 순수한 민주주의를 발전시켰고, 노예제도를 없앴으며, 여성해방을 촉진했고 인종차별의 족쇄에서 벗어났고 동성애를 합법화했습니다. 하지만 교회는 처음에는 세속사회의 이러한 표지들 모두에 대해 반대했는데, 이는 기독교왕국에 대한 슬픈 자화상이라고 아니할 수 없습니다.

세속사회의 도래와 함께 우리들은 우리의 문화적 과거가 야기한 비인격화(depersonalization)와 정형화(stereotyping)로부터 해방되었습니다. 우리는 문화적 조건화, 사회 계층화, 인종, 피부 색깔, 성, 나이에 근거해서 사람을 차별하는 것이 잘못임을 배우게 되었습니다. 사람들은 자신들의 인간으로서의 가치와 인간 조건의 물리적, 지적, 영적 차원들에서의 잠재력을 모두 자유롭게 발전시키도록 격려 받았습니다.

하나의 빛나는 비전

이런 해방과정의 장엄하며 마음을 움직이는 사례로 "타임" 잡지가 2005년에 가장 영향력 있는 100인의 한 명으로 소개한 아얀 히르시 알리(Ayaan hirsi Ali)라는 젊은 소말리아 여성의 인생 이야기를 들 수 있습니다. 그녀의 책 『이교도』(Infidel)는 충분히 해방되고 책임적이며 자기를 성취해 가는 사람이 되기 위해 그녀가 싸워내야 했던 여러 괴상한 이야기들을 담고 있습니다.

히르시 알리는 엄격한 무슬림 가정에서 자라났는데 그 가정은 서로 무척 긴밀하게 엮여져 있는 하나의 소말리아 부족에 속해 있었습니다. 그녀는 소말리아 내전으로 수많은 고난과 궁핍을 겪었고 여성 할례와 야만스러운 구타의 희생물이 되었습니다. 청소년이 되었을 때 그녀는 새로 시작된 무슬림 형제단의 영향으로 그곳의 경건한 신자가 되었지만, 강요된 결혼에서 벗어나기 위해 네덜란드에 망명을 신청했고 그곳에서 능력을 발휘하면서 점차 책임적인 역할을 맡게 되었습니다. 그녀는 대학에서 정치학을 공부하는 도중 계몽주의가 서구사회에 미친 선한 영향을 보았고, 새로운 사회와 종교적 가능성들에 눈을 떴습니다. 그녀는 동료 이슬람 난민들 사이에서 지도자 역할을 감당하게 되면서 여성의 권익과 이슬람 개혁을 위해 싸우는 가운데 정치에 입문하고 네덜란드의 국회의원이 되었습니다.

점차적으로 그리고 내키지는 않지만 그녀는 자신이 자랐던 소말리아의 이슬람 문화가 아주 억압적이었음을 실감하게 되었습니다.

2003년에 그녀는 네덜란드의 TV 제작자인 테오 반 고흐(Theo van Gogh)를 만나 『복종: 1부』라는 10분짜리 다큐멘터리 필름을 제작했습니다. 그것은 알라에게 질문을 던지는 형태로 이슬람의 개혁을 탄원하는 내용이었습니다. 이 다큐멘터리가 이슬람 지도층의 비위를 거스르게 되면서 그녀는 기피 인물이 되었습니다. 2004년에 테오 반 고흐가 이슬람 극단주의자들의 칼에 찔려 죽었고, 국회의원이던 아얀 알리는 경찰의 보호 속에 격리되었습니다. 이런 일련의 비극적 사건들은 당시의 네덜란드 정부의 실각으로 이어졌고 아얀 알리는 미국에서 안전을 찾을 수밖에 없게 되었습니다.

이것은 단순히 탐구심 많고 지적인 어린 소녀가 어떻게 의무와 복종의 딸에서 여성의 권익과 사회개혁을 이끄는 사람으로 바뀌어 갔느냐 하는 이야기가 아니라 오늘날 대규모로 일어나고 있는 하나의 현상, 곧 전 지구적인 세속사회의 탄생에 수반되는 고통과 고뇌를 아주 잘 보여주는 예입니다. 어떤 사람들은 거기에서 억압적인 종교에서의 해방을 보면서 즐거워 하지만, 어떤 사람들은 격렬히 비난하고 저항합니다. 그들은 세속화를, 문화에 통일성을 부여하는 종교를 훼손하고 도덕적 표준들을 후퇴시키며 사회적 혼란을 일으키는 힘으로 이해합니다.

두 종류의 맹목성

아얀 히르시 알리의 이야기는 제대로 된 세속사회는 반대자들을 가질 수밖에 없음을 아주 잘 보여 줍니다. 여기에는 두 가지 서로 다른 적들이 있습니다. 한쪽 극단에는 기독교인이든 무슬림이든 종교적 근본주의자들이 있는데, 이들은 자신들이 보기에 타락한 세계에 자신들의 신념체계와 실천을 강제로 부과하고자 합니다. 다른 한쪽 극단에는 모든 형태의 전통적인 종교들을 축소시키고 마침내 근절하여 무신론적 사회를 만들기를 원하는 호전적 이데올로그들이 있습니다.

칼 포퍼(Karl Popper)는 1945년에 쓴 『열린사회와 그 적들』(*The Open Society and its Enemies*)을 통해 이 중 두 번째 극단에 관심을 가지도록 만들었습니다. 흥미로운 점은 그가 이 책을 유대인 피난민으로서 나치 독일을 피해 비엔나에서 뉴질랜드로 건너와 캔터베리 대학교(Canterbury University)에서 철학을 가르치는 가운데 썼다는 것입니다. 물론 그가 언급한 적들은 나치즘과 공산주의 같은 전체주의적인 거대한 힘이었지만, 그럼에도 포퍼가 열린사회라고 부른 것은 내가 세속사회라고 부르는 것과 상당히 비슷합니다.

공산주의 통치 아래 있던 소비에트 러시아는 종교적으로 중립적이지 않았다는 단순한 사실만으로 이미 세속적 국가가 아니었습니다. 그것은 모든 사람에게 무신론이란 도그마를 강요하는, 종교에 적대적인 국가였습니다. 그것은 시민들이 각자 좋아하는 종교를 선택하도록 놓아두지 않았습니다. 소비에트 러시아와 대조되는 곳이 인도입니다. 인도인들은 아주 종교적이고 그것도 상당히 전통적인 방식으로 종교적이지만 1947년에 독립한 인도정부는 헌법에 자신이 세속국가라고 선언했습니다. 세속적이란 면에서 인도는 국민들이 힌두교, 무슬림, 시크, 자이나, 혹은 무신론 등을 좋아하는 대로 선택하도록 맡겨 둡니다. 그것은 한 종교를 배타적으로 강요하지도 않고 다른 종교를 없애려고 하지도 않습니다.

뉴질랜드는 헌법에 의해서가 아니라 문화의 진화에 의해 세속국가가 되었습니다. 우리는 이런 발전이 자연스럽고 또 비교적 평화롭게 이루어졌다고 해서 이를 당연하게 여겨서는 안 됩니다. 어떤 사람들은 아직도 뉴질랜드가 기독교왕국 시대에 있던 그러한 기독교 사회로 되돌아가기를 원합니다. 가령 데스티니 교회(the Destiny Church)는 이 면에서 자신의 정치적 성향을 분명히 드러내고 있습니다.

다른 한편, 1877년의 교육법으로 인해 우리는 정반대 방향으로 갈 위험도 있습니다. 이 법은 우리의 학교는 어떤 종교도 가르쳐서 안 된다고 천명함으로써 세속이란 단어를 무종교적이거나 심지어 반종교적인 의미로 해석하게 했습니다. 하지만 이 법은 당연히 종교적으로 중립적인 것을 의미하는 것으로 이해되어야 합니다.

이 사실은 최근의 마오리(Maori) 문화의 부흥과 연관하여 볼 때 좀 더 분명해졌습니다. 대부분의 파케하(역주: 뉴질랜드에서 마오리 족의 문화를 따르는 백인들)는 자신들이 문화를 가지고 있음을 거의 의식하지 못할 뿐더러 거기에 고마움도 느끼지 않습니다. 이렇게 된 이유는 우리의 국가 교육 시스템이 뉴질랜드인들이 기독교를 받아들이는 가운데 자신들의 전통문화를 알지 못하도록 했기 때문입니다. 따라서 우리는 이런 두 가지 극단적인 입장들 때문에 우리의 세속사회의 종교적 중립성이 훼손되지 않도록 해야 합니다.

나는 뉴질랜드의 이런 두 가지 반대되는 힘들을 약 35년 전 일어났던 하나의 사건으로 인해 인식하게 되었습니다. 그 당시 교육부는 1877년의 교육법의 세속적 조항들을 다시 검토할 때가 되었다고 판단했습니다. 이런 항목을 포함시키게 만든 교회들 사이의 경쟁 요인이 오래 전에 해결되었기 때문에, 이제는 각 세대들이 우리의 문화적 과거를 더 잘 이해하도록 종교에 대한 연구를 교과과정에 다시 도입해야 하지 않는가 하고 생각하게 된 것입니다. 이를 위해 교육부는 그리스도교회(Christchurch)에서 하나의 모임을 만든 다음 교사들, 부모들, 기독교 교육 협의회 같은 관심을 가진 단체들을 초대했습니다.

나 역시 이 모임에 참석하여 "세속세계에서의 인문교육의 종교적 내용"(The Religious Content of a Liberal Education in a Secular World)이란 제목의, 광범위한 범위를 망라하는 논문을 발표했습니다. 종교를 넓은 용어들로 정의한 다음, 나는 젊은이들로 하여금 삶을 준비하게 하는 균형 잡힌 교과과정에 종교가 중요함을 역설했고, 이를 위해 몇 가지 사항을 제언했습니다.

불행한 교착상태

나의 제언은 주로 종교 연구들을 필수과목으로 하고 있는 영국의 예를 따른 것이었습니다. 하지만 뉴질랜드를 위한 이런 시도는 두 극단주의적 집단의 방해를 받았습니다. 곧 보수적인 기독교인들은 전통적인 기독교만을 가르쳐야 한다고 주장한 반면, 호전적인 세속주의자들은 공식적인 학교 교과과정에서 종교에 대한 어떤 언급도 허용하지 않으려고 했습니다. 이런 두 극단적인 집단의 일시적이고 극히 역설적인 연대로 인해 우리는 갈수록 다원주의화 되고 있는 우리 사회에 꼭 필요한 관용, 이해, 선의를 촉진할 좋은 기회를 놓쳐버렸습니다.

그로 인해 오늘날 뉴질랜드는 일종의 종교적 혹은 영적인 진공상태 속에 있습니다. 물론 마오리 세계는 그 자체의 영성을 회복했으며, 더 전통적인 형태의 종교들은 마오리 사회 밖의 소수자들에게 영향을 미치고 있습니다. 하지만 대부분의 뉴질랜드인들은 우리의 지나간 영성들에 대해 거의 알지 못하며 자신들의 영성을 어떻게 개발할 수 있는지에 대해서도 아무런 지침을 갖지 못하고 있습니다.

이제 세계 전체로 눈을 돌려보면, 전 지구적인 세속사회의 발생을 방해하는 문제들은 훨씬 더 심각합니다. 세속화 과정은 어떤 나라들에서는 다른 나라들보다 훨씬 더디고 적들은 훨씬 더 강력합니다. 세속화는 기독교 세계에서 가장 많이 나타나고 있는데 이는 세속화가 발생한 곳이 바로 그곳이기 때문입니다. 그리고 바로 이런 이유 때문에 비기독교 세계는 자주 그것을 마땅히 저항해야 하는 낯선 영향력으로 간주합니다. 특히 이슬람 세계, 그 중에서도 이란과 파키스탄이 이를 완강하게 거부하는데, 그 이유는 이런 나라들이 애초에 이슬람 국가로 기획되었기 때문입니다. 이에 비해 터키는 케말 아타터크(Kermal Ataturk)가 1922년에 일으킨 거대한 문화혁명으로 인해 이전보다 훨씬 더 많이 세속화되었고, 이집트 역시 영국의 영향을 오래 받다보니 많이 세속화되었습니다.

자유에 대한 도전들

오늘날 전 세계를 돌아볼 때 세속국가의 주된 대적들은 증가하고 있는 종교적 근본주의 세력들입니다. 이들은 20세기 들어 기독교와 이슬람 세계 속에서의 세속화의 확산에 대한 반동으로 일어났습니다. 역설적인 것은 이런 근본주의들은 원래 건강하고 긍정적인 하나의 운동에서 자라난 것이라는 점입니다.

우리는 이 중에서도 기독교적 근본주의가 어떻게 발생했는지에 대해 더 잘 알고 있습니다. 16세기 개신교 종교개혁자들은 교회를 개혁하고자 했고, 18세기의 개신교 사상가들은 교황의 권위에 더 이상 매이지 않게 되면서 계몽주의를 출범시켰는데, 여기에서 자유주의, 기독교 근대주의, 그리고 세속화가 등장했습니다. 하지만 20세기 초에 나타난 근본주의는 자유주의를 대적하고 세속주의를 박멸하려는 반동적 운동으로 일어났으며 그 이후 꾸준히 성장해 왔습니다.

이슬람 근본주의의 등장 역시 기독교 근본주의와 이상할 정도로 비슷한 길을 걸어왔습니다. 그것은 이슬람의 정화를 추구했던 18세기 사우디아라비아의 와하비 운동(Wahhabi movement)과 함께 시작되었습니다. 그런 다음 그것은 서구 계몽주의의 영향 속에 19세기 말에 형성된 근대주의를 이방적인 것으로 여겼고, 기독교 세계에서 한 것보다 더 성공적으로 그것을 말살했습니다. 와하비 운동의 성공은 1928년 이집트에서 있었던 무슬림 형제단(the Muslim Bortherhood)의 창립을 촉발했는데, 이 단체는 전통적인 이슬람을 회복할 뿐 아니라 이슬람 세계에 신정정치를 부활하려 했고 소위 서구 세속화의 사악한 결과들을 근절하고자 했습니다. 이집트의 무슬림 형제단은 사우디아라비아의 알 카에다(Al Qaeda)와 직접적인 연관을 맺고 있습니다.

기독교이든 무슬림이든 종교적 근본주의는 서구 계몽주의로부터 자라온 인간의 자유를 거부하며 세속적 인본주의를 제거하려고 합니다. 근본주의는 인간들이 마땅히 신적 존재의 권위에 복종해야 하며 이런 신의 계시된 진리들과 절대적 명령은 유대인들의 토라, 기독교인의 성경, 그리고 무슬림의 쿠란에 영속적으로 계시되었다고 믿습니다.

근본주의는 인간 이성을 신뢰하지 않으며 자신들의 교리에 질문을 던지면 안 된다고 보기에 열린 대화로 나아갈 수 없습니다. 그것은 민주주의, 인간 권리 주장, 성평등을 중요하게 생각하지 않으며 종교와 사회 양쪽에서 강력하고 카리스마적이고 남성적인 지도력을 선호합니다. 근본주의는 신이 계시해 주었다고 믿는 절대적인 것들에 부합하는 신정사회들을 세우기 위해 사람들을 통제하고자 합니다. 이를 위해 이스라엘은 **반드시** 유대인의 국가가 되어야만 하고, 이란은 **반드시** 이슬람 국가가 되어야 하며, 미국의 근본주의자들 역시 미국을 더욱 진정한 기독교 국가로 만들어야 한다고 **주장합니다**.

중동 지역의 긴장과 소요는 석유를 둘러싼 경쟁이나 민족주의의 부흥 같은 문제들로 아주 복잡하고 다층적인 측면을 가지고 있지만 그 모든 위험한 혼란 이면의 공통 요소는 근본주의의 발흥입니다. 조지 부시 대통령과 그의 지지자들은 이라크와의 전쟁을 테러와의 전쟁으로 보았는데 이는 큰 잘못이었습니다. 실상 테러는 더 깊은 뿌리들을 가진 불행한 갈등의 하나의 징후에 불과합니다. 무엇보다도 그것은 타리크 알리(Tariq Ali)의 책 제목처럼 『근본주의들의 충돌』(*Clash of Fundamentalisms*)을 반영하고 있는 것입니다.

무지한 군대들이 밤에 충돌할 때

이스라엘 정부의 모든 영역에서 영향력을 행사하고 있는 유대 근본주의자들은 거룩한 땅 전부가 하나님의 뜻에 의해 유대인들에게 주어졌다고 보아서, 팔레스타인 사람들을 그 땅에 정착시키려는 어떤 계획에도 반대합니다. 해묵은 이스라엘-팔레스타인 갈등은 어떤 점에서 중동의 불안정성 전체의 핵심입니다.

무슬림 근본주의자들은 이스라엘 국가의 설립을 이슬람 세계에 대한 불의한 침략으로 보면서 그것을 파괴하기를 원합니다. 하지만 그렇게 하지 못하기 때문에 세속화된 기독교적 서구에 대한 무슬림들의 불만은 더 커져가고 이제는 그것을 사탄의 제국으로 여깁니다. 지하드(jihad)에 대한 쿠란의 이해에 촉발되어 무슬림 근본주의자들은 자신들 위에 덧씌워져 있는 서구의 모든 영향력을 제거하고 이란이나 파키스탄 같은 진정한 이슬람 국가들을 만듦으로써 과거의 영광을 회복하고자 합니다. 이런 거룩한 전쟁에 죽는 사람은 순교자로 여기며 자살폭탄 테러리스트들은 그들의 행위에 대한 보상으로 바로 천국으로 직행한다고 믿습니다.

반면 부시의 재선을 도운 기독교 근본주의자들은 이슬람 근본주의자들을 악의 축으로 보며, 그들과의 투쟁을 하나님이 주신 과업으로 여깁니다. 더 심한 것은 미국사회의 기독교 근본주의자들은 중동 지역에서의 갈등이 전 우주적인 아마겟돈 전쟁으로 연결되며 그 사건이 있어야 주 예수 그리스도의 재림이 앞당겨질 것이라고 생각합니다.

오늘날 이라크에서는 이슬람 근본주의자들과 기독교 근본주의자들 사이의 충돌 외에도 이슬람 안의 수니파와 시아파 사이의 해묵은 갈등이 재현되고 있습니다. 세속적인 바트당의 지도자인 사담 후세인은 이 갈등을 억누르기는 했으나 잔혹하고 억압적인 방법으로 그렇게 했습니다. 미국의 간섭으로 이라크가 개방되기는 했지만, 이 나라가 진정한 민주사회로 되어가는 것을 볼 수 있다는 희망은 가까운 장래에는 보이지 않습니다. 왜냐하면 민주주의와 세속성은 언제나 함께 이루어지는데, 근본주의는 무슬림의 것이든 기독교의 것이든 본래적으로 세속화를 반대하기 때문입니다.

지구촌이 필요하다

세속국가를 탄생시키는 것은 어려우며 설혹 그렇게 된다 해도 그것을 유지하는 데 많은 노력이 필요합니다. 세속사회는 개인적 자유와 함께 개인적 책임성이 따를 때만 유지됩니다. 세속사회의 혜택을 누리는 우리 역시 그것을 유지하기 위해 사람들이 노력해 온 것에 대해 감사하기를 배우지 않는다면 그것의 적이 될 수 있습니다.

우리가 조화롭고 협력하는 정신을 유지하기보다 이 일에 실패한다면 세속사회는 점점 더 탐욕스럽고 자기이익만 챙기는 사람들의 모임이 되어버리고 반사회적이고 폭력적인 행동들은 더 늘어갈 것입니다. 이런 혼란이 찾아오면, 채찍과 더 긴 복역 기간, 그리고 사형제도를 회복해야 한다는 목소리들이 힘을 얻을 것입니다. 이런 우파적인 반동이 충분한 힘을 얻으면, 사람들은 법과 질서를 약속하는 군사적인 독재체제에 마지못해 혹은 기꺼이 복종하려 할 것이고, 그렇게 되면 세속화 과정은 다시 새로 시작되어야 합니다.

건강한 세속국가를 유지하려면 우리들은 개인적 책임성을 더 성숙시켜야 하며, 그러기 위해서는 과거의 종교적 사회들이 그랬던 것처럼 영성이 필요합니다. 그러나 세속세계에서 어떤 형태의 영성이 가능할 수 있을까요? 우리는 이 주제를 다음 장에서 다루려고 합니다.

13장

세속세계에서의 영성

사람들이 세속화의 영향을 처음 느끼게 된 것은 19세기였습니다. 따라서 케임브리지 역사가인 오웬 채드윅(Owen Chadwick)이 1975년의 그의 기포드 강좌 제목을 『19세기의 유럽 정신의 세속화』(*The Secularization of the European Mind in the Nineteenth Century*)로 한 것은 별로 놀랍지 않습니다. 비록 사람들 대부분이 문화적 변화를 별로 느끼지 못하고 있었고, 교회 역시 19세기 말까지 그랬지만 학문으로 무장된 사람들은 18세기 계몽주의가 그들 마음에 열어 주었던 새로운 가능성들을 이미 탐색하고 있었습니다.

그 가운데 교황 피오 9세(Pius IX)는 1864년에 그의 악명 높은 『오류 목록들』(Syllabus of Errors)을 발표함으로써 세속화 과정을 막아보려고 했습니다. 그가 오류라고 정죄한 80 가지 항목들 중 몇 가지는 다음과 같습니다.

* 모든 종교적 진리는 인간 이성의 원래적 힘으로부터 나왔다. 따라서 이성은 사람들이 모든 종류의 진리에 이를 수 있는 궁극적인 기준이다.

* 모든 사람은 이성의 인도에 따라 진리라고 여겨지는 종교를 자유롭게 선택하고 고백할 수 있다.
* 도덕 법칙들은 하나님의 승인을 필요로 하지 않는다.
* 로마 교황은 진보, 자유주의, 근대문명과 화해할 수 있고 또한 화해해야 한다.

문제가 된 신학도

그러나 같은 해인 1864년에 프랑스의 카톨릭 학자인 에른스트 르낭(Ernst Renan, 1823-92)의 책 한 권이 카톨릭 세계를 충격에 빠트렸습니다. 파리의 저명한 신학교에서 신부가 되는 교육을 받던 중에 그는 독일 학자인 데이비드 스트라우스(David Strauss)의 『비판적으로 살펴본 예수의 생애』(*The Life of Jesus Critically Examined*, 1835년)를 읽으면서 기독교의 진리성을 의심하게 되었습니다. 그는 목사 안수 대신 자유 저술가의 길을 택했고, 곧 프랑스 황제가 그를 팔레스타인과 시리아에 파견하여 고고학적 탐사를 맡길 할 정도로 단시일에 명성을 얻게 되었습니다. 그는 갈릴리 지역을 직접 걸어 다니면서 탐사하는 수고를 한 후 예수에 대한 최초의 근대적인 책을 썼습니다.

르낭은 이 책 『예수의 생애』(*Life of Jesus*)에서 예수를 기독교 신앙이 오랫동안 높이 모시고 있던 천상에서 땅으로 내려오게 했습니다. 그는 복음서 이야기들이 말하는 초자연적인 요소들로 차 있던 신적 그리스도를 벗겨낸 다음, 철저히 자연적 상황 가운데 있는 인간으로서의 예수를 그렸습니다. 이 책은 세 달 만에 8쇄를 찍었고 당시의 보통의 기독교인들에게 큰 스캔들이 되었습니다.

근래의 학자들은 이 책을 그리 대단하게 여기지 않는데 이는 르낭이 했던 것과 달리 예수의 생애를 재구성할 만큼의 충분한 역사적 자료가 우리에게 남아 있다고 보지 않기 때문입니다. 가령 예수세미나 학자들에 의하면 우리가 할 수 있는 최선은 역사적 예수의 "목소리 빛깔과 발자국의 흔적들"을 재발견하는 정도입니다. 하지만 르낭은 이런 빠져있는 부분들을 그의 풍부한 상상력으로 채워 넣어서 예수를 갈릴리 지역을 여유롭게 배회하는 매력적인 전도자로 만들었습니다. 앨버트 슈바이쳐(Albert Schweitzer)는 예수에 대한 르낭의 묘사를 다음과 같이 준열하게 비판합니다. "친절한 예수, 아름다운 마리아, 그리고 '자애로운 목수'의 수행자들인 착한 갈릴리 사람들은 파리의 교회 비슷한 예술품 가게 진열장에서 나왔다고 할 수 있다." 그럼에도 불구하고 슈바이쳐는 이 책에 나름의 마법이 있음을 인정하면서, 이 책이 "카톨릭 세계뿐 아니라 일반문학에서도 하나의 신기원을 열었다"고 했습니다. 다시 말해, 이제 예수를 완전한 한 인간으로 받아들일 수 있는 주사위가 던져진 것입니다.

스트라우스와 르낭 시대 이후 기독교 학자들과 설교자들은 예수의 인간성에 초점을 맞추었고 그의 신성은 별로 말하지 않게 되었습니다. 이처럼 예수를 갈릴리의 교사로 보는 것은 그가 세속화되었음을, 곧 그를 세상으로 다시 데려왔음을 의미했습니다. 예수를 신적인 구원자일 뿐 아니라 모범적인 삶을 산 영웅으로 칭송하는 찬송가들이 나오기 시작했고, 이런 경향은 특히 20세기 후반기에 계속되었습니다. 물론 보수적이거나 정통적인 입장의 사람들은 예수에 대한 이런 인간화를 거부했고 정죄했습니다.

종교의 끝?

르낭은 1862년 프랑스 대학(College de France)의 히브리어 학과 주임교수 취임 강연에서, 예수를 "비교할 사람이 없는 분"이라고 했습니다. 그가 볼 때 이것은 사람에게 돌릴 수 있는 최고의 찬사였으나 이런 표현이 야기한 논란으로 그는 사임해야 했고, 1870년이 되어서야 다시 복귀할 수 있었습니다. 1868년에 그는 이렇게 썼습니다. "좋든 싫든 상관없이, 초자연은 세계로부터 사라지고 있다. 이 시대에 속하지 않은 사람들만이 그것에 대한 믿음을 가지고 있다. 그렇다면 종교 역시 함께 사라져야 할 것인가? 분명코 그렇지 않다. 종교는 필요하다. 그것이 사라지는 날에는 인류의 마음도 고갈되어 버릴 것이다. 종교는 시나 사랑처럼 영원하다. 그것은 모든 환상이 소멸되어도 살아남을 것이다… 어떠한 형태이든 신앙은 삶의 초월적 가치를 표현할 것이다."

르낭이 이런 글을 쓰기 몇 년 전에 루드비히 포이에르바하(Ludwig Feuerbach) 역시 종교가 신적 계시의 결과가 아니라 인간 정신의 산물이라고 판단하면서도 종교는 여전히 인간 문화에서 가장 중요한 위치를 차지하고 있다고 보았습니다. 그는 종교야말로 인류를 다른 동물과 근본적으로 구별시켜주는 것이라고 믿었습니다. 그는 종교가 본질적인 것이라고 보았는데, 이는 종교를 통해 우리의 유한성을 파악하고 세상에서의 우리의 참된 자리를 발견하기 때문입니다.

포이에르바하와 르낭은 둘 다 초자연적인 신념체계들이 종교의 본래적 요소라고 생각하지 않았습니다. 하지만 오늘날 세속세계를 주도하는 많은 사람들은 불행하게도 종교를 이렇게 초자연적인 신념체계로 이해하며, 이 때문에 "종교"라는 단어에 부정적인 태도를 보입니다. 그리고 이런 맥락에서 디트리히 본회퍼(Dietrich Bonhoeffer)는 "우리는 완전히 무종교적인 시대(religionless time)로 나아가고 있다. 사람들은 더 이상 그냥 종교적이 되지 못한다"고 말했던 것입니다. 하지만 내가 첫 번째 강의에서 지적했듯이, 우리는 종교를 초자연적인 부분을 포함하지 않는 방식으로 정의할 수 있습니다. 그러나 나는 여기에서 불필요한 혼란을 피하기 위해 사람들이 좀 더 편안하게 여기는 용어인 "영성"(spirituality)이란 말을 사용하고자 합니다.

물론 "영성"이란 말 역시 "영"이란 것에서 기인한 몇 가지 단어군에 속해 있기 때문에, 이제는 옛 것이 되어버린 초자연적인 세계관과 깊이 연관되어 있어 보이는 문제가 있기는 합니다. 고대 로마세계에서 영(spiritus)은 "숨결," "공기," "바람"을 의미했고 이 때문에 용기나 존엄성 같은 생동적인 인간의 특성을 가리키는 말로 사용되었습니다. 곧 공기, 호흡, 바람이 보이지 않듯이 영도 보이지 않는 생명을 부여하는 에너지로 여겨졌던 것입니다. 또한 영의 세계에는 신들, 천사들, 여타 다른 보이지 않는 존재들이 속해 있다고 여겨졌고, 이런 점에서 성경은 "하나님은 영이다"라고 선언합니다. 사람들은 자신을 동물들처럼 몸을 가지고 있지만 동시에 영의 영역에 속해 있는 영혼을 가진 자들로 인식했던 것입니다.

그러나 17세기의 과학자들은 우리가 마시는 공기 역시 고체나 액체처럼 물리적인 것임을 보여줌으로써 부지중에 영으로 여겨진 실재의 가치를 낮추어 보게 만들었습니다. 다른 말로 바꾸면, 그들은 영이 가지고 있던 전통적인 세계를 세속화했습니다. 우리가 영에 대해 말할 때 사람들은—그것이 공기든, 숨결이든 혹은 바람이든—기체보다 훨씬 실체적이지 않는 어떤 것에 대해 말하고 있음을 아주 천천히 깨닫게 되었습니다. 어쨌든 영은 이제 "실체성"(substance)을 잃어버렸고 그저 추상적인 용어이자 이제는 사라져버린 세계관으로부터 온 박제 같은 은유가 되었고, 이 때문에 영과 영성이라는 용어 역시 다소 문제가 된 것입니다. 따라서 이런 단어들이 세속세계에서 의미를 가질 수 있게 하는 유일한 길은 그것들을 은유적, 상징적, 혹은 시적인 것으로 이해하는 것입니다.

시로서의 종교

이제 "시가 영원하듯이 종교도 영원하다"는 르낭의 말을 생각해 보도록 합시다. 오늘날에는 신학자들도 하나님에 관한 언명은 학문보다는 시와 비슷한 요소를 더 많이 가지고 있다고 말하고 있습니다. 실상 종교적 사상과 감정은 곧잘 찬송시와 예전적 낭송을 통해 가장 잘 표현되고 효과적으로 전달됩니다. 실제로 15세기의 교황들은 루터가 노래로 그의 백성들을 이단으로 인도하고 있다고 주장했습니다. 그런데 오늘날은 전통적인 종교가 영적인 것에 대해 구닥다리 해석을 고수하고 있기 때문에, 전통적인 종교 집단들 밖의 사람들이 영적인 용어들이 시와 같은 성격을 가지고 있다는 점을 더 잘 받아들이고 있습니다.

영혼(soul)이란 단어를 예로 들어 생각해 봅시다. 오늘날 인간 영혼을 우리의 선조들처럼 자족적이며 불멸하는 영적 실체(entity)로 보는 사람은 별로 없지만, 그래도 우리들은 어떤 음악가의 연주가 기술적으로는 탁월하지만 영혼이 느껴지지 않는다거나 어떤 연극을 평가

하면서 영적 힘이 가득 차 있다고 말하곤 합니다. 다시 말해서, 인간 영을 언급할 때 우리는 정서, 의지, 인식과 긴밀히 연관되어 있으면서도 그것들과 다른 인간 삶의 어떤 차원을 가리킵니다. 그리고 인간 삶의 이런 영적 차원은 예술을 통해 가장 강력하게 표현됩니다. 실상 인간의 영에 대해 조금 더 탐색해 보면, 우리는 그것이 인간됨의 어떤 상태와 관계있는 가장 고귀한 가치 내지 특질들과 긴밀히 연관되어 있음을 보게 됩니다. 이것이 갈라디아서 5장 22절에서 사랑, 기쁨, 화평, 인내, 자비, 양선, 충성, 온유, 절제 같은 특질들이 성령의 열매로 언급되는 이유입니다.

이런 특질들은 결코 지적인 어떤 것으로 여겨질 수 없음을 주목할 필요가 있습니다. 그뿐 아니라 이들 중 어떤 것들은 도적인 함의를 가지고 있기는 하지만 반드시 도덕적 가치들이라고 할 수도 없습니다. 우리는 도덕적으로 정직해야 하지만, 인내해야 한다거나 온유해야 한다는 도덕적 의무는 없습니다. 이런 소위 영적 특질들은 우리가 인간 행동의 최고의 표현으로 여기는 것과 연관되어 있으며, 우리가 열망할 수 있는 최고 수준의 자의식적인 인간 실존입니다. 이런 영적 특질들 중 어떤 것들은 우선적으로 그 사람 안에서 경험되는 삶의 특질이며(기쁨, 절제), 어떤 것들은 대인관계에서 나타나는 특질입니다(온유, 사랑, 충성, 양선).

이 세상적 영성

지금까지 나는 "영"이나 "영적"이라는 전통적으로 종교적인 용어들이 어떻게 세속시대에 계속 사용되고 있는지를 설명했습니다. 세속세계와 완벽한 조화 속에 있는 한, 그것들은 세속화되었다고 말할 수 있습니다.

"영성"이란 단어는 두 가지로 사용됩니다. 한편으로 그것은 인간 조건의 영적인 차원을 가리킬 수 있고, 다른 한편으로 그런 차원이 표현되고 고양되는 구체적인 실천들을 가리킬 수 있습니다. 물론 이런 두 가지 사용들은 이론과 실천 사이에 존재할 수밖에 없는 그런 본래적인 관계를 보여주는데, 이 점을 이슬람과 불교라는 위대한 두 가지 종교전통들의 영성을 통해 살펴봅시다.

이슬람의 본질은 자신의 뜻을 쿠란을 통해 계시했다고 믿어지는 전능하신 알라에 대한 복종에 있으며, 이 점이 무슬림 영성의 이론적 내용입니다. 하지만 실천에서는 무슬림 영성의 내용에 세 겹의 강제성이 포함됩니다. 무슬림들은 하루에 다섯 번 신의 계시가 발생했던 메카를 향해 꿇어 엎드리는 헌신의 시간을 가짐으로써 신체적으로나 정신적으로 알라에게 복종하며, 또한 일생에 적어도 한 번 이상 메카로의 순례를 시도합니다. 또한 무슬림들은 쿠란의 말씀들을 공부하고 암송함으로써 자신들에게 알라의 뜻으로 계시된 것을 마음에 새깁니다.

불교인들의 영성은 이와 상당히 다릅니다. 그것의 이론적 내용은 붓다가 분석한 인간의 실제 상태에 대한 인식으로서 여기에는 고통의 보편성, 끝없이 계속되는 윤회의 바퀴, 깨달음을 통해 윤회로부터 벗어날 가능성 등이 포함됩니다. 그러나 불교 영성의 실천은 삼보, 즉 붓다(Buddha), 불법(Dharma), 승보(Sangha)와 깨달음으로 이끄는 여덟 가지 길 곧 팔정도를 적극적으로 따르는 데 있습니다. 팔정도는 정견(正見), 정사(正思), 정어(正語), 정업(正業), 정명(正命), 정정진(正精進),

정념(正念), 정정(正定)을 말하는데, 이 모든 것이 합쳐져 고통에서 벗어나게 됩니다. 이런 위대한 종교전통들에서 영성의 기본 형태는 그런 문화에 정체성을 부여하는 것들로 표현되고 또한 수행됩니다.

오래된 포도주와 낡은 부대

세속시대의 도래와 함께 과거 영성들의 어떤 측면들, 특히 유일신론적 전통들의 어떤 면들은 버려져야 함이 분명해졌습니다. 가령 그것들이 가진 권위주의나 배타주의(자신들의 길만이 유일한 길이라는 주장), 가부장적인 모습, 타계성, 성차별주의, 노예 의식, 그리고 개인성에 대한 손상 등은 포기되어야 합니다.

그러나 그때 우리에게 남는 것은 무엇일까요? 세속문화에서 적절한 형태의 영성으로 이끌 수 있는 것을 어떻게 찾을 수 있을까요? 우리가 본 것처럼, 세속문화는 '개인적 자유'와 같은 가치 있는 것들을 제공합니다. 그리고 이런 가치는 우리가 스스로에게 가장 만족스러운 형태의 영성을 세속시대에 발견하거나 창조할 자유를 가지고 있음을 의미합니다. 따라서 오직 하나의 획일적인 형태의 영성만이 존재할 수는 없습니다. 과거에는 그렇게 되는 것이 이상적일 수도 있었지만 세속사회는 다양한 영성들에 대해 충분히 열려 있는 것입니다.

이것이 지금 우리가 나아가고 있는 방향입니다. 세계종교들은 하나의 획일적 영성이 아닌 다양한 영성들을 만들어왔고 우리는 그것들을 기독교 세계에서 오랫동안 사용해 왔는데, 이는 개신교 종교개혁이 다양한 교단들과 분파들이 일어날 수 있는 문을 열었기 때문입니다. 20세기 들어 이런 과정은 더욱 심화되었습니다. 이 분야의 전문가들에 의하면, 20세기에 남아프리카에서 1100개의 새로운 종교들이 나타났고, 일본에서는 2차 세계대전 이후 700개의 새로운 종교들이 창설되었습니다! 이런 새로운 종교들 중 일부는 명확히 기독교적이거나 불교적 뿌리를 가지고 있지만, 다른 것들은 이전의 종교들과 아무런 연관성이 없습니다. 간단히 말해서, 세속시대는 종교와 영성을 사유화했을 뿐 아니라, 한 사람이 선택할 수 있는 엄청나게 다양한 영성들을 발생시킨 것입니다.

모든 길은 집을 향해 가며, 집은 마음이 머무는 곳이다

그러나 이런 다양성 속에서 세속시대에 뿌리 내리고 있음을 가리키는 공통된 어떤 것이 그들에게 있을까요? 이 지점에서 우리는 유대인 철학자 마르틴 부버(Martin buber)의 위대한 영적 저작인 『나와 당신』(I and Thou)이 도움이 됨을 발견합니다. 이 책에서 그는 근대 세속세계에 합당한 영성에 대한 이해를 얻으려면, 개인적 관계라는 주제로 관심을 돌려야 한다고 했습니다. 그에 의하면, 영을 우리들 안에 있는 어떤 비가시적인 것으로 생각하는 것은 잘못입니다. 대신에 그는 "영은 내 안에 있는 것이 아니라 나와 당신 사이에 있다," "영은 당신 내부에 돌고 있는 피와 같은 것이 아니라 당신이 숨 쉬는 공기와 같다"고 합니다. 여기에서 부버가 "영"이란 단어의 원래적 의미를 회복하고 있음을 주목할 필요가 있습니다. 그는 이 단어를 한 사회의 생명에 통일성과 특질을 부여하며, 개인적 수준에서 우리가 다른 사람과 관계를 맺는 방식에서 발생하는, 규정할 수 없는 어떤 것을 가리키는 것으로 은유적으로 사용하고 있습니다.

더 나아가서 부버는 우리의 관심을 인간관계들의 중요성에 돌림으로써 하나님에 대해 말할 수 있음을 발견합니다. 하나님은 스스로 존재하거나 객체적인 존재가 아니기 때문에 볼 수도 없고 서술할 수도 없습니다. 실상 부버는 하나님에 대해서는 말해질 것이 없다고 했습니다. 하나님은 순수 주체(pure subject)이기 때문에 우리가 동료인간과 말하거나 그와 사귐 속에 들어갈 때만 하나님에 대해 언명할 수 있을 뿐입니다. 그는 하나님은 세 사람이나 그 이상이 실제로 존재하는 공동체로 모인 곳에 영으로 현존한다고 했습니다. 이렇게 함으로써 부버는 결국 르낭이 예수를 세속화했던 것과 동일한 방식으로 하나님-이야기를 세속화했습니다.

이런 세속화 과정은 우리의 기독교적 과거의 영성의 뿌리를 생각해 볼 때 좀 더 잘 받아들일 수 있을 것입니다. 오늘날 로마 카톨릭의 엄숙하고 장중한 예전이나 오순절교회의 열정적인 박수와 방언, 그리고 퀘이커 모임의 조용한 묵상에 이르는 수없이 다양한 기독교 영성들을 보면서, 우리는 그들 모두가 공통적으로 가지고 있는 것이 무엇인지 물어볼 수밖에 없습니다. 그런데 그 답은 너무 분명하고 단순하고 세속적이어서 쉽게 놓쳐버릴 수도 있습니다.

이 모든 경우에서 사람들은 자신들에게 가장 중요한 것을 경축하기 위해 함께 모입니다. 이 말을 다시 반복하고자 합니다. 사람들은 자신들에게 가장 중요한 것을 경축하기 위해 함께 모입니다. 서구에 있는 우리들은 이처럼 단순히 함께 하는 모임을 종교적 실천과 연관시키는 데 익숙하기 때문에 다른 종교들도 모두 그러하리라고 생각하지만 사실은 그렇지 않습니다. 오직 유대인, 기독교인, 무슬림, 그리고 유대교를 연원으로 가진 시크교 교인들만 이렇게 모입니다. 이것은 모든 종교들이 보편적으로 하는 실천이 아니기 때문에, 우리는 자 칫 첫 번째 기독교인들에 대해 사도행전이 전하는 다음과 같은 단순한 말씀의 중요성을 놓쳐버릴 수 있습니다. "모든 믿음 있는 사람들은 한 데 모여 모든 것을 공동으로 나누었고 날마다 성전에 함께 갔고 자신들의 집에서 음식을 함께 나누었다." 그들은 함께 모여서 개인적 관계들을 가지고 친교를 나누었고 그러는 가운데 공동체가 되었습니다.

이런 함께하는 모임은 기독교인들 이전부터 있었습니다. 실상 기독교인들은 약 400년에서 500년의 시간에 걸쳐 천천히 발생한 유대교적 형태의 영성을 계속 유지한 데 불과합니다. 유대인들은 그것을 회당(Synagogue)—그리스 어로는 단순히 "함께 모임"을 뜻합니다—이라고 불렀습니다. 다윗왕정이 끝나고 성전이 파괴된 이후 회당제도는 유대인들이 함께 모여 그들의 좌절감을 서로 위로하고 격려하는 가운데 천천히 자연스럽게 발생했습니다. 그들은 자신들의 이전의 문화를 회상했고, 그것을 경전의 형태로 기록하면서 자신들의 정체성을 결코 잊어버리지 않으려고 했습니다.

회당은 성전처럼 거룩한 기관이 아니었으며 제사장들은 거기에서 아무 역할도 하지 않았습니다. 회당은 본질상 평신도 기관으로, 성전과 비교해볼 때 아주 세속화된 기관이었고 민주적으로 스스로를 관리하는 곳이었습니다. 어떤 비유대인 학자는 회당을 유대교가 인류에 준 가장 큰 선물이라 말했는데, 실제로 그것은 기독교의 교회, 이슬람의 모스크, 시크교의 사원의 모체가 되었습니다.

처음 기독교인들은 함께 모여서 예수가 자신들에게 미친 영향을 기억하고 축하하는 가운데 기독교 회당을 세웠는데, 초기 기독교 공동체들이 그것을 회당이라고 부르지 않은 이유는 주로 바리새인들과의 반목 때문이었습니다. 처음 기독교인들은 유대인들로서 오늘날 우리가 구약성경이라 부르는 유대인의 경전을 가지고 있었습니다. 하지만 동부 지중해 세계의 공용어가 그리스어가 되고, 유대인들 역시 대부분 그리스어 번역 성경을 읽게 되면서 가장 초기의 기독교적 기록들 역시 그리스어로 기록되었습니다. 히브리어의 "회중"이나 "모임"에 해당하는 두 가지 그리스 단어는 '시나고그'(*synagoge*)와 '에클레시아'(*ekklesia*)입니다. 하지만 유대인들과 기독교인들은 서로를 배척하게 되면서 기독교인들은 유대인들이 이미 사용하고 있는 '시나고그'라는 말 대신 "에클레시아" 혹은 교회라는 말을 채택했던 것입니다.

그러나 그럼에도 불구하고 초기의 기독교 교회들은 이후에 나타난 위계질서적인 모습이 아니라 유대인 회당과 비슷한 형태를 지니고 있었습니다. 곧 그것들은 애초에 제사장들이 다스리거나 관리하지 않는 평신도들의 교제 모임이었습니다. 이런 모습은 많은 시간이 지나 개신교 종교개혁자들이 제사장직을 여러 사역들의 직제로 대체하고자 하는 가운데 회복되었고, 19세기에 안수 받는 목회직 자체를 받아들이려고 하지 않았던 플리머스 형제단에 의해 다시 확인되었습니다.

근대사회에서의 고대의 전략

그렇다면 기독교 교회에서 이루어져 온 우선적인 영적 실천은 무엇이었습니까? 고전적 기독교가 여러 교단들과 교파들로 분리되어 있는 오늘날, 영성의 중심적인 예전이 되어 있는 것은 기독교인들이 미사, 성찬, 성만찬, 혹은 주의 만찬 등으로 다양하게 부르는 것입니다. 그런데 거슬러 올라가보면 이것은 철저히 세속적, 혹은 이 세상적 기원을 가지고 있습니다.

　기독교의 성찬은 예수와 함께 한 최후의 만찬에서 기인된 것이 아닙니다. 그 이전에 이미 유대인들의 키두쉬(Kiddush)—회당 모임을 마감하는 것으로 단순히 빵과 포도주를 나누는 것—가 있었습니다. 그런데 거기에는 나중에 기독교 성례전에서 보이는 것 같은 배타성이 없었습니다. 그것은 단순히 그들을 하나로 묶는 전통에 대한 회상으로서 거기에서 떼는 떡은 그들의 조상들이 광야생활을 할 때 먹었던 만나를 상징했습니다.

　이 키두쉬는 가족의 상황을 회당 안으로 옮겨온 것입니다. 가족 사이의 연대가 음식을 나눠 먹음으로 유지되고 강화되듯이 키두쉬는 낯선 사람을 환대하는 것입니다. 적대적이고 살기가 아주 힘든 사막지대에 살았던 고대 셈족 사람들은 무엇보다도 환대를 가장 중요하게 생각했습니다. 환대는 불친절한 세상에서 생존하는 데 꼭 필요한 것이어서 사람들은 낯선 사람들뿐 아니라 심지어 원수들에게도 환대를 제공해야 했습니다. 이처럼 낯선 사람들을 초대하여 자신의 음식을 함께 나누는 것보다 더 세속적이고 현실적인 일은 없기에 그것은 성스러운 의무로 여겨졌습니다. 키두쉬는 고대 셈족 사람들 사이에 높이 칭송되었고 오늘날까지 베두인(Bedouin) 족 사이에서 거의 변하지 않은 원래 모습대로 보존되고 있습니다.

　결국 기독교 영성의 이후의 형태들을 덮고 있던 초자연적인 모습들을 벗기고 그 뿌리로 되돌아 가보면, 우리가 살고 있는 것과 똑같은 세속세계를 발견하게 됩니다. 이전의 기독교인들은 자신들을 초월하는 세계에 살았으며 그들의 영성은 자신들의 실존을 위협하는 초월적인 것들에 응답하려는 필요 가운데 자라나왔습니다. 이 점은 우리도 마찬가지입니다. 물론 근대 세속세계에 살고 있는 우리는 이전 시대들에서는 꿈도 꾸지 못했던 개인적 자유를 성취했습니다. 하지만 그렇다고 해도 이 사실이 초월에 대한 우리의 경험, 곧 하나님이란 표현으로 상징화되었던 초월에 대한 우리의 경험이 이제는 무의미하고 끝나버렸음을 의미하지 않습니다.

하지만 오늘날 우리를 초월하는 것은 상상 속의 어떤 초자연적 실재가 아니라—고대의 조상들의 경우처럼—단순히 자연 그 자체입니다. 날씨처럼 단순하고 이 세상적인 현상도 우리를 초월해 있습니다. 우리는 매일 날씨에 대해 말하고 예측도 하지만 그것을 정복하려는 시도들은 대부분 빗나갑니다. 실상 바로 그런 무지 가운데 우리는 기후가 점차 더 위협적이 되도록 만드는 변화를 야기하고 있습니다.

엄청나게 광활한 공간 역시 우리를 초월해 있습니다. 우주의 엄청난 크기는 우리를 깜짝 놀라게 만듭니다. 시간의 흐름 역시 우리를 초월합니다. 우리는 시간이 빨리 가거나 늦게 가게 할 수 없습니다. 미래는 우리가 어떤 일을 하든 관계없이 도달하며 무슨 일이 어떻게 발생할지는 알 수 없습니다. 우리가 자연과 자연의 작동을 아무리 많이 알게 된다고 해도, 이 시공간적 우주는 우리를 완전히 초월하며 경외와 감탄으로 우리 마음을 가득 채웁니다. 그리고 이 사실은 초월의 경험이 어떻게 세속화했는지를 보여줍니다.

우리는 생태학에 대한 근대적 연구를 통해 지구라는 행성의 모든 생명들이 얼마나 경이로울 정도로 복잡하고 상호의존적인 전체를 구성하는지를 알게 되었습니다. 모든 살아있는 생명체들은 그 자체로는 생명이 없는 탄소, 수소, 질소, 산소 같은 요소들로 복잡하게 구성되어 있는 시스템들입니다. 또한 유기체들은 모두 그 자체로 완결된 생명 시스템일 뿐 아니라 그것들의 환경과 함께 "생명의 장"(life field) 혹은 생태계라 부를 수 있는 더 큰 생명 시스템을 구성합니다.

지구는 모든 땅 위의 피조물들이 하나의 종으로 존속하려면 반드시 필요한 기본적인 조건들을 제공하며, 인간들 역시 다른 모든 종들과 비슷하게 그런 한계들 안에서 진화해왔습니다. 건강하게 살려면 우리 인간들은 신선한 공기를 호흡하고, 깨끗한 물을 마시며, 적절한 영양을 공급하는 음식을 먹어야 하고, 우리의 조상들이 인간이 되었던 환경과 크게 다르지 않은 환경에서 살아야 합니다. 하나의 종이 진화해온 환경이 많이 달라지면 그 종의 건강과 행동은 많은 문제를 드러내고, 이런 변화들이 너무 크거나 오래 지속되면 그것의 건강은 악화되고 결국 죽어버립니다. 전체 생태계를 깊이 생각하는 사람은 지구 자체를 하나의 유기체로 보고자 합니다. 나무껍질이 나무의 살아있는 피부이듯이 생명권은 지구의 살아있는 피부인 것입니다.

기본으로 돌아가기

따라서 순수한 물, 깨끗한 공기, 건강한 음식, 적절한 쉼터, 종들의 재생산, 인간 생존을 위협하는 것들의 극복 같은 이 세상적인 필요들은 어떻게 정의롭고 조화롭게 함께 살아갈 것을 배울 것인가 하는 해묵은 논점들과 더불어 우리 자신이 마땅히 "헌신"해야 할, 진정한 "종교적인" 논점들이 되었습니다. 우리의 모든 근대적 세련됨, 과학 지식, 기술적 전문성, 철학적 지혜, 그리고 전통적인 형태의 영성에도 불구하고 새로운 형태의 영성은 이런 논점들에 응답하는 가운데서 일어날 것입니다. 로마 카톨릭 신부인 토마스 베리는 이렇게 말합니다.

"우리는 신과 인간에만 초점을 맞추는 영성을 넘어서서 우리가 속해 있는 더 큰 영적 공동체로서의 자연세계의 생존 및 그것의 온전한 화려함과 풍성함 그리고 그 내적 행복에 관심을 가지는 영성으로 나아가야 한다."

세속시대의 영성은 우리 모두가 그것의 아주 작은 부분인 우주, 즉 우리의 신비적 관계가 그 안의 인간적인 것이든 인간 아닌 것이든 모든 생명 형태들과 관계를 맺고 있는, 이 놀라운 우주를 지향하는 것이 될 것입니다. 그것은 넓고 다양한 예전들로 축하될 것이며 모든 예전은 사람들을 모아 공동체를 이루며 다음과 같은 것들을 함양하게 될 것입니다.

* 이처럼 스스로 진화하는 우주에 대한 경외의 태도
* 이 행성의 살아있는 생명권에 대한 감사
* 스스로를 재생하는 지구의 능력에 대한 인정
* 생명의 모든 다양성에서 발견되는 가치
* 우리의 인간 조상들로부터 부여받은 모든 문화유산에 대한 감사
* 서로를 돌보는 책임성
* 우리가 후손들에게 물려줄 그런 종류의 행성에 대한 책임성

우리는 이런 영성을 세속적 신비주의라고 부를 수 있을 것입니다. 그것은 완전히 새로운 것은 아니어서 과거의 많은 통찰들을 반영하고 있습니다. "어떤 사람도 완전히 섬일 수만은 없다. 모든 사람은 대륙의 일부이며 전체의 한 부분이다"는 존 돈(John Donne)의 예리한 표현을 기억해보기만 해도 이 점은 분명합니다. 9세기로 되돌아 가보면

아주 독창적인 사상가이자 위대한 학자였던 존 스코투스 에리우게나(John Scotus Erigena, 810-877)는 이미 하나님을 "시간과 공간을 넘어서 있으며 만물 안에 있으나 그것들을 초월하며 또한 그 모두 안에 편만한 만물의 본질"이라고 말했습니다.

새로운 세계, 새로운 영

오늘날과 같은 세속적 세계를 위한 영성을 개발할 때, 우리의 개인적 자아를 구원하거나 자기를 향상시키고 내적 성찰을 하는 등의 한 가지만 협소하게 생각하고 있어서는 안 됩니다. 오히려 우리들은 다른 사람의 행복과 인류의 미래, 그리고 지구의 건강에 우선적 관심을 가져야 합니다.

아무튼 세속세계의 영성이 진화해 간다면, 그것은 이전에 있었던 많은 문화들로부터 진화해 갈 것이며 성격상 초자연적이기보다 자연적일 것입니다. 그것은 첫째로 모든 인류를 섬길 필요가 있다는 점에서, 둘째로 그것이 인간적인 것에 근거를 두고 있다는 점에서 인간적일 것입니다. 특히 그것은 기독교적 과거로부터 진화해 나올 것인데 이는 기독교적 서구가 근대세계를 간접적으로 태어나게 했기 때문입니다.

그러나 그것은 함께 공유하는 전 지구적 의식(a global consciousness) 곧 인간의 곤궁, 인류가 지구에 의존해 있음에 대한 인정, 그리고 함께 연합하여 이런 문제들에게 응답하려는 의지의 등장을 요구할 것입니다. 하지만 생명은 너무 소중하고 진화하는 우주는 너무 신비스럽기에 이런 모습들은 과거의 종교적 경험이 가져왔던, 우리 안에 경외감과 기쁨에 찬 감사의 느낌을 유발하는 것 이상의 것이 되어야 합니다. 미래의 종교적 예전들은 우주의 경이로움과 생명의 신비를 축하할 것입니다. 그것들은 생명을 태어나게 한 자연 과정들을 중심으로 이루어질 것이고 계속해서 그것을 지탱할 것입니다. 이 모든 일들은 세속시대의 영성과 도래하고 있는 전 지구적 문화의 영성의 원재료가 될 것입니다.

간단히 말해서, 세속시대의 영성은 모든 사람이 전 지구적인 크기로 위대한 연합을 이루는 형태를 취할 것입니다. 함께 함은 연합 곧 개인들 사이의 연합과 조화, 국가들 사이의 연합과 조화, 모든 생명 형태들 사이의 연합과 조화, 지구와의 연합과 조화를 촉진시킬 것입니다. 이런 영성이 어떤 제도화된 구조를 필요로 한다면 그것은 성격상 세속적인 제도가 될 것입니다. 가령 유엔은 이미 재구조화를 진행하고 있지만, 국가들 사이의 연합과 일치를 격려하는 현존하는 기관입니다. 아무튼 다양한 생태 운동들이 인간 종들과 지구 사이의 연합과 일치의 회복을 함양하는 기관들이 될 것입니다.

세속시대의 영성이 어떤 하나의 특정한 예전이나 제도로 축소될 수 없듯이, 그것은 어떤 하나의 언어나 형식만으로는 충분히 표현될 수 없습니다. 하지만 유일신론적 전통들의 신-이야기가 살아남는다면, 세속적 영성에서 예배되는 하나님은 모든 것의 상호 연합이라고 말할 수 있을 것입니다. 하나님, 곧 궁극적인 실재는 우주의 하나 됨(the oneness of the universe)인 것입니다.

14장

새로운 형태의 신비주의를 향하여

"우주"(universe)란 단어는 "하나로 돌아간다"(turned into one)는 뜻의 라틴어에서 나왔으며, 여기에서 우리는 옛날 사람들이 우주(universe)를 모든 것이 서로 연결되어 있는 "전체"로 보았음을 알 수 있습니다. 물론 고대 로마인들이 생각한 우주는 오늘날 우리가 알고 있는 우주의 극히 일부분에 불과합니다. 하지만 우리의 우주 역시, 우리가 속해 있는 은하계뿐 아니라 아득히 멀리 떨어져 있는 모든 은하계들을 포함하여, 모든 것이 서로 연결되어 있는 세계로서 오늘날 "빅뱅"이라 부르는 공동의 기원에서 시작된 것으로 볼 수 있습니다. 만물이 이처럼 서로 연결되어 있는 현상은 특히 이곳 곧 지구라고 부르는 우리의 고향 행성에서 더욱 분명하게 나타납니다. 이 행성 위의 모든 생명체들은 각각의 방식들로 서로 연결되어 있고, 우리 인간 역시 이런 거대한 그물망의 한 부분으로 존재합니다. 우리는 야생동물이나 곤충들처럼 지구 위의 피조물인데, 이를 은유적으로 말하면 우리는 식물들과 나무들처럼 지구에 뿌리를 내리고 있는 것입니다. 우리 인간들은 성경이 오래전에 말하고 있듯이 지구의 먼지로 만들어졌다가 다시 지구의 먼지로 돌아갈 것입니다.

하지만 우리는 우리의 짧은 생애 동안에도 우주 전체에 대한 정신적인 그림을 마음에 그릴 수 있습니다. 내가 좋아하는 성경 저자 한 명은 이 사실을 2000년도 더 전에 다음과 같이 서술합니다.

> 하나님이 모든 것을 지으시되 때를 따라 아름답게 하셨고
> 또 사람에게 영원을 사모하는 마음을 주셨느니라.
> 그러나 하나님의 하시는 일의 시종을 사람으로 측량할 수 없게
> 하셨도다. (전도서 3:11, 기원전 300년)

우리는 잠시 호흡을 가다듬고 우리가 우주의 그림을 마음속에 창조할 수 있다는 이 놀라운 사실을 진지하게 살펴볼 필요가 있습니다. 이 말은 우주 자신이, 우리 인간이라고 하는 지구의 조그마한 피조물들을 통해, 그 스스로를 쳐다보고 있음을 뜻합니다. 안타까운 것은 우리 인간은 이런 능력 때문에 스스로를 우주 밖에 속하는 존재들로 생각하게 되었을 뿐 아니라, 마음속에 가지는 우주에 대한 그림 역시 실제 우주와 완전히 동일하다고 여기게 되었다는 점입니다. 그것은 실상 우리 스스로 만들어낸 그림에 불과한데 우리는 이 사실을 쉽게 잊어버립니다. 길고 복잡한 인류 문화의 역사 속에서 우리 선조들은 우주에 대한 정신적 그림들을 아주 다양한 모습들로 많이 그려왔으며 오늘날 우리는 근대 경험과학의 놀라운 위업으로 인하여 우주에 대한 근대적인 그림이 이전의 수많은 문화적 그림들보다 실재에 상당히 더 가깝다고 믿고 있습니다. 그러나 나는 고대인들은 어떤 면에서 오늘날의 우리보다 우주에 대해 더 건강한 이해를 하고 있었음을 말하고자 하는데, 이는 서구의 극히 세련된 기술공학적 문화에도 불구하고

사실입니다.

50년 전인 1958년에 나는 『고대인의 지적 모험』(*The Intellectual Adventure of Ancient Man*)이란 책을 읽은 적이 있습니다. 서구문명의 요람인 고대 중동지역의 전문가 다섯 명이 쓴 이 책에서, 저자들은 고대인들이 자신들이 살게 된 우주를 어떻게 그렸는지, 또한 자신들이 관찰하고 직면했던 자연의 힘들을 어떻게 해석했는지에 대해 몇 가지 흥미 있는 이야기를 전해주고 있습니다. 아래의 것들은 그들이 제시하는 몇 가지 결론들입니다.

* 생명은 모든 것 속에 현존한다. 이 말은 생명 없는 것은 없음을 뜻한다. 그 무엇도 "그것"이라 부를 수 없다. 우주는 모두 살아 있다.
* 인간은 세계(대자연)와 나-그것(I-it)이 아닌 나-당신(I-Thou)의 관계 속에 있다. 인간은 다른 사람들과 관계 맺듯이 대자연과 관계 맺는다. 우리는 대자연이 하는 말을 들어야 하고 그 요청에 응답해야 한다.
* 자연 현상들은 인격적 힘들(신들과 영들)의 의지가 표현된 것이다.

물론 이런 이해들은 고대인들이 자신들의 의식을 세계 속에서 관찰한 것들에게 무의식적으로 투사했기 때문에 나온 것입니다. 그들이 영들이나 신들처럼 널리 퍼진 말들을 만들어낸 이유가 여기에 있습니다. 고대인들은 해가 뜨고 강이 흐르고 폭우가 치는 것은 그것들이 살아 있고 인격적인 것이기 때문에 그렇게 된다고 생각했던 것입니다.

우리가 잃어버린 순수성

그런데 고대인들이 이렇게 본 것은 사실 자연스럽습니다. 오늘날에도 실수로 탁자 모서리에 머리를 부딪친 두 살짜리 아이는 자기를 아프게 한 대상을 보고 "너, 이 나쁜 탁자!" 하고 고함칩니다. 마찬가지로 영들과 신들이 자연적 대상들에 거주한다고 결론을 내렸다면, 이런 보이지 않는 존재들이 강, 산, 폭풍우 등에 거주할 뿐 아니라, 한 걸음 더 나아가 그것들을 지배하고 있다고 얼마든지 상상할 수 있습니다. 우리는 자연현상들이라 부르는 것들에 대해 설명을 시도하지만 고대인들은 "어떻게 이런 일이 일어났는가?"라고 묻기보다 "누가 이런 일을 유발했으며 왜 그랬는가?"라고 물었습니다. 그런데 이 점은 20세기의 지적이고 정상적인 교육을 받은 사람들도 비슷해서, 이 중 어떤 이들은 인도양에서 발생한 지진해일(쓰나미)이 신의 뜻에 의해 발생했다고 생각하기도 합니다.1)

아무튼 대부분의 고대문화들은 자연현상들이 모두 신들의 뜻을 반영하는 것으로 여겼는데, 이런 사회들 다수는 하늘 아버지(Sky Father)와 땅 어머니(Earth Mother)가 있어서 이들이 각자 고유한 특성과 활동 영역을 가진 많은 신들을 낳았다고 생각했습니다. 이 점을 유럽인이 찾아오기 이전의 마오리 족의 문화를 예로 생각해 봅시다. 여기에 의하면 랑기(Rangi)는 하늘 아버지이고 파파(Papa)는 땅 어머니로서 이 두 신이 포옹하는 가운데 신들이 태어났습니다. 그 중 숲과 새의 신 타네(Tane)가 랑기를 파파로부터 떼어낸 다음 나무들의 몸통

---

1) 역자주: 2004년 12월 26일 발생한 동남아 쓰나미로 인해 26만 명 이상이 사망했다. 어떤 목사들은 성탄절 지키지 않고 놀러간 것에 대한 천벌이라고 비난했다.

을 사용하여 하늘로 밀어 올렸고 이로 인해 비는 위에서 떨어지고, 안개는 땅에서 올라오게 되었습니다. 그래서 비와 안개는 서로 분리되어 버린 랑기와 파파가 슬퍼서 우는 것으로 여겨졌습니다.

고대 그리스에서 땅의 신의 이름은 가이아(Gaia)였습니다. 이 단어는 지구를 연구하는 학문인 지질학(ge-ology)에서 볼 수 있듯이, 지구를 가리키는 게(ge)라는 단어를 시적으로 표현할 때 사용되었습니다. 가이아와 그녀의 남성 배우자는 신들의 주신인 제우스(Zeus)인데 이들은 고대 로마문화의 쥬피터(Jupiter-이 단어는 아직도 "아버지father"에 해당하는 단어를 포함하고 있습니다)와 그의 아내 쥬노(Juno)와 상응합니다. 이처럼 고대의 세계관과 지금도 존재하는 부족문화들은 존재하는 모든 것이 하나로 통일되어 있다고 보고 있습니다.

하나의 복잡한 삶의 꾸러미

요약컨대 옛날 사람들은 자신들이 생명으로 가득 차 있는 거대하고 복잡한 전체 안에 위치해 있다고 보았습니다. 그들은 자신들을, 눈에 보이거나 보이지 않아도 자신들이 의지해서 살고 있는 아주 다양한 생명 형태들의 일부로 여겼습니다. 신들은 보이지는 않으나 너무나 분명히 그들의 삶 가운데 있어서, 고대인들은 이들과 함께 살아가고 있다고 느꼈던 것입니다. 그런데 어떻게 우리들은 이런 하나 됨(oneness)의 감각을 상실했을까요? 이는 유럽과 아시아의 경우 기독교 시대가 시작되기 이전의 첫 번째 천년기에 철저한 문화적 전환, 곧 아프리카나 남미와 북미, 오스트레일리아처럼 멀리 떨어져 있는 부족 지역들에는 한참 후대에 일어나게 된 패러다임의 전환이 일어났기 때문입니다. 칼 야스퍼스는 이런 전환을 차축시대라고 부르면서, 그 범위를 기원전 500년을 기준하여 앞뒤로 100년에서 200년으로 보았습니다. 아마도 이런 전환은 야스퍼스가 생각했던 것보다 훨씬 길고 복잡했을 것이지만, 어쨌든 이 기간 동안 철저한 문화적 변화가 일어난 것은 사실입니다. 카렌 암스트롱은 그녀의 같은 제목의 책에서 이를 "대변혁"(The Great Transformation)이라고 불렀습니다. 이 변혁은 매우 복합적이었고 세부적인 면에서는 문화권에 따라 서로 다르게 진행되었지만, 차축시대 이전의 문화적 상황과 비교해 볼 때 몇 가지 공통된 특징을 지니고 있습니다. 내가 여기에 제시하는 것은 단순화된 서술이지만, 우리가 물려받은 기본적인 개념적 전환들을 이해하는 데 도움이 될 것입니다.

문화적 쓰나미

그 대변혁은 실재(존재하는 모든 것)를 보고 이해하는 방식에서 고대인들 및 오늘날의 부족적 문화와 확연히 구별되는 몇 가지 철저한 변화들을 가져왔는데, 이런 변화의 첫 번째 모습은 오늘날 유럽인들과 마오리족이 자연세계와 관계를 맺는 방식들의 차이에서도 발견됩니다. 마오리족은 유럽인들과 달리 자신들이 지구와 영적으로 결합되어 있다고 느끼는데, 이런 차이는 대변혁의 시대까지 거슬러 올라갈 수 있으며, 바로 그즈음 해서 인간의 의식에서 처음으로 순전히 물리적인 세계 혹은 마르틴 부버의 용어를 빌리면 대상 세계(It-world)에 대한 의식이 발생했습니다. 이 시기 전에는 만물이 생명력으로 가득 차 있다고 생각했고, 이런 생각은 마오리족의 용어에 아직도 보존되어 있지만, 대변혁의 시대에 이르러 사람들은 세계 안의 어떤 것들은 지금 살아 있지 않을 뿐 아니라 애초에 살아 있었던 적이 없었음을 깨닫게 되었습니다. 다시 말해 바위나 산들뿐 아니라 화산, 강, 구름, 폭풍우 등은 비록 많은 운동성과 활력을 가지고 있어 보여도 살아 있지 않는 것으로 여겨지게 되었습니다. 대상 세계(It-world)의 발생은 인간의 인식에서 커다란 돌파구로서 그것은 시간이 지남에 따라 자연과학, 특히 물리학과 화학의 발생을 가져오도록 방향 지어져 있었습니다. 이런 변화는 특히 천문학이 점성술을 대체하게 된 데서 잘 드러납니다. 점성술에서 행성들은 인간 운명을 결정하는 인격적 존재들로 여겨졌으나, 천문학에서는 별들이 운동들을 측정하고 예측할 수 있는 대상들이 되었습니다. 오늘날 우리는 무생명적 형태들과 생명적 형태들은 당연히 차이가 있는 것으로 여기며, 이로 인해 차축시대 이전의 우리 선조들은 이런 차이를 보지 않았음을 놓쳐버립니다. 우리는 이미 스무고개 놀이에서 생명 있는 것과 생명 없는 것 사이를 기본적으로 구별합니다. 곧 "동물이니? 식물이니? 아니면 광물이니?" 하고 묻듯이, 대상의 첫 번째 특징에 대한 질문에서 우리는 물리적 대상들을 통상 이런 세 가지 범주로 분류합니다. 어쨌든 무생명적 형태들과 생명적 형태들 사이의 차이를 인식하게 되면서 신들의 숫자는 줄어들었고 한참 뒤에는 모두 제거되기에 이르렀습니다. 먼저 신들의 축소에 대해 생각해 봅시다.

다신론에서 유일신론으로

차축시대에 발생한 두 번째 주요한 변화는 수백 년 동안 지속된 여러 신들에 대한 믿음이 오직 한 분 하나님에 대한 믿음으로 대체되면서, 신이나 영적 세계를 통일된 세계로 보게 되었다는 점입니다. 그래서 이제 유대교의 쉐마는 "우리 하나님은 한 분이시다"고 선언하며 이슬람 역시 알라의 99개의 아름다운 이름들 중 하나로 "와히드"(Wahid), 혹은 '하나됨'(one)을 들고 있습니다.

도대체 왜 이런 전환이 발생했을까요? 전통적인 답변은 한 분이신 진정한 하나님이 모세나 모하메드 같은 예언자들을 선택하여 다른 신들은 실재하지 않음을 알리셨다는 것입니다. 하지만 나는 여기에서 인간 심리가 중요한 역할을 했으리라고 생각합니다. 우리 인간이 외적 세계를 인식하는 방식과 내적 세계를 조직화하는 방식은 서로 상응합니다. 카를 융(Carl Jung)은 성숙한 인격에 이르기까지의 정신적 성장은 여러 단계들을 거쳐서 마침내 통전된 전체, 곧 통일된 자기(unified self)가 되어 가는 것이라고 하면서 그것을 개성화(individuation) 과정이라고 불렀습니다. 그런 것처럼 우리는 정신 속에서 일어나는 것들을 아주 자연스럽게 외부 세계에서 일어나는 것처럼 투사하여, 나름의 상(a picture)을 구성합니다. 그런데 우리 인간들은 감각기관들이 우리의 뇌에 가져다주는 뒤죽박죽되어 있는 메시지들을 질서 있고 통일성 있게 구성하려는 강력한 충동을 가지고 있으며, 이에 따라 존재하는 모든 것을 하나의 통일된 세계(universe)로 구성하려고 합니다. 다시 말해, 고대문화들은 여러 자연현상들을 설명하기 위해 수많은 신들을 상정했는데, 그것들이 엉망진창이 되어 버림에 따라 통일성을 추구하는 인간 본연의 심리가 통일성을 이루는 방편으로서 한 분의 절대적 하나님을 요구했다고 설명할 수 있는 것입니다.

우리는 이런 성향의 근대적인 사례로 땅에 떨어지는 물체들, 바다의 파도, 달의 궤적 같은 서로 아주 다른 세 가지 현상들을 하나의 단순한 원리로 설명하는 아이작 뉴턴(Issac Newton)의 만유인력법칙을 들 수 있습니다. 그리스인들은 통일성에 대한 이런 갈망을 "로고스" (logos)라는 말로 표현했습니다. 이 말은 "인간 이성"(human reason)을 의미하며 우리 정신이 모순을 조정하고 모호함을 해결하는 방식을 가리키는데 "논리적인"(logical)이란 단어가 여기에서 나왔습니다. 하지만 또한 "로고스"는 "태초에 로고스가 있었으며 로고스는 하나님과 함께 있었고 그 로고스는 하나님이었다"는 요한복음 서문의 놀라운 표현처럼, 그리스인들이 우주 이면의 통일성을 설명하는 원리로 사용되기도 했습니다.

다신론에서 유일신론으로의 전환이 일어난 이유에 대해서는 이 외에도 다양한 이론들이 있지만, 아무튼 그런 일은 일어났습니다. 성경의 대부분이 이런 전환 과정 중에 혹은 그 이후에 기록되었기에, 우리는 성경에서 이런 흔적들을 쉽게 찾을 수 있습니다. 가령 유일신론의 발생을 선도했던 예언자들과 가나안의 자연의 힘들에 대한 숭배를 필사적으로 보존하려 했던 다신론 옹호자들 사이의 싸움과 투쟁이 성경 곳곳에서 나타나는데, 이것 역시 그 한 예일 것입니다.

하늘 하나님으로부터 이원론적 우주에로

아무튼 다신론이 유일신론으로 천천히 진화해 감에 따라 이전에 하늘 하나님의 특성들로 여겨졌던 상당수가 새롭게 정의된 한 분의 유일한 신에게로 옮겨졌습니다. 여기에는 다음 것들이 포함됩니다.

* 그의 하늘의 거주지(하늘에 계신 우리 아버지)
* 그의 남성성(유일신론적 전통들은 가부장적이 되었다)
* 폭풍우 신으로서의 그의 전능한 능력(이제는 신적 진노로 해석되었다)
* 지구 어머니의 소멸(여성적인 것들은 모두 가치 없는 것이 되었다)

더 나아가 신의 내재성은 약화되고 초월성이 강조되면서 사람들은 자신들을 신들 사이에 사는 자로 상상하지 않게 되었으며 지상의 세계 역시 하나님이 사시는 하늘의 세계보다 한참 밑에 있는 것으로 보게 되었습니다. 또한 시간 안에 나타난 물리적 세계는 더 낮고 열등하고 가치가 떨어지는 장소가 되었습니다. "존재하는 모든 것"의 전체적인 연합은 더 이상 유지할 수 없게 되었고, 고대인들이 하나의 세계로 보았던 우주는 이제 두 개의 세계로 나뉘었습니다. 곧 이 거대한 변혁 이후 세계는 보이지 않는 (영원하고 영적인) 저 위의 세계와 우리가 살고 있는 (물질주의적이고 시간에 매여 있고 영성을 결여하고 있는) 눈에 보이는 더 낮은 세계로 구성되어 있다고 믿게 되었습니다. 더 나아가 이 더 낮은 세계는 "타락한 세계"로 여겨짐에 따라 그것은 오직 영적인 세계의 자비 아래 놓여 있다가 마지막에는 파괴될 운명 아래 있는 것으로 간주되었습니다. 그뿐 아니라 차축시대 이전의 여러 신들 사이에는 (남성 신들과 여성신들 사이의) 성적인 균형이 있었고 그 신들은 인간들과 같은 세계에 살고 있었습니다. 하지만 거대한 변혁 이후 세계는 다음과 같이 아주 다른 장소가 되었습니다.

변화들

* 지구는 (물질적이며 생명 없는) 대상적 세계(It-world)가 되었다.
* 신들은 사라졌다.
* 자연현상들은 한 하나님의 통제 아래 놓였다("나는 빛도 짓고 어둠도 만든다. 나는 건강도 가져오고 질병도 창조한다. 주님이신 내가 이 모든 일들을 행한다."—이사야 45:7)
* 자연에서 일어나는 예외적인 사건들은 "하나님의 행위들"로 간주되었다(기적들).
* 하늘은 새로운 영적 세계로 변화되었고 이런 영적 세계는 초월적이며 영원한 것으로 여겨졌다.

이처럼 인간 정신이 구성한 만물의 그림이 더욱 이원론적이 되어감에 따라, 영원한 세계는 더 크고 복잡해지다가 마침내 중세 전성기에 이르러서는 기독교인의 의식을 완전히 사로잡게 되었습니다. 1400년경이 되자 "대상 세계"는 더 이상 실재의 주된 부분으로 여겨지지 않으면서 거의 생물학적 생존의 영역 정도로 왜소해진 반면에 "저 위의 세계"는 고딕 양식의 대성당 첨탑들이 보여주듯이 "진정 존재하는" 영원한 세계로 간주되었습니다.

이런 새로운 패러다임에서 주목해야 하는 것

* 지구는 타락한 세계로서, 멸망되도록 운명 지워져 있고 마지막 날에 새 하늘과 새 땅에 의해 대체될 것이 되었다.

* 천국('하나님의 도성')은 점차 다양한 영적 존재들로 채워졌다.
* 지옥의 불과 영원한 심판에 대한 두려움이 주된 관심사가 되었고 이와 함께 지옥보다는 조금 나은 연옥에서의 연단이 그러나 여전히 걱정스러운 위협이 되었다.

이런 것이 편만한 기독교적 경건의 결과로 기독교적 상상력이 만들어낸 사물들의 영원한 질서였습니다.

하지만 경건한 상상력으로 인해 인간 마음에 깃들인 그림은 꿈처럼 사라질 수도 있는데, 그 첫 번째 변화는 개신교 종교개혁 때 찾아왔습니다. 1500년대의 개신교 세계에서 연옥은 사라져버렸습니다. 19세기 말이 되면서 지옥 역시 그곳에서의 고통과 온전한 사랑의 하나님 사이를 조화시킬 수 없게 되면서 의심 받고 심각하게 논박되면서 기독교인들의 의식에서 사라지기 시작했습니다. 20세기 시작 무렵에는 충실한 교회 출석자들도 약 100년 전의 사람들이 습득했던 세계에 대한 이해와 무척 다른 세계 이해를 하게 되었습니다. 하나님은 여전히 하늘에 머무르지만 지옥은 빠른 속도로 사라져갔고, 지구는 인간 의식에서 점점 더 긍정적이고 더 중요한 것이 되었습니다. 18세기 말이 되면서 화가들은 자연의 아름다움을 발견하고 그것을 그릴 가치가 있다고 보았으며 19세기 초의 낭만주의 시인들은 주된 영감을 자연의 아름다움에서 찾았습니다. 세속주의가 바로 이 세기에 등장한 것 역시 우연의 일치만은 아닙니다. 물리적 세계의 중요성은 이제 초자연적인 환상 세계로 도피한다고 해서 숨길 수 없게 되었습니다.

20세기 중반이 되자 내세라는 관념 자체가 서구인들의 의식에서 사라지기 시작했으며 하나님의 존재 역시 명확하지 않게 되었습니다. 1960년대에 접어들면서 "신은 죽었다!"는 니체의 극적인 선언을 확언하는 신학자들이 나타났습니다. 범재신론자(panentheist)와 신에 대한 비실재론적(non-realist) 신 개념을 받아들이는 사람들이 많아지면서 하나님의 실재성은 이제 『이상한 나라의 앨리스』의 사라져가는 체샤이어 고양이의 미소 같은 것이 되었습니다. 그리고 21세기의 벽두에 선 우리들은 실재 세계에 대해 철저하게 다른 그림에 적응해야 하게 되었습니다.

과학이 말하는 새 하늘과 새 지구

하지만 이것으로 다 끝난 것은 아닙니다. 상당부분 갈릴레오가 가져온 변화로 인해 가야 할 길이 더 있었습니다. 지난 400년 동안 기독교인들의 의식이 상상했던 이원론적인 세계가 천천히 해체되면서 그보다 훨씬 더 거대한 우주에 대한 다른 그림이 그 자리를 차지하게 되었습니다. 19세기 말엽에 천문학자들은 우주가 팽창하고 있음을 말하기 시작했고, 오늘날 우리는 우주가 문자 그대로 팽창하고 있고 또 너무 광대하여 우리의 조상들이 생각했던 방식으로는 그것을 더 이상 이해할 수 없게 되었습니다.

우리가 사는 지구는 태양이라 부르는 보통 크기의 별 주위를 공전하는 태양계 안의 조그마한 행성이며, 태양은 수백 억 개의 별로 이루어진 은하계 혹은 우리가 은하수라고 부르는 성단에 속해 있습니다. 그리고 우리가 속해 있는 은하계 같은 것들이 우주에 약 600억 개가 있습니다. 태양에서 나온 빛은 8분 조금 못 미쳐서 지구에 도달하지만, 태양에서 가장 가까운 다른 별에서 나온 빛이 지구에 도달하는 데는 **4년 반**이 걸립니다. 그런가 하면 빛이 은하계의 한 쪽 끝에서 다른 쪽 끝까지 가는 데는 **50만 년**이 걸리며, 다른 은하계까지 가는 데는 **수백만 광년**이 걸립니다. 거대한 천체망원경 덕분에 우리는 지구가 형성되기 오래 전 은하계들이 발산한 빛의 사진을 찍을 수 있게 되었습니다.

물론 태양계의 나머지 부분이나 태양계 너머의 우주는 흥미와 호기심의 대상이 되는 것 외에는 우리의 삶에 거의 영향을 미치지 않을 것입니다. 우리에게 중요한 것은 지구라는 행성인데, 지구는 거대한 우주라는 맥락에서 보면 먼지 한 조각의 중요성도 없지만 지구야말로 우리에게는 모든 것입니다. 지구는 모든 실제적인 목적들에서 우리의 세계를 구성합니다. 천상과 지옥이라는 보이지 않는 영원한 세계는 비실재적인 것이 되어 사라져버렸습니다. 그리고 그것을 대체한 시공 연속체로서의 우주 곧 "실재하는" 우주는 과거의 상상 속의 세계만큼 우리의 일상에 영향을 미치지는 않고 있습니다!

이제 하나님이 거하신다고 여겨진 전통적인 천상의 거주지는 우리 삶과 아무런 연관성이 없어 보이는 새로운 우주에 대한 그림에서 완전히 상실되었기 때문에, 우리들은 완전히 홀로 있고 버려져 있다고 느끼게 됩니다. 과연 대변혁 때 신들을 대체했던 하나님에게 무슨 일이 생긴 것일까요?

하나님은 어디에서 발견될 수 있는가?

이런 어려운 문제를 다루기 위해 나는 철학자 칼 포퍼(Karl Popper)

의 사상을 빌려오려고 합니다. 그는 "존재하는 모든 것"을 인간 실존 및 인간 지식과 연관하여 제대로 이해하려면 세 가지 세계를 상정해야 한다고 말합니다. 이 세 가지 세계는 서로 무척 다른데, 그 첫 번째는 물리적 세계 곧 세계 1로서 우리를 둘러싸고 있는 거대한 시공간적 우주입니다. 우주의 대부분의 존재들은 (우리가 지금 인식하고 있는 한) 바로 이렇게 존재했던 물리적 세계입니다. 그런 가운데 시간이 흘렀고 약 30억 년 전에 우리의 지구는 생명체들을 발생시켰으며 이 생명체들 중에서 보다 고등한 형태들로부터 의식이라는 현상이 발생한 것입니다.

감각경험의 중재를 통해 물리적 세계를 인식하게 된 이런 능력에 의해 새롭고 비물리적이며 비공간적인 실재, 곧 포퍼가 세계 2라 부른 실재가 만들어졌습니다. 여기에는 가장 단순한 생명 형태들에서 발견되는 최소한의 지각들에서부터 인간에게서 나타나는 비판적 자의식에 이르기까지 서로 다른 수준의 의식의 상태들이 속해 있습니다. 이 중 인간의 잠재성은 지금부터 약 100만 년이 채 되기 전에 발생했습니다. 하지만 플라톤이 불멸의 영혼이라 부른 것처럼 그 자체로 독립되어 있는 실재는 아니고, 인간 종들의 물리적 뇌에 의존해 있습니다.

하지만 시간이 지나면서 인간들이 개인적이거나 집단적 경험들을 자의식적으로 성찰하게 되면서 세 번째 세계, 곧 세계 3이 산출되었는데, 이것 역시 비물리적이고 비공간적인 것으로서 여기에는 언어, 사물의 이름, 사상, 이야기, 생각, 종교적인 신념, 예전, 그리고 예술 등이 포함됩니다. 이런 연결망은 모든 인간 공동체에서 세대에서 세대로 전해지면서 점점 증가하는 문화적 지식 체계가 되었습니다. 하나님에 대한 아이디어 역시 이제는 인간이 만들어낸 관념으로 생각할 수 있기 때문에 세계 3에 속한 것으로 볼 수 있습니다. 그것은 복잡한 문화적 지식 체계 안에서 진화했고 변화되어 왔으며, 어떤 문화들에서는 중심적 역할을 한 반면, 다른 문화들에서는 그렇지 않았습니다. 그리고 이런 세 번째 세계는 철학과 과학을 낳았고, 그 가운데 하나님이라는 아이디어의 유용성은 비판되고 의심 받게 되었습니다. 더 나아가 세계 3이 발전하고 변화되어감에 따라 그것은 인간 의식을 변화시켰으며, 그 가운데 사람들은 자기들이 그 한 부분으로 살고 있는 물리적인 지구를 이해하고 사용하는 방식을 다르게 보게 되었습니다.

세계 3은 눈에 보이지는 않지만 분명 가장 강력한 힘과 중요성을 지니고 있습니다. 사실상 우리 인류를 만들어낸 것이 바로 이것입니다. 다시 말해서, 우리 모두는 세계 3을 형성해내는 문화적 전통들에 의해 만들어진 존재들입니다. 이런 세계 3은 과학 지식이 축적됨에 따라 한 사람의 정신능력으로는 그 거대한 내용의 극히 일부만 알 수 있을 정도로 기하급수적으로 커져갔습니다. 우리 인간들은 시간이 지남에 따라 과거 어느 시대보다도 생명 유지를 위한 기본적인 필요들뿐 아니라 만족스러운 삶을 살게 해주는 지식 창출에서도 서로 더욱 의존하게 된 것입니다.

더 나아가 세계 3은 대중매체와 인터넷을 통해 전 세계의 모든 사람들에게 이용 가능한 것이 되면서 마치 그 자체로 생명을 가지고 있는 것처럼 발전해 가고 있습니다. 어떤 면에서 세계 3은 한때 하나님의 일로 여겨진, 방향 제시의 역할을 하게 되었다고 할 수도 있습니다. 그것은 우리에게 일종의 예언자적 목소리로 말하고 도전합니다. 만일 이 말이 과장이거나 설득력이 떨어지는 은유로 여겨진다면 다음의 사실을 생각해 보십시오. 오늘날 (세계 3 안의) 문화적 지식 체계 덕분에, (세계 2 안의) 우리의 집단적인 인간 의식은, 세계 1 안의 인간 행위가 세계 1 안의 다른 생명체들을 지탱하는 능력에 심각한 피해를 주고 있음을 알게 되었습니다. 특히 우리 서구인들처럼 풍요로운 삶을 사는 사람들은 그동안 익숙해져온 삶의 방식을 더 이상 유지해서는 안 된다는 경고를 받고 있습니다.

결정적인 순간

인간 역사의 대부분의 시간 곧 지난 20만 년 동안 인류는 자연의 힘들에게 별다른 영향을 미치지 못했습니다. 하지만 근래의 인구폭발로 상황은 달라졌습니다. 20세기 들어 인구는 네 배로 늘었고 세계를 놀라게 한 기술과학의 능력은 예상치 못한 엄청난 재난을 가져왔습니다. 우리는 이제 식량 부족, 숲의 황폐화, 오염 및 이산화탄소 수준의 증가, 지구온난화, 기후 형태의 변화, 해수면 상승, 석유를 얻기 위한 필사적인 경쟁 등을 목도하고 있습니다. 세계 3이 지구 위의 모든 생명체에 대한 우리의 책임을 가리키는 것만큼 그것은 또한 결정적으로 중요한 것이 될 수 있는 발견, 특히 전통적으로 초인간적인 도움을 주는 원천(하나님이나 천사들)이 급속히 사라지고 있는 시대에서 극히 중요한 발견으로 우리를 이끌어 가고 있기도 합니다.

2000년 혹은 3000년 전까지만 해도 인간들은 자기들이 살았던 세계를 하늘 아버지와 땅 어머니, 신들의 무리, 그리고 생태계 속의 모든 동식물들과 공유하고 있었습니다. 그 이후 2000년 동안 사람들은 하나님과 그의 모든 성도들과 천사들은 저 위의 멀리 떨어진 천국에 있고, 사탄과 모든 저주 받은 것들은 지옥 주변에 머무르며 인간, 동물, 식물들만이 이곳 지구 위에 거주하고 있다고 보는 3층적 세계 속에 살았습니다. 하지만 오늘날 우리가 갖게 된 지식으로 인해 지도는 새로 그려졌고, 그 결과 상상 속의 존재들은 당연히 사라지고 우리 인간들 외에는 원래부터 있던 동물과 식물들만 남게 되었습니다. 아마 이보다 더 중요한 변화는 이제 지구 위의 모든 생명의 보존과 안녕을 위해 과거에 하나님이 가졌던 것과 비슷한 책임을 우리 인간들이 져야만 한다는 점을 인식하게 되었다는 사실일 것입니다.

간단하게 말해서, 상당히 많은 부분에서 우리들은 미래를 향해 뒷걸음질하여 도약했고, 그 가운데 우리들의 상황에 대한 이해가 고대인들의 이해와 상당부분 동일함을 다음과 같이 발견하고 있습니다.

* 지구는 자신이 인간보다 우월함을 다시 주장하고 있다.
* 지구는 모든 생명의 어머니이다
* 지구는 모든 생명을 보존한다.
* 지구는 다시 한 번 가이아라고 부를 수 있다.

가이아의 부활

가이아 이론이라 알려진 것은 탁월한 창조적 과학자 제임스 러브록(James Lovelock)에 의해 만들어졌습니다. 그는 원래 그것을 생명 인공두뇌적 보편시스템 성향/평형상태라고 불렀습니다. 하지만 그의 친구이자 같은 마을 사람으로 『파리 대왕』(The Lord of the Flies)의 저자인 소설가 윌리엄 골딩(William Golding)은 "생생한 느낌을 주는 더 흥미로운 이름이 필요함"을 지적했고 그 가운데 가이아란 이름이 태어났습니다. 1979년에 러브록은 『가이아: 지구 위의 생명을 보는 새로운 시각』(Gaia: A New Look at Life on Earth)을 출판합니다.

가이아 이론은 생명권이—대기권, 수권, 지질권 같은—지구의 다른 물리적 요소들과 복잡한 상호 연관된 시스템을 형성하는 방식으로 관계 맺고 있는 것으로 볼 것을 제언합니다. 이런 존재의 그물망은 지구의 대기와 생화학적 조건들이 생명 시스템들에게 적합하도록 작동하여 평형상태를 유지하게 만듭니다.

가이아 이론은 지구 자체를 살아있는 유기체라고 하지는 않습니다. 오히려 그것은 모든 다양한 생명체들이 지구 환경의 물리적 힘들과의 관계 속에서 진화함으로 인해 지구 자체가 마치 유기체처럼 작동하기 때문에 가이아라는 이름을 가질 만하다고 말합니다. 실제로 지구의 생명 외피와 그것의 환경적 고향은 함께 어울려 인간 신체의 면역체계들과 비슷한 형태의 자기조절 시스템을 만들어냅니다. 인간의 몸이 깜짝 놀랄 정도로 건강이나 온전함을 회복하는 능력을 가지고 있듯이, 지구의 자연적 힘들도 생명 시스템들에 적합하게 지구의 대기와 생지구화학적(biogeochemical) 조건들을 놀라울 정도로 보존하고 회복하는 능력을 가지고 있습니다.

어머니 자연을 농락하지 말라!

우리 인간들, 특히 서구세계에 사는 사람들은 오랫동안 지구를 비인격적인 그것(It)으로 생각해 왔습니다. 대변혁 이후의 문화전통은 우리 인간들이 유별할 뿐 아니라 신적인 종족들로서, 지구와 지구 위의 모든 생명 형태들을 지배하도록 되어 있는 존재라고 말해왔고, 그 가운데 우리는 지구와 그 피조물들을 우리 자신의 물질적 이익을 위해 착취할 수 있다고 믿었습니다. 하지만 이제 우리 스스로 창조해온 세계 3은 우리가 우리의 오만으로 인해 고통당하고 있다고 말합니다. 우리는 자기 주제를 넘어 버렸으며 지구의 자연적인 힘들에게 보여야 마땅한 관심을 보이지 않았습니다. 하지만 이제 현재의 행복과 우리 인간 및 모든 종들의 미래의 행복에 대한 새로운 깨달음과 관심으로 인해 이런 힘들이 우리를 위협하도록 오랫동안 방관해 왔음을 깨닫게 된 것입니다.

따라서 지구가 우리 인간만을 위해 존재하지 않는다는 사실을 안다면, 이제는 우리 인간이 암과 같이 과도하게 증식되어 가이아의 평형과 균형을 깨트리지 않도록 해야 합니다. 그렇지 않으면 가이아를 구성하는 자연의 힘들이 마치 면역체계가 암세포를 공격하여 박멸하는 것처럼, 우리 인간 종들을 공격하여 제거하려고 할 것입니다. 물론 면역체계들이 생각과 계획을 가지고 행동하지 않듯이, 가이아 역시 생각이 있어 그렇게 하지는 않지만, 아무튼 두 경우 모두 결과는 동일할 것입니다.

구원을 다시 정의함

우리가 가이아 모델을 받아들이든 그렇지 않든 간에, 분명한 점은 지구에서의 인간 행위가 많은 종들의 멸종을 가속화했고 이제는 우리 인간종의 미래까지 위험에 빠뜨리고 있다는 것입니다. 지구, 곧 이제 가이아로 이해하는 것이 더 나은 지구는, 이전에 생각했던 것보다 우리 인간들의 영향을 더 많이 받고 있기 때문에 지구의 구원과 우리 인간들의 구원은 이제 원리상 하나의 동일한 목표가 되었습니다. 또한 우리가 하나님 개념을 우리가 드러내어야 한다고 느끼는 책임성과 덕목들의 상징으로 볼 수 있고, 또한 지구에 대한 돌봄을 이제는 우리의 최고의 의무로 볼 수 있다면, 하나님에 대해 우리가 전통적으로 가져온 책임은 사실상 지구를 향해 새로 설정된 책임과 동일한 것이 될 것입니다.

더 나아가 우리는 우리 인간들이 지구의 피조물들로서 모두 가이아의 일부임을 발견합니다. 또한 그녀의 가장 의식이 발달되어 있는 부분으로서 우리 인간 종들은 우리와 지구의 본래적인 연관성을 다시 발견할 책임이 있음을 깨닫는데, 우리는 이를 각자 전체적인 범위에서 스스로 경험해야 할 것입니다. 우리는 어머니의 자궁에서 신체적으로 그녀와 하나 된 채로 삶을 시작하고 출생 후에도 여전히 가족의 가슴 안에서 신체적으로 의존해서 양육을 받습니다. 그러다가 청소년기가 되면 우리 속의 "프로그램화된 것"이 작동하여 부모의 권위를 벗어나 독립된 개인이 되도록 충동하여 가정의 안전으로부터 떠나게 만듭니다. 하지만 세월이 지나 좀 더 성숙하게 되면 우리는 다시 가족의 가치와 가족과의 관계를 소중히 여기게 되고, 그 신비한 기원을 감사하며 인정하는 것입니다.

어떤 점에서 인간 종의 역사는 각 개인의 역사를 반영합니다. 그것은 청소년기와 청년기를 지나 이제 성숙하고 책임적인 성인이 되라는 도전 앞에 서 있습니다. 우리들은 18세기가 되어서야 비로소 인류가 하나라는 것을 인정하게 되었고, 인권을 강조했으며 인종차별을 악한 것으로 여기게 되었습니다. 하지만 우리는 이제야 비로소 부족주의의 긴 역사를 막 벗어났을 뿐, 앞으로 가야 할 길은 멀고 배워야 할 것은 많음을 깨닫습니다. 그리고 이런 공동의 인류라는 이상을 성취하기 전에 우리는 모든 생명과의 하나 됨 및 지구와의 연결되어 있음을 인정하라는 도전을 받고 있는 것입니다.

"신비롭고 아름다운 연합"

만물이 이처럼 철저히 연결되어 있음을 인식할 때 비로소 새로운 신비주의가 발생할 수 있을 것입니다. 이는 신비가(mystic)란 다름 아닌 자기복종을 통해 궁극적인 실재와 연합하거나 그 한 부분이 되기를 추구하는 사람이기 때문입니다. 신비주의는 모든 위대한 종교전통들을 감싸고 있는 종교 현상입니다. 유신론 전통들의 신비가는 하나님을 궁극적 실재로 생각하기에 하나님과의 완전한 연합을 추구합니다. 하지만 기독교와 무슬림 전통들은 하나님의 초월성을 너무 강조했기에 신비가들의 열망을 좋아하지 않아 때로 핍박하기도 했으며, 이 때문에 신비주의는 동방전통, 즉 하나님을 인간 영혼이 본능적으로 친애감을 갖는 결코 규정할 수 없는 영으로 더 모호하게 이해했던 동방전통에서 더 강력하게 나타났습니다. 물론 대부분의 전통적인 서구적 형태의 신비주의들은 영적인 것과 물질적인 것이라는 이원론을 전제하면서 물질적인 것을 경시한 것은 사실입니다. 그러나 인간 의식에 대한 근대적 이해는 전통적인 이원론 대신 모든 실재가 통일되어 있다는 생각을 받아들였고 이런 통찰에서 새로운 종류의 신비주의의 길이 시작된 것입니다.

이 점을 다음의 예를 통해 살펴봅시다. 중세 기독교 신비주의자인 마이스터 에크하르트(Meister Eckart)는 "내가 하나님을 보는 눈과 하나님께서 나를 보시는 눈은 하나이며 동일한 눈이다"라고 했습니다. 그런데 이제 우리는 우리 자신들이 그 미래를 책임져야 하는 살아있는 지구의 한 부분임을 배우고 있기 때문에, 마이스터 에크하르트의 금언을 다음과 같이 바꾸어 표현해볼 수 있습니다.

내가 가이아를 보는 눈은
가이아가 스스로를 보는 눈이다.

신비가가 궁극적인 실재와 하나가 되려는 열망을 가지고 있듯이 오늘날 인류의 목표는 우리를 지구와 전쟁상태에 빠지게 만들었던 모든 행위들을 버릴 뿐 아니라, 지구와 조화되는 노력들을 촉진하고 강화하는 것이 되어야 합니다. 달리 표현하면, 고대의 선조들이 대변혁 앞에서 가졌던 경외감을 우리는 이제 가이아 앞에서 발견해야 한다고 할 수 있습니다. 실상 사람들은 이제 지구라는 우리의 거처를 가이아, 곧 우리를 출산하고 양육했으며, 이제는 우리가 공경하고 돌보아야 할 어머니 지구로 보기 시작했는데 이는 정녕 고무적입니다.

실용적 신비주의

이런 새로운 형태의 신비주의는 사람들이 지구를 돌보는 것에 대해 의식적으로 관심을 가지는 곳에서는 어디서나 찾을 수 있고 환경 보존, 환경주의, 지속성, 그리고 종의 보존 같은 노력으로 조금씩 표현되고 있습니다. 이를 위해 우리는 이전의 신비가들의 전통적인 하나님 언어를 선택할 수도 있고, 어떤 뉴 에이지 신비가들처럼 새로운 가이아 언어를 더 좋아할 수도 있으며, 아니면 단순히 일상적인 생태학에 대한 인간적 언어를 사용할 수도 있습니다. 그러나 어느 경우이든 우리들은 고대인들과 마찬가지로 다음의 사실을 인정해야 합니다.

* 우리는 지구로부터 나왔다.
* 우리는 지구의 피조물로 존재한다.
* 생육할 수 있는 미래에 대한 우리 인간 종의 희망은 우리가 다시 한 번 지구와 신비적인 연합을 이룰 수 있느냐의 여부에 달려 있다.

이 사실을 확인하고 경축하기 위해 우리 모두는 다음과 같이 가이아의 노래를 함께 부를 수 있을 것입니다.

가이아는 우리를 태어나게 한 이
그녀는 공기, 그녀는 바다, 그녀는 어머니 지구
그녀는 땅에 기고 바다에 헤엄치고 하늘에 나는 모든 피조물들,
그녀는 지금도 자라고 있는 풀, 그녀는 당신과 나.

옮긴이의 비평

이 책의 저자인 로이드 기링(1918-)은 우리 시대의 대표적인 자유주의 신학자의 한 명으로서, 국내에는 이세형 교수의 번역으로 그의 책이 한 권 출판되어 있다.(로이드 기링 저, 이세형 역, 『기로에 선 그리스도교 신앙』(한국기독교연구소, 2010). 이번에 출간하는 이 책 "가이아와 기독교의 녹색화"는 기링이 일반 대중들을 대상으로 강연한 내용을 모은 것으로서, 전통적인 기독교 신앙의 관점에서 보면 다음과 같이 무척 낯설고 도발적인 내용을 담고 있다.

1) 기독교 신앙이 말해왔던 대부분의 전통 교리들, 즉 객체적으로 존재하는 인격적인 신, 이 땅을 찾아오신 신적인 구원자, 십자가 죽음과 부활을 통해 이루어진 대속, 사후의 심판과 내세에 대한 믿음 등은 모두 세상을 천상과 지상의 이분법으로 나누는 지난 세대의 세계관의 산물로서, 한때는 필요했고 도움도 되었으나 이제는 거의 무의미하게 되었다. 기독교가 이런 전통적 교리들을 고수하기만 한다면 교회는 한동안은 존속하겠지만 결국은 사람들의 무관심 속에 사라져 버릴 것이다. 이제는 기독교 신앙을 세속사회와 문화의 빛으로 철저히 검토하고 재해석해 내어야 한다.

2) 창조주이자 세상을 선하신 뜻대로 이끄시며 그를 믿는 자들의 기도를 들으시는 하나님은 포이에르바하 이래로 인간 상상력의 결과

물임이 드러났다. 그러나 하나님의 객체성은 사라진다 해도 하나님이란 상징을 통해 지켜왔던 생명, 사랑, 신뢰, 희망, 섬김, 희생, 공동체 같은 가치들은 여전히 개인과 사회에 소중하다.

3) 예수는 교회의 전통적인 고백처럼 하나님의 아들이 아닌 1세기 유대 사회의 현자였다. 오늘 이 시대에 기독교인이 된다는 것은 예수가 보여준 지혜 및 생명에 대한 경외와 사랑을 따라 살아감을 뜻한다.

4) 이전에는 이 세상 너머 내세가 있다고 보았고, 이 땅을 내세로 들어가기 위한 훈련의 장소 정도로 여길 때도 있었다. 그러나 실상 존재하는 것은 이 땅뿐이다. 그러니 이제 기독교인들의 헌신과 사랑은 하나님과 그 말씀이 아니라 하나 밖에 없는 지구 생태계와 그 안에 있는 생명체들에게 집중되어야 한다. 우리 시대의 예배나 영성적 삶 역시 예수나 성 프란체스코 같은 사람들이 보여준 것처럼 이 땅의 생명들을 사랑하고 돌보는 세속적이고 생태적 형태로 바뀌어야 한다. 구체적으로 성탄절이나 부활절 같은 교회력이나 세례, 성찬, 견진, 장례 같은 교회 예전은 하나 밖에 없는 지구를 새롭게 하고 살려내는 방식으로 재해석되어야 한다. 그래서 성탄절은 흩어졌던 가족들이 다시 만나는 날로, 부활절은 봄의 새로운 생명들이 태어나는 것을 기뻐하는 날로, 유아세례는 죄를 씻는 예식이 아닌 새로운 생명의 태어남을 축하하는 행위로, 장례예식은 죽은 이를 내세로 보내는 "환송"의 예식이 아니라 이 땅에 살았던 삶에 대한 축하로 재해석할 수 있다.

5) 일반적으로 받아들여지는 생각과는 달리, 기독교 신앙과 세속 사회는 갈등 관계에 있지 않다. 실상 서구 세속사회는 기독교 신앙에서부터 기인한 것이다. 주체성, 인권에 대한 존중, 자유, 평등, 다양한

가치들에 대한 관용, 민주주의처럼 세속사회가 중요하게 여기는 가치는 기독교적 서구가 있었기에 현실화 될 수 있었다. 따라서 기독교인들은 이런 세속사회의 가치를 적극적으로 받아들이고 널리 확장시켜 가야 한다. 이 시대에 기독교인으로 산다는 것은 성경 읽고, 기도하며 교회 생활을 하고 내세에 대한 소망을 가지고 살아가는 데 있기보다 예수께서 보여주신 것처럼 동료인간과 사회, 그리고 생태계 속에 사랑과 정의와 평등이 있도록 돌보고 노력하는 데 있다.

이처럼 이 책은 상당히 도전적이고 충격적인 내용을 담고 있다. 이와 같은 기링의 주장을 어떻게 평가할 수 있을까? 역자로서는 한국기독교연구소의 김준우 박사의 요청으로 새로운 학자를 만나고 그의 사상과 대화한다는 가벼운 생각으로 번역을 시작했지만, 책의 내용이 내내 불편했다. 거의 100년의 세월을 목사, 신학교수, 사회운동가로 살아온 저자의 깊은 경륜과 폭넓은 지식, 우리 시대의 교회와 세계의 현실에 대한 염려와 나름의 대안 제시를 존중하는 마음으로 받아들이려고 했지만, 그의 주장이 그다지 정당하지 않을 뿐 아니라 본질적 부분에서는 완전히 잘못되어 있어 보였기 때문이다. 번역을 마치고 나서도 출판을 계속 미룬 것도 이런 이유 때문이었다. 하지만 그동안 번역한 것이 아깝기도 하고, 기링뿐 아니라 돈 큐핏(Don Cupitt), 존 셀비 스퐁(John Shelby Spong), 고든 카우프만(Gordon Kaufmann)처럼 그와 비슷한 주장을 하는 학자들이 다수 있을 뿐 아니라 이런 자유주의 신학의 흐름이 21세기의 교회와 학계에 상당한 영향을 미치고 있다는 점에서 비평의 글을 함께 씀으로서 균형을 맞추기로 하고 출판을 하기로 했다. 아래의 내용은 역자가 바라보는 로이드 기링 박사의 글에 대한 평가이다. 역자의 관점 역시 한계가 있을 수 있으니 눈 밝은 독자들이 두 입장을 비교해 가면서 이 책을 읽음으로써 그 강점은 배우고 한계는 넘어설 수 있기를 바란다.

1) 로이드 기링은 19세기 독일 개신교 자유주의 신학의 후예로서 그 전통을 충실히 따르고 있다. 자유주의 신학은 모든 전통적 권위(교회, 성서, 왕, 권위 있는 이전 학자들의 책들)에 대한 의심, 인간 이성에 대한 신뢰, 역사의 진보에 대한 믿음 같은 계몽주의적 시대정신을 정당한 것으로 보면서 그 빛 안에서 기독교 신앙의 의미를 해명하려 했다. 그것은 교권과 교리의 통제에서 벗어나 지적 설복력과 정당성을 가지는 '학문적 신학'을 이루어낸 강점을 지니고 있었으나, 소위 '계몽주의적 이성'에 부합되는 만큼만 기독교 신앙의 내용을 받아들이려다 보니 결국 하나님의 초월성과 인간의 죄성, 인간 구속의 필요성을 약화시키는 문제점을 갖게 되었다. 그뿐 아니라 그것은 시대 정신 자체가 이미 왜곡되고 죄에 빠져 있어서 그것을 교정할 외적 기준이 있어야 함을 보지 못함으로 인해 피상적이고 인간 중심주의적이며 낙관적인 신학이 될 위험을 가지고 있었다.

역자가 볼 때 기링의 신학 역시 이런 한계를 그대로 드러내고 있다. 그는 전통적인 기독교 신앙은 시대의 변화로 인한 한계에 봉착했기에 근본적으로 새롭게 되어야 한다고 말한다. 그에 의하면 근대에 이르러 세계를 보는 사람들의 시각이 크게 세 가지 이유 때문에 바뀌었다. 첫째, 코페르니쿠스와 갈릴레오를 통해 지구는 그저 우주의 조그만 별에 불과함이 드러났고, 이로 인해 전통적으로 하나님이 계신다고 여겨졌던 하늘 역시 지구와 동일한 물리적 실재가 되어 천상—

지상, 초자연—자연, 영의 세계—물리적 세계의 이분법이 설득력을 잃게 되었다. 둘째, 다윈의 진화론의 영향으로 인간 역시 '영혼을 가진 특별한 존재'가 아니라 다른 생명체들과 동일한 하나의 생명체에 불과한 것으로 여겨지게 되었다. 곧 코페르니쿠스와 갈릴레오로 인해 지구가 더 이상 물리적 우주의 중심이 되지 못하게 된 것처럼 다윈으로 인해 인간은 신의 형상으로 만들어졌기에 모든 다른 생명체들과 근본적으로 다른 존재라는 주장을 더 이상 할 수 없게 되었다. 셋째, 앞의 두 가지보다 더 근본적인 도전은 하나님을 비롯한 모든 추상적 개념들이 실제로 객체성을 가지고 있는 것이 아니라 인간 정신의 산물임이 밝혀지게 된 것이다. 곧 신을 비롯한 모든 추상적인 개념들은 상징을 만들어 내는 인간 능력의 산물임이 드러나게 된 것이다(그런데 기링은 왜 이렇게 주장할 수 있는지는 설명하지 않는다). 더 나아가 그는 하나님의 실재성에 대한 믿음뿐 아니라 기독교의 전통적인 교리들이 모두 인간 정신의 산물이라고 보면서. 이런 주장을 본격적으로 제기한 루드비히 포이에르이바하를 새로운 시대를 가져온 다니엘과 같은 인물이라고 말한다. "우리 인간들은 과거에는 자신들을 초자연적인 신의 피조물로 여겨 왔습니다. 하지만 오늘날 우리들은 이런 중요한 신 관념들을 만든 것은 사실상 언어를 만드는 존재인 우리 자신임을 발견합니다"(p. 63). "인간의 모든 언어들, 모든 철학과 교리들, 신들이나 하나님 같은 모든 종교 개념들은 인간의 고안물입니다. 천상의 세계는 전적으로 인간 상상력의 산물입니다"(p. 32).

여기에서 우리는 기링이 이전의 자유주의 신학자들과 마찬가지로 철저히 근대의 인간 중심주의적인 인식의 틀로 세상을 판단하고 있는 것을 본다. 근대정신은 철학자 데카르트에게서 보듯, 모든 것을 판단하고 의심하는 인간 주체를 모든 인식의 출발점으로 상정한 다음, 이런 인식을 신뢰할 수 있게 만드는 것으로서 신의 존재를 요청했고, 그런 다음 이 신에 근거해서 세계가 존재하고 있음을 확증하고자 했다. 그러나 기독교 신앙은 인간 인식과 행위의 출발점을 인간이 아닌 다른 곳, 곧 전능하시며 사랑이시며 예수 그리스도 안에서 자신을 계시하신 창조주 하나님에게서 찾는다. 곧 "주의 빛 안에서 내가 빛을 보리이다"라고 고백하는 것이 기독교적 인식의 출발점이며, 이런 점에서 볼 때 철저히 계몽주의적 이성의 빛으로 모든 것을 판단하는 기링의 시각은 기독교적인 것이라고 하기 어렵다. 역자가 볼 때 기링의 세계는 오늘날 탈근대주의 담론 가운데 많이 비판받고 극복되어 가고 있는 근대 계몽주의의 인간 중심주의와 이성 중심주의적인 인식의 세계이다. 그에게는 인식과 판단에서의 하나님 중심주의는 보이지 않는다.

2) 로이드 기링은 우리가 세속화된 세계에 살고 있으며 이런 세속화는 유대-기독교 신앙의 필연적 결과로서 이를 적극적으로 받아들이고 그 안에서 신앙의 의미를 다시 포착해야 한다고 주장한다. 이러한 그의 주장은 정당하다. 실상 세속사회의 도래로 인해 보편 인권, 개인적 자유, 다양성에 대한 존중, 평등 정신 같은 사상이 확산되었는데 이 모두는 기독교 신앙이 없었다면 이루어지기 어려웠을 것이다.

하지만 문제는 세속화(secularization)에 대한 정당한 주장은 아주 쉽게 세속주의(secularism)로 왜곡되기 쉽다는 점이다. 세속화는 정치, 경제, 교육, 과학 기술, 사회 문화적 관습 같은 여러 세속 영역들의 고유성과 자율성을 하나님이 정하신 정도만큼 인정하는 것으로서 이는 지극히 당연한 일이다. 그러나 세속주의는 하나님과 모든 초월의 영역을 부인하고 이 세상만 존재하고 이 세상만 가치 있다고 보는 사상으로 기독교 신앙과 결코 양립할 수 없다. 그런데 기링은 건강한 세속화를 넘어서 세속주의에 대한 찬미까지 이르고 있는 것 같아 보인다. 그에게는 진정 존재하는 것이 시공간의 우주와 지구와 그 지구 위의 모든 인간과 생명체들이며 기독교가 항상 고수해 온 하나님과 그 세계는 보이지 않는다. 한 걸음 더 나아가 그는 전통적인 기독교 신앙은 변화되는 세계에 타협(accommodation)해서 스스로를 바꾸어야 한다고 하는데, 이때 중심이 되는 상수는 세속화된 세계이며 기독교 신앙은 종속변수에 불과하다. 하지만 이렇게 해서 얻어지는 세계는 과연 무엇일까? 인간의 이성적 능력과 자율성이 신적인 자리에 올라감으로 인해 자기 스스로를 비판하고 극복할 기준을 잃어버리고 있는 세계가 과연 우리가 꿈꾸어야 할 세상일까? 물질적인 풍요는 이루었으나 초국적인 금융자본주의와 제국을 지향하는 여러 강대국들의 국가주의적 폭력 속에 갈수록 빈부격차는 커지고 자연 환경은 파괴되어 가는 오늘날의 현실 속에서 인간이 만들어낸 모든 지배체제를 초월적인 관점으로 비판하고 극복하는 외적인 기준 없이 과연 지구촌이 직면하고 있는 수많은 문제들을 해결할 길이 있을 것인가? 오히려 그렇기 때문에 더욱 현실을 비판하고 극복할 수 있는, 예수 그리스도의 십자가 죽음과 부활을 통해 나타난 하나님의 나라, 그분의 다스림에 대한 믿음이 중요해지는 것 아닐까? 안타깝게도 기링의 글에서는 이와 같은 현실을 비판하고 대안을 가져올 수 있는 초월적 원리는 보이지 않는다. 그에게는 모든 것이 내재성의 원리 안에 포섭되어 있을 뿐이다.

기링의 이런 입장은 세계관이란 측면에서 보면 19세기부터 서구

사회에 강력한 영향력을 행사해 왔던 자연주의(naturalism)라고 할 수 있다. 자연주의적 세계관은 다음의 두 가지 전제를 가지고 있다. 첫째, 존재하는 모든 것은 물질로 구성된 자연뿐이고 초자연이란 존재하지 않는다(따라서 신, 내세, 초월은 배제된다). 둘째, 자연은 그 자체의 폐쇄된 인과율에 따라 움직인다(따라서 현재 일어나는 일들은 필연적으로 과거에 있었던 사건들의 결과이며 새 것은 없다. 인간의 주체성, 자유의지, 선택과 결단 같은 것 역시 말하기 어렵게 된다). 이런 자연주의적 세계관은 오늘날에도 여전히 강력한 힘으로서 대학과 학문세계(특히 자연과학의 세계)를 주도하고 있다.

하지만 자연주의적 세계관은 두 가지 난점을 가지고 있다. 첫째, 인식론적인 측면에서 그것은 자기 모순적이다. 이 세계관에 따르면 모든 생명체들뿐 아니라 인간 정신까지 전부 물질에서 파생되어 나온 것들이다. 인간의 지식은 '뇌의 전기화학적 작용의 결과물'이다(유물론). 문제는 이런 주장 역시 수준 낮은 물질로부터 시작된 것인데, 그렇다면 과연 이런 주장을 신뢰할 수 있느냐 하는 인식론상의 난점이 생기게 된다. 곧 자연주의적 세계관을 일관되게 밀고가면 이런 세계관에 기초한 어떤 주장도 신뢰할 수 없는 것이 된다는 것이다. 둘째, 더 심각한 것은 자연주의의 윤리적 토대 문제이다. 유물론적이며 무신론적인 자연주의 세계관을 따르는 이들도 '살인이나 강간은 나쁘다' '사회적 약자를 돌보아야 한다' 같은 주장에 동의할 것이다. 그런데 문제는 자연주의적 세계관을 철저하게 끝까지 몰고 가면, 이런 주장을 펼치는 절대적인 도덕적 근거가 없다는 데 있다. 인간의 생명과 의식을 포함한 모든 것이 물질로부터 우발적으로 생겨서 지금에 이르렀다면 윤리 문제에서 절대적 기준이란 없으며 따라서 살인과 강간은 나쁘고 사랑은 좋다고 말할 이유 역시 없는 것이다. 결국 이런 관점에서는 개인과 종으로서의 생명체의 존속과 번식에 도움이 되는 것은 좋다는 효용주의적인 기준 정도만 남게 될 터인데, 이때는 반드시 약자를 돌보고 살인과 강간을 금지해야 할 이유는 없어진다. 극단적으로 말하면 살인과 강간이 진화에 도움이 된다면 구태여 금해야 할 이유가 없는 것이다. 세계관 전문가인 제임스 사이어는 이를 "존재로부터 당위를 이끌어낼 수 없다"는 말로 표현하고 있다.

기링이 이런 자연주의적 관점을 택하게 된 것은 결국 그가 하나님의 객체성(프란시스 쉐퍼가 말하는 "거기 계시며 말씀하시는 하나님")을 포기하고 하나님은 인간 정신의 산물이라는 입장을 취하게 될 때 이미 분명하게 되었다고 할 수 있다. 그러나 기독교 신앙은 이런 관점과 같이 갈 수가 없다. 기독교 신앙은 기본적으로 거기 계시며 말씀하시는 하나님이 세상을 창조했고 선하게 인도하시며, 궁핍과 비참에 빠진 인간의 구원을 위해 예수 그리스도 안에서 우리를 찾아 오셨다는 믿음에 철저히 근거하고 있기 때문이다.

3) 기링의 또 다른 문제점은 전통적인 기독교 신앙이 당연하게 여겨왔던 하나님의 실재성, 하나님과 그 하신 일에 대한 증언으로서의 성경, 신앙과 삶에서의 예수 그리스도의 중심성, 인간 구속의 필요성 등을 거의 전부 부인하거나 과격하게 재해석해 버린다는 데 있다. 또한 그 가운데 전통적인 신학적 주장이나 교리를 너무 가볍게, 때로는 희화화 하며 학문적인 엄밀성이나 정확성을 놓치고 있음을 곳곳에서 보게 된다(가령 그는 몰트만을 루터파 신학자라고 말하고 있는데, 몰트만은 개혁주의 전통의 신학자이다. 본문에서는 이를 바로 잡았다).

먼저 그리스도론에서 그는 예수세미나(Jesus Seminar)의 예수 이해를 따라 예수를 하나님의 아들이자 신적 존재가 아니라 철저한 1세기의 유대인으로, 이스라엘의 지혜 전통에 서 있는 '사회비판적 현자'로 이해한다. 예수가 하나님의 아들이고 구원자라는 생각은 그에 의하면 초대교회의 경건한 창작이며 한때 의미가 있었으나 이제는 무의미하게 된 신학적 산물이다.

그런데 이런 입장에는 몇 가지 문제점이 있다. 첫째, 평신도들을 대상으로 한 강의여서 내용을 단순화 시킬 필요도 있었다고 해도, 그의 글은 예수세미나 이전에는 역사적 예수에 대한 제대로 된 학문적 연구가 없다가 이 운동으로 인해 비로소 역사적 예수에 대한 제대로 된 연구가 이루어지게 된 것 같은 인상을 주는데, 이는 전혀 사실이 아니다. 역사적 예수에 대한 탐색은 오랜 시간 동안 수많은 학자들이 시도해 왔고 지금도 계속되고 있다. 둘째, 예수세미나의 예수 이해는 역사적 예수를 탐구해 가는 여러 이해들의 하나에 불과하며, 여러 문제점들로 인해 점차 영향력이 약화되어 가고 있다. 오늘날 다수의 신약학자들은 예수세미나의 주장처럼 예수를 '이스라엘의 현자'이기보다 '묵시사상에 근거한 종말론적 세계 변혁을 가져오는 그 예언자'로 보는 것이 학문적으로 더 근거가 있다고 보고 있다. 셋째로, 기링은 신약성경이 증언하고 있는 하나님의 아들이자 신적 존재로서의 예수 이해는 초대교회의 잘못된 신학적 해석이며 이제는 극복되어야 한다고 말하는데, 이는 분명히 잘못된 이해이다. 기독교 신앙이 역사적 사실에 기초해 있음을 밝힌다는 점에서 역사적 탐구는 꼭 필요하지만 이와 동시에 우리는 역사적 탐구의 한계 역시 생각해 보아야 한다. 역사적 탐구는 언제나 '역사 속에서 일어난 것은 무엇인가?'라는 질문과 함께 시작하며 성격상 우리 인간들의 이성과 합리성이 미치는 범위까지만 말하게 되는 필연적 제약을 가지고 있다. 그러나 신학은 인간의 모든 인식 능력 너머에 계신 하나님에 대한 논의이기 때문에 역사적 탐구만으로는 신적 현실을 결코 온전히 포착할 수 없다. 곧 신학은 인간의 이성과 합리성이 결코 넘어갈 수 없는 근본적인 벽이 있음을 인식하는데, 이 점이 신학이 자연과학이나 일반 인문학과 근본적으로 다른 부분으로, 여기에서 인간의 합리적 탐색에만 의존하는 철학적 인식론과 이성을 중요하게 여기지만 하나님의 계시를 우선적으로 존중하는 신학적 인식론의 차이가 생긴다. 일반적 인식론은 인간 이성이 포착하지 못하는 것은 존재하지 않는다고 말하려 하지만 신학적 인식론은 인간의 합리적 사유 너머 그것이 결코 미치지 못하는 영역이 있음을 언제나 의식한다. 신학적 인식론은 계시를 말하며 영원한 세계로부터 말 걸어오는 분에 대한 '동경'과 그분에 의해 '붙잡혀짐'을 중요하게 여긴다.

인간의 감각기관의 예를 가지고 이를 조금 더 살펴보자. 사람들의 귀가 들을 수 있는 주파수(진동수)의 소리는 대략 20~2만 Hz 정도로, 이 범위에 속하는 소리를 가청음이라고 한다. 이보다 큰 주파수를 가지는 소리는 초음파, 작은 주파수를 가지는 소리는 초저음파 또는 초저주파라고 부르는데, 둘 다 사람의 가청 범위를 넘어서기 때문에 우리는 실제로 들을 수 없다. 하지만 들리지 않는다고 해서 그런 소리들이 없는 것은 아니다. 마찬가지로 예수와 초대교회의 삶에 대한 역사적 탐색은 꼭 필요하지만 그런 역사적 탐색으로는 결코 포착되지 않는 영역이 있다. 하나님이 계셔서 그분이 세계를 창조했고 세계 역사를 이끌어 가시는 중에 이스라엘 백성을 부르시고 마침내 예수 안에서 자신을 온전히 드러내었다면, 여기에는 역사적 탐구는 결코 알지 못하는 영역이 있게 마련이다. 곧 종교학이 누멘적 요소라고 부르고 신학이 계시라는 말로 표현하는 세계가 있는 것이다. 현대의 물질주의적이며 유물론적인 세계관에 붙잡힌 사람들은 이런 세계를 무시되거나 거부하려 하겠지만, 이것이야말로 우리 현대인들이 잃어버린 것이며 인간다운 삶을 살려면 다시 만나야 하는 세계이다.

요약컨대 예수의 구체적인 삶 및 실천과 연관되지 않는 그리스도론은 역사성을 갖지 못한 채 가현설적인 주장이 된다. 그러나 하나님의 아들이자 구원자로 고백되지 않는 모든 예수론 역시 예수의 진정한 신원과 그 의미를 포착하지 못한 채 잠시 있다가 사라지는 부박한 유행 신학이 된다. 에버하르트 융엘의 말처럼, 신학이 기본적으로 예수 그리스도 안에 나타난 하나님의 계시를 "뒤따라 사고하는 것"(nachdenken)이라면 모든 신학은 예수가 하나님의 아들이자 구원자라는 신약성경의 증언을 진지하게 따라할 것이며, 이런 점에서 기링의 예수 이해는 상당히 문제가 있다고 해야 할 것이다.

둘째로 기링의 성육신 이해 역시 문제가 있다. 그는 성육신 사건은 예수뿐 아니라 모든 사람에게 해당되는 사건이라고 말한다. 곧 이 교리는 예수를 포함한 모든 인간이 이미 신성에 참여하며 또 신성을 가지고 있음을 말하는 교리라고 하며, 이런 주장의 근거로 포이에르바하를 소환하면서 그것이 마치 신학의 역사에서 널리 받아들여지고 있는 해석인 것처럼 말한다. 그러나 이는 성경과 기독교 교리 역사에 대한 명백한 왜곡이고 오독이다. 신학을 인간학으로 바꾸려고 했고 하나님과 초월의 세계를 인간 상상력의 결과물이라고 말했던 포이에르바하가 새로운 이해를 가져오는 다니엘이 될 수는 없는 것이다.

기링의 말처럼 성육신은 창조 교리 및 섭리 교리와 더불어 분명

기독교인들에게 이 땅의 중요성, 현세적 삶에 대한 책임성을 말해주는 교리이다. 그러나 그것이 예수와 모든 다른 인간/인류가 같음을 말하는 교리는 결코 아니다. 그렇게 될 때 그것은 기독교가 결코 아니다. 기독교적 종교는 신과 인간 사이의 무한한 질적 차이를 말하며 이런 차이가 하나님의 놀라운 은혜에 의해 예수 그리스도 안에서 연결되고 새로운 관계로 들어가게 되었음을 말하는 데 그 핵심이 있기 때문이다.

기링의 삼위일체 이해 역시 마찬가지이다. 그는 세상적 삼위일체라는 말을 사용하면서 다음과 같이 말한다. "실재에 대한 우리의 경험들은 서로 상당히 다릅니다. 하지만 이상스럽게도 그것들 역시 우리를 삼위일체로 이끌어 가는데, 우리는 그것을 세속적 혹은 이 세상적 삼위일체라고 부를 수 있습니다. 첫 번째 요소는 이런 스스로 진화하는 물리적 우주가 우리가 이해하기로는 실재 전체를 포괄하고 있다는 점입니다. 두 번째는 이런 창조적인 우주에서 진화해 왔고 우리를 존재케 했던 인간 종들입니다. 세 번째 '존재'는 인류의 집단의식이 순서대로 낳았고 그것 없이는 우리가 인간이 될 수 없는, 문화적 지식체계(앞에서 말한 세계 3)입니다. 이 세 가지가 '우리가 살고 움직이고 우리 존재를 갖게 하는' 하나님을 구성합니다… 아버지, 아들, 성령이 성육신으로 인해 '셋이 하나'라고 선포되었던 것처럼 스스로 진화하는 인간 종들과 발생 중인 전 지구적 의식은 이 셋 모두 안에 자신들을 나타내는 우주적 창조성으로 인해 하나의 '실체'입니다. 분명히 이러한 세속적 삼위일체 이해는 이전의 성육신과 성삼위일체에 많은 것을 빚지고 있습니다. 우리 인간들이 조화로운 전 지구적 공동체가 되면 될수록 우리는 미래에 대해 더 많이 확신하게 될 것입니다.

이런 희망은 우리의 신앙을 세계, 인류, 전 지구적 의식이라는 세속적 삼위일체에 얼마나 보일 수 있느냐에 달려 있을 것입니다"(pp. 43-44, 1장 이 세상적 삼위일체 끝 부분).

곧 기링은 "스스로 존재하면서 진화하는 우주," "의식을 가진 존재로서의 인간," "인간 정신이 만들었고 인간을 진정 인간으로 만드는 인간의 문화" 세 가지를 이 세상적 삼위일체라고 부르는데 이렇게 부를 수 있는 이유는 이들이 서로 구별되지만 가장 긴밀하게 서로 연결되어 있음과 동시에 서로 합쳐서 하나의 전 우주적 실체를 이루고 있기 때문이다. 그런데 역자가 볼 때 이들이 긴밀하게 서로 연관되어 있음은 사실이지만, 왜 이들의 관계를 삼위일체라는 말로 표현해야 하는지는 의심스럽다. 다시 말해 서로 구별되는 성부, 성자, 성령이라는 세 신적 인격이 영원부터 영원까지 가장 깊은 사랑과 자유와 평등의 공동체로 존재하고 계심을 말하는 교리인 삼위일체론이 어떻게 진화하는 우주, 의식을 가진 존재로서의 인간, 인간의 문화가 이런 온전한 연합과 동일한 하나됨 속에 있는지 이해하기 어렵다는 것이다. 아마 그의 의도는 지난 세대의 사람들은 영원부터 영원까지 계시는 삼위일체 하나님을 생의 의미와 기준으로 바라보고 있었다면, 이제는 시선을 돌려 우리 눈앞에 구체적으로 있는 우주와 의식을 가진 존재로서의 인간, 그리고 그 인간들이 만들어낸 다양한 문화를 소중히 여기고 거기에 마음을 쏟도록 하자는 것 같은데, 그렇다면 이는 결국 기링의 책 곳곳에서 보이는 '철저한 내재주의' 혹은 '자연주의'에 대한 그의 주장의 다른 표현일 수 있을 것이다.

4) 기링은 기독교를 비롯한 모든 종교들은 계속 진화, 발전, 쇠퇴 가운데 있음을 정당하게 지적한다. 그는 기독교 역시 오랜 세월 동안

의 "축적되는 전통"의 하나라고 말하며 이런 주장은 정당하다. 그러나 문제는 그가 그것이 없으면 더 이상 기독교라고 할 수 없는, 기독교를 기독교로 만드는 핵심조차도 "축적되는 전통"의 일부로 이제는 떠나보내야 한다고 주장하는 데 있다. 이 책에서 그는 다음과 같이 말한다. "지나온 4000년의 역사 동안 유대-기독교라는 축적되는 전통 안에서는 수많은 첨가와 누락이 일어났습니다. 하지만 연속성도 있습니다. 모세, 예레미야, 예수, 바울, 아우구스티누스, 아퀴나스, 루터, 거기에다가 디트리히 본회퍼, 마르틴 루터 킹 등은 모두 이런 진화하는 전통의 부분들이었고 이들 모두는 이런 신앙의 길 안에서 걸었습니다. 하지만 그들의 신념체계는 그들이 살아간 서로 다른 시대들을 반영하는 가운데 무척 다양하게 표현되었습니다"(p. 57).

여기에서 저자는 예수 역시 축적되는 전통의 한 부분으로 보는데 이는 "예수의 중심성"을 너무 가볍게 여기는 태도이다. 기독교의 역사는 계속해서 새로운 것들이 만들어지고 또 이전 것들이 폐기 내지 변형되는 과정임에 틀림없으나 그런 변화 속에서도 기독교를 기독교되게 만드는 중심성은 언제나 있었으니 곧 창조주, 구속주, 화해주로서의 삼위일체 하나님과 하나님의 아들이고 구세주이며 만물의 주님인 예수 그리스도에 대한 신앙이었다. 이런 중심성이 없이는 기독교 신앙이라고 할 수 없다. 하지만 기링은 이런 중심성을 너무 가볍게 배제해 버린다.

5) 마지막으로 기링은 그동안 기독교인들이 최고의 영예를 돌리며 존중해 왔던 하나님에 대한 존중은 이제 마땅히 지구와 지구 위의 생명종들에게 돌려져야 한다고 말한다. 구체적으로 그는 생태계의 위기 앞에서 생명을 존중하고 함께 살아가는 세상을 만들어 가는 것이

곧 오늘날 하나님을 섬기는 것과 동일하다고 말한다. 그리고 이를 위해 그는 구약과 신약의 지혜전통에서 하나님은 사실상 자연과 동일시되고 있다는 점을 근거로 제시한다. 하지만 역자가 볼 때 이런 주장 역시 근거가 너무 약하다. 구약에 지혜전통이 면면히 내려오고 있음은 사실이지만 그 지혜전통도 근본적으로는 살아계신 야훼 하나님에 대한 믿음에 근거한 지혜이며 처세였음을 유념할 필요가 있다.

자연에 대한 존중과 보호도 마찬가지이다. 물론 기링이 주장하듯이 생명을 존귀하게 여기고 생태계를 잘 보존하는 것은 기독교인들뿐 아니라 모두가 마땅히 해야 할 일들이다. 그러나 이와 동시에 자연은 소중하고 아름답지만, 그 자체로는 신적인 실체가 아니고 피조물임을 분명히 해야 한다. 이 점에서 우리는 "자연을 그 자체로만 두면 갈수록 저열해진다. 그러나 하나님 안에서 자연을 보면 자연은 정녕 숨막힐 정도로 아름답고 거룩하다"는 C. S. 루이스의 자연에 대한 언급을 기억할 필요도 있겠다.

지금까지 기링의 주장을 비교적 자세히 살펴보았는데 결국 그의 문제는 현대 정신에 맞추기 위해 기독교 복음의 스캔들, 곧 신과 인간 사이의 엄청난 불연속성을 너무 성급하게 제거해 버리려는 데 있다고 할 수 있다. 실상 하나님의 메시지는 이 땅에 전혀 없던 새 것, 곧 이 땅에 대한 심판과 극복이기 때문에 철두철미 불연속적이다. 그리고 이런 불연속성은 그저 인지적인(cognitive) 긴장뿐 아니라 존재 전체가 흔들리는 긴장과 불안을 가져온다. 하나님이 나타나시고 그 놀라운 심판과 은혜의 말씀 앞에 인간의 모든 거짓되고 악한 모습이 다 밝혀지는데 어찌 긴장이 없겠는가? 이런 점에서 복음에는 분명 걸림돌이 있다. 성경은 '어리석은 부자' 이야기를 통해서 우리 모두가 이 부자처럼 결국 사라져 버릴 부질없는 것을 의지하면서 죄 속에서 잘못 살아가고 있음을 깨달아야 한다고 도전하며(눅 12:16-21), 영생에 대한 질문을 가지고 예수를 찾아왔던 한 부자 청년의 이야기를 통해 예수라는 인격 앞에 삶 전체를 걸고 따르라고 촉구한다. 이는 어렵고 힘든 결정, 많은 사람들이 걸려 넘어지는 걸림돌이지만 결코 비합리적인 걸림돌은 아니다. 오히려 그것이 옳음을 알기 때문에 더욱 괴로운 걸림돌이다. 부자 청년은 마음 깊은 곳에서 예수의 말씀이 옳다는 것을 알았기 때문에 괴로워했다. 이런 점에서 신학과 신앙의 길은 마치 야곱이 긴 밤을 새우며 야훼와 씨름했던 것과 같이 치열하며 힘든 작업일 수 있다. 하지만 기링에게서는 이런 모습이 나타나지 않는다. 그는 이런 긴장을 가져오는 초월적 측면을 배제해 버린 채 세속사회와 자연을 궁극적 기준으로 내세우며 그러다 보니 이 땅의 모든 가치를 비판하고 교정하며 극복하는 외적이고 초월적 기준 역시 사라져 버린다.

지금까지 기링의 글을 주로 비판만 해 온 것 같다. 하지만 강점도 있다고 생각한다. 첫째, 이 책은 오늘날의 자유주의 신학이 어디까지 도달해 있으며 그런 주장을 한 다음에 남는 것은 무엇인가 하는 것을 보여준다는 점에서 나름의 가치와 유용성을 가지고 있다고 할 수 있을 것 같다. 이는 기링과 비슷한 신학적 사유를 보여주는 돈 큐핏이나 존 쉘비 스퐁, 그리고 고든 카우프만 등에게도 똑같이 해당되는 말일 것이다.

둘째, 기링은 기독교를 진화되어 왔고 지금도 변화되어 가고 있는 살아있는 전통으로 정당하게 이해하며 우리 시대에 보다 바람직한 기독교 신학의 모습은 무엇인가를 줄기차게 모색한다. 이런 모색의 결과 그가 제시하는 답은 문제가 있지만 적어도 이런 태도는 아주 바람직한 것이다. 실상 기링이 지적하듯이 기독교 신앙과 그 신앙에 대한 성찰로서의 신학은 예수 그리스도를 통해 우리에게 주어진 복음 메시지의 내용을 탐색함과 동시에 변화되어 가는 시대적 도전에 응답하는 가운데 계속된 변화의 과정을 겪어 왔다. 이런 과정은 계속되어야 하고 제대로 된 응답을 계속 찾아가야 한다.

결국 기링의 신학은 역설적으로 오늘날의 교회가 기독교의 주요 교의들을 고백하면서도 동시에 현대인들의 언어와 사유방식에 적절한 형태로 기독교 신앙의 신뢰가능성(credibility)을 설득력 있게 제시해야 하는 책임 앞에 서 있음을 확인하게 만든다. 다시 말해 우리의 과제는 기독교 신앙의 내용을 시대정신에 맞추어 폐기하거나 잘못된 형태로 변형시키는 데 있는 것이 아니라 그 핵심 메시지를 고수하지만 그것에 대한 오해나 방해되는 것들을 제거하여, 그것이 전하는 그 놀라운 메시지 곧 두려우나 또한 말 못할 은혜가 제대로 들리게 하는 데 있다. 즉 잘못된 하나님 이미지, 잘못된 믿음, 잘못된 우리 인간에 대한 이해를 고발하고 지적함으로써 이 놀라운 메시지가 제대로 들리도록 하는 것이 기독교 변증의 목표가 되어야 한다. 어떻게 복음의 스캔들을 유지하면서도 그것이 사람들에게 의미 있게 들리게 할 수 있을 것인가? 여기에는 물론 이론적 작업이 필요하지만 동시에 기독교인들이 세상 안에서 빛과 소금으로 살아가면서 본회퍼가 말하는 "이웃을 위한 존재"가 될 때 가능하게 될 것이다. 성경이 말하는 것처럼 하나님이 사랑이시기에 이런 하나님은 결국 사랑의 삶을 통해서 전달될 수 있기 때문이다.